Marita Pabst-Weinschenk
Reden im Studium

W0231226

MARITA PABST-WEINSCHENK
Reden im Studium
Ein Trainingsprogramm

studium
kompakt

Cornelsen
SCRIPTOR

Für Markus

| Cornelsen online http://www.cornelsen.de |

Gedruckt auf chlorfrei gebleichtem Papier ohne Dioxinbelastung
der Gewässer

Die Deutsche Bibliothek - CIP-Einheitsaufnahme

Pabst-Weinschenk, Marita:
Reden im Studium: ein Trainingsprogramm/Marita Pabst-Weinschenk,
- Frankfurt am Main: Cornelsen Scriptor, 1995
ISBN 3-589-21068-0

| 4. | 3. | 2. | Die letzten Ziffern bezeichnen |
| 2000 | 99 | | Zahl und Jahr des Drucks |

© 1995 Cornelsen Verlag Scriptor GmbH & Co. KG, Berlin
Das Werk und seine Teile sind urheberrechtlich geschützt. Jede Verwertung in
anderen als den gesetzlich zugelassenen Fällen bedarf deshalb vorher der
schriftlichen Einwilligung des Verlags.
Redaktion: Marion Clausen, Gleichen (Etzenborn)
Herstellung: Kristiane Klas, Frankfurt am Main
Umschlaggestaltung: Vera Bauer, Berlin
Cartoons: Klaus Puth, Mühlheim
alle anderen Zeichnungen: Klaus Becker, Frankfurt am Main
Satz: Kristiane Klas, Frankfurt am Main
Druck und Bindung: Clausen & Bosse, Leck
Printed in Germany
ISBN 3-589-21068-0
Bestellnummer 210680

Inhalt

Vorwort

Neben dem Lesen und Schreiben ist das Reden die wichtigste Tätigkeit im Studium jeder Wissenschaft: Von der Vorlesung über Seminarveranstaltungen, Praktika, Arbeitsgruppen ... bis hin zum Kontakt zur Sekretärin oder zu Kommilitonen in der Mensa – überall wird miteinander geredet. Das Studium selbst ist ein Kommunikationsprozeß. Und das gilt nicht nur für die Geistes- und Sozialwissenschaften, in denen viel geredet wird, weil vieles Auslegungssache ist. Selbst Mathematiker müssen sich gelegentlich über Axiome, Formeln und Beweise verständigen, und Informatiker kommunizieren nicht nur mit dem System am Großrechner.

Wann wird das Reden zum Problem?

Wenn jeder versteht, was der andere gemeint hat, ist alles in Ordnung. Was aber, wenn man seine Absicht nicht so ausdrückt, daß der oder die anderen sie richtig verstehen? Mißverständnisse können inhaltliche Aspekte betreffen, sie können aber auch in der persönlichen Beziehung entstehen. In der Art und Weise, wie man miteinander spricht, zeigt sich die Qualität der Verständigung:

❏ Wenn Referate so langweilig sind, daß man trotz aller guten Vorsätze nicht zuhört, liegt das nicht immer nur am Thema. Vielleicht ist der Aufbau schlecht. Wenn Beispiele und anschauliche Medien fehlen oder der Vortragende monoton oder zu schnell spricht, weil er abliest, beeinträchtigt das die Konzentration und das Verständnis der Zuhörer.

❏ Wenn man sich nicht traut, selbst ein Referat zu übernehmen, sondern immer auf schriftliche Seminararbeiten ausweicht, hat man vielleicht eine falsche Einstellung zum Reden, auf jeden Fall aber mangelnde Routine. Routine kann man nicht erwerben, wenn man sich nicht traut. Daraus kann schnell ein Teufelskreis entstehen. Das Wissen über rhetorische Wirkungen und praktische Übung können hier Sicherheit vermitteln.

❏ Wenn Seminardiskussionen ineffektiv sind und es nicht nur an der Größe heutiger Massenveranstaltungen liegt, wird die Qualität der Lehre eingeschränkt. Ursache ist oft ein schlechtes Klima zwischen Dozenten und Studierenden und den Studierenden untereinander. Das entsteht z.B., wenn
  – Thema und Arbeitsmethode nicht für alle transparent, d.h. verständlich und nachvollziehbar, dargestellt werden;
  – Fragestellungen und Diskussionsbeiträge zu wenig das Vorwissen und die Erfahrungen der Teilnehmer berücksichtigen;
  – niemand sich für die Diskussionsleitung verantwortlich fühlt;

- manche Teilnehmer die Veranstaltung für eine selbstgefällige Demonstration ihrer umfassenden Belesenheit mißbrauchen und mit Zitaten um sich werfen;
- andere durch dieses zur Schau gestellte Wissen eingeschüchtert sind und nicht mehr den Mut aufbringen, sich an der Diskussion zu beteiligen, geschweige denn, eine Frage zu stellen.

Eine kompetente Gesprächsführung aller Beteiligten verbessert das Klima und damit auch die inhaltliche Auseinandersetzung mit dem jeweiligen Thema erheblich.

❏ Wenn Arbeitsgruppen in langen, ausufernden Besprechungen nur geringe Ergebnisse erzielen, sind alle frustriert. Viele ziehen sich zurück, arbeiten lieber allein. Aber das Verstehen komplexer Zusammenhänge ist auch in Einzelarbeit mühsam. Effektive Gespräche wären eine gute Hilfe.

Reden – eine Schlüsselqualifikation

Als *Schlüsselqualifikationen* bezeichnet man grundlegende Fähigkeiten, die für viele Bereiche bedeutsam sind und zugleich helfen, andere, spezifische Qualifikationen zu erschließen. Das Reden ist eine solche Schlüsselqualifikation. Denn die rhetorischen Einsichten, Fähig- und Fertigkeiten können Sie bei jedem neuen Thema anwenden und sich dadurch in verschiedenen Bereichen weiterqualifizieren.

Im Studium werden Redefähigkeiten in der Regel als selbstverständlich vorausgesetzt. Es wird z.B. erwartet, daß Sie nicht nur durch Klausuren und schriftliche Hausarbeiten, sondern auch durch Referate Studienleistungen erbringen, um Ihr Grund- oder Hauptstudium abzuschließen. Obwohl das Reden eine Schlüsselqualifikation ist, wird es an den Hochschulen immer noch viel zu wenig gelehrt.

Bei Studienabschlüssen bzw. Berufen, in denen man später oft und viel reden und diskutieren muß, führt das zu einem *Ausbildungsdefizit*: Wie soll der *Wirtschaftswissenschaftler* effektiv ein Unternehmen beraten können, wenn er nicht weiß, wie er ein solches Beratungsgespräch führen soll? Wie soll der *Ingenieur* seine Projektgruppe leiten, wenn er selbst nie die Aufgaben eines Gesprächsleiters gelernt hat? Wie soll ein *Lehrer* seinen Schülern Reden und Diskutieren beibringen, wenn er selbst es an der Universität nicht gelernt hat?

Meine Erfahrungen an der Hochschule wie auch in Weiterbildungsseminaren in Management und Verwaltung haben mir immer wieder gezeigt, daß man Redefähigkeiten nicht einfach voraussetzen kann, sondern daß man auch sie vermitteln muß. Werden die grundlegenden Redefähigkeiten nicht während der Studienzeit erworben, müssen sie später im Berufsleben nachgeholt werden.

Man könnte nun einwenden, daß Reden als mündliche Kommunikation am besten mündlich zu vermitteln ist. Das stimmt. Nicht umsonst gibt es bei dem Nachholbedarf an rhetorischer Bildung seit Jahrzehnten eine große Nachfrage nach entsprechenden Seminaren in den verschiedenen Bildungseinrichtungen. Wenn Sie die Gelegenheit haben, an einem solchen Seminar teilzunehmen, tun Sie es bitte. Die Erfahrungen in einer Lerngruppe kann kein Buch bieten. Ein Buch ist immer abstrakter und theoretischer als ein Seminar. Es bietet den Vorteil einer umfassenden Darstellung, und es ist nicht so schnell vergänglich wie das gesprochene Wort. Sie können also einzelne Teile bei Bedarf mehrmals lesen oder etwas Bestimmtes nachschlagen.

Wenn man Reden lernen will, muß man selbst etwas tun, man muß es ausprobieren. Deshalb werden Sie neben den Erklärungen, Hinweisen und Tips immer wieder Übungen finden.

Arbeitshinweise:
1. Von der ersten bis zur letzten Seite
Es ist empfehlenswert, das Buch vollständig durchzuarbeiten. Der Aufbau folgt dem Lernprozeß: Was kann man am besten in welcher Reihenfolge lernen? So setzen nachfolgende Kapitel immer die Inhalte und Kenntnisse der vorangehenden voraus, und die nachfolgenden erweitern und spezifizieren die vorangehenden Kapitel. Aber: Redefähigkeit ist nicht die Summe einzelner Aspekte, auch wenn diese in einem Buch nacheinander abgehandelt werden. Querverweise zwischen den einzelnen Kapiteln weisen auf Zusammenhänge hin und geben Ihnen zusätzliche Orientierung.

2. Schnelle Hilfe durch das Sachregister
In dem Sachregister finden Sie die wichtigsten Stichwörter zur praktischen Rhetorik von A bis Z. Das ermöglicht Ihnen einen schnellen Zugriff, wenn Sie etwas Bestimmtes suchen oder später noch einmal nachlesen wollen.

3. Üben
In jedem Kapitel finden Sie verschiedene Übungen. Als optische Signale werden benutzt:

 wenn Sie allein schriftlich arbeiten;

 wenn Sie allein mündlich etwas erproben;

 wenn Sie gemeinsam mit anderen üben.

Übrigens: Die Themen bei den Übungsvorschlägen haben Beispielcharakter. Selbstverständlich können Sie sie austauschen, durch eigene ersetzen.

4. Lösungen

Zu allen Aufgaben erhalten Sie in einem gesonderten Teil am Ende des Buches Hinweise zur Lösung. Je nach Aufgabe handelt es sich dabei um Antworten, weiterführende Hinweise oder Zusammenstellungen, die Sie zum Vergleich oder zur Analyse benötigen, bzw. Beispiele. Schlagen Sie in diesem Lösungsteil (S. 145 ff.) bitte immer erst nach, wenn Sie die Aufgabe durchgeführt haben, sonst verringern Sie den Übungseffekt.

5. Weiterführende Literatur?

Über Rhetorik ist schon viel geschrieben worden. In jeder öffentlichen Bibliothek finden Sie rhetorische Literatur. Darum verzichte ich hier im einzelnen auf weiterführende Hinweise. Wer sich darüber einen Überblick verschaffen möchte, kann in den im Literaturverzeichnis aufgeführten Bibliographien nachschlagen.

Viel Erfolg beim Reden im Studium!

Dr. Marita Pabst-Weinschenk   Alpen, im April 1995

P.S.: Danken möchte ich Prof. Elmar Bartsch, der mir vermittelte, was praktische Rhetorik bedeutet, Prof. Karl-Dieter Bünting, ohne dessen Initiative dieses Buch nicht geschrieben worden wäre, Horst Linder vom Verlag, der mit seinem Interesse und mit guten Anregungen zur Gestalt dieses Buches beigetragen hat, und nicht zuletzt den vielen, vielen Teilnehmern meiner praktischen Seminare, von denen ich sehr viel gelernt habe. – Gewidmet habe ich das Buch meinem Sohn, der es vielleicht in einigen Jahren selbst benutzen kann.

1. Den persönlichen Ansatzpunkt finden

Wenn ich nur reden könnte wie ... denken manche und wünschen sich so zu sein wie eine von ihnen geachtete Rednerpersönlichkeit.

1.1 Welcher Referent oder Dozent, den Sie in der letzten Zeit gehört haben, hat Ihnen gut gefallen bzw. gar nicht gefallen? Versuchen Sie genau zu benennen, was Ihnen gefallen oder mißfallen hat.

Wenn man einem Redner-Ideal nacheifert, besteht immer die Gefahr, daß man etwas übernimmt, das gar nicht zu einem paßt. Das wirkt aufgesetzt und künstlich. Besser ist es, seinen *eigenen Stil* zu finden. Dann bleibt man sich selbst treu und wirkt natürlich.

Es gibt nicht *den* guten Redner, sondern jeder hat seine eigenen Stärken und Schwächen, die er im Laufe seines Lebens erworben hat. Das Reden ist *Teil der Persönlichkeit.* Deshalb ist das Ziel jeder rhetorischen Bildung: natürliche, sichere Selbstdarstellung, um mit anderen in den verschiedenen Rede- und Gesprächsformen gemeinsam handeln zu können.

Das lernt man nicht, indem man nur andere imitiert oder nach rhetorischen Patentrezepten sucht. Deshalb sollte man auch nicht irgendwelche Beispielreden einfach übernehmen. Meistens passen sie nicht genau in die Situation, in der man selbst reden möchte, und sie entsprechen vielleicht auch nicht dem eigenen Redestil. Lernt man Formulierungen auswendig, die man selbst sonst nie gebrauchen würde, wirkt der Vortrag immer gekünstelt und unnatürlich.

Grundprinzip in der Methodik des Reden-Lernens ist das *Learning by doing.*

Denn Reden lernt man durch Reden, genauso wie man Schreiben am besten durch Schreiben lernt (vgl. Bünting). Referieren lernt man dadurch, daß man Referate hält und *nicht schreibt*, Diskutieren dadurch, daß man diskutiert und nicht einsame Monologe hält. Es reicht also nicht, bestimmte Dinge über das Reden und Diskutieren zu wissen, sondern man muß seine eigene Routine entwickeln.

Im täglichen Leben, vor allem in der Schule, hat jeder schon rhetorische Erfahrungen gesammelt. Selbst wenn Sie nicht das Glück hatten, Rede- und Gesprächsformen bewußt im Schulunterricht zu üben, haben Sie unbewußt rhetorisch wirksame Verhaltensweisen von den Eltern, Lehrern und Freunden übernommen oder nach dem Prinzip *Versuch und Irrtum* gelernt: Man probiert versuchsweise verschiedene Verhaltensweisen aus, scheidet diejenigen als Irrtum aus, die nicht zum beabsichtigten Ziel geführt haben, und gewöhnt sich die Verhaltensweisen an, die man als wirksam erlebt hat.

Aus solchen Erfahrungen entwickeln sich persönliche *Regeln,* die das Reden steuern. Wie widersprüchlich solche persönlichen Erfahrungsregeln sein können, zeigen zwei Beispiele: Manche glauben: *Wer am lautesten spricht, hat recht,* andere dagegen halten lautes Sprechen für *unhöflich* oder denken: *Wer schreit, hat unrecht*; manche meinen, ausführliche Stellungnahmen mit vielen Einzelheiten, Beispielen etc. zeigen einen hohen Reflexionsgrad, andere dagegen halten dies für die Unfähigkeit, sich genau und präzise zu einem Punkt zu äußern.

Manchmal erreicht man mit seinen persönlichen Erfahrungsregeln nicht die beabsichtigte Wirkung. Dann entstehen Mißverständnisse, und man ist irritiert. Ist dies des öfteren bei gleichen Beteiligten der Fall, haben sich die Gesprächspartner vermutlich einen unterschiedlichen Redestil angeeignet, d.h., sie empfinden und verstehen Redeweisen grundsätzlich unterschiedlich.

Direkter und indirekter Redestil

Deborah Tannen, eine amerikanische Linguistin, unterscheidet zwischen einem *direkten* und einem *indirekten* Stil. Grundlage dabei sind die menschlichen Bedürfnisse nach Unabhängigkeit und Verbundenheit, denn der Mensch ist immer zugleich ein Individuum und ein soziales Wesen. Er steht ständig in einem inneren Konflikt, diese widerstreitenden Bedürfnisse neu auszubalancieren. Beim Miteinanderreden passiert dies dadurch, daß wir mit Worten nicht genau sagen, was wir meinen. Statt dessen handeln wir das, was wir wollen, durch die Art und Weise aus, wie wir miteinander sprechen (vgl. Kap. 8 *Den Sprechausdruck verbessern*, Kap. 9 *Körpersprache einsetzen*, S. 91 ff.). Wenn wir Aussagen anderer verstehen, gehen wir immer davon aus, daß sie meinen, was wir meinen würden, wenn wir das auf diese Art in der Situation gesagt hätten. Wenn wir uns nicht gerade mit Rhetorik beschäftigen, sehen wir normalerweise keinen Grund, unser Verständnis kritisch zu hinterfragen. So kann es immer wieder zu Streit-Situationen wie der folgenden kommen: Zwei Kommilitonen, nennen wir sie A und B, sind sich uneinig über eine Absprache bei einer Gruppenarbeit. Sie sollen gemeinsam einen Fragebogen erarbeiten. B hatte beim letzten Treffen gefragt, ob es möglich und sinnvoll wäre, den umfangreichen Aufsatz, den A über die Fernausleihe besorgt hatte, für ihn auch noch einmal zu fotokopieren. Danach drehte sich das Gespräch um andere Punkte. Zum Schluß wurde nur festgehalten, daß A sich in den Aufsatz einliest, B sich in einem speziellen Nachschlagewerk kundig macht und jeder für die nächste Sitzung einen Entwurf mit ersten Ideen für den Fragebogen erarbeitet.

B ist beim nächsten Treffen ganz überrascht, als A ihm einen Stapel mit Fotokopien und der Rechnung über 7,50 DM auf den Tisch legt. B meint, er hätte die Fotokopien nicht in Auftrag gegeben, und will nicht bezahlen. Doch A hat noch genau die Frage von B in Erinnerung und hat sie als indirekte Aufforderung zum Kopieren verstanden. Der Streit ist vorprogrammiert:

B: Ich hab' dir nicht gesagt, daß du mir das alles kopieren sollst.

A: Doch, das hast du gesagt.

B: Das habe ich überhaupt nicht gesagt.

A: Hast du doch. Ich habe es genau gehört.

B: Erzähl mir nicht, was ich gesagt habe.

Beide sind aufrichtig und fühlen sich im Recht. B erinnert sich an das, was er gemeint hat: Die Frage nach dem Kopieren war für ihn nur eine Zwischenüberlegung, die er laut gedacht hat, aber später innerlich als überflüssig verworfen hat, und eine ausgesprochene Frage versteht er nicht gleich als Auftrag. Aber auch A erinnert sich an das, was er gehört hat: Die Frage hat er als unaufdringliche Äußerung des Wunsches von B verstanden, über den gleichen Informationsstand verfügen zu können, und hat deshalb die Mühe auf sich genommen, den Aufsatz für B zu kopieren. Also das, was der eine meinte, ist nicht identisch mit dem, was der andere verstanden hat. Er hat nämlich das verstanden, was er gemeint hätte, wenn er dasselbe so gesagt hätte. Grundsätzlich kann man unterscheiden:

Direkter Redestil	Indirekter Redestil
strebt mehr nach persönlicher Unabhängigkeit, deshalb stärker sach-, faktenbezogen	will mehr Verbundenheit, deshalb Wunsch nach Kontakt, harmonischen Beziehungen: Auch ohne direkten Ausdruck von Wünschen, Absichten oder Gefühlen fühlt man sich verstanden.
Man sagt offen, was man will. Auch Gefühle werden angesprochen.	Direkt Wünsche/Absichten/ Gefühle zu formulieren, ist unhöflich. Das ist auch ein Schutz vor Zurückweisung.
Man kann auch nein sagen.	Direkte Ablehnungen stören den Kontakt, deshalb: ausweichen, vertrösten, vertagen ...
Wenn notwendig, wird auch kritisch hinterfragt: Warum?	Ansichten werden ohne Hinterfragen akzeptiert. Stillschweigende Annahme: Der andere hat gute Gründe, die er selbst ansprechen könnte, nach denen man aber nicht selbst fragt.
Eine Frage ist eine Frage, keine Andeutung eines Wunsches.	Mit Fragen kann man anderen eigene Wünsche unaufdringlich vermitteln.
Wenn man nett sein will, formuliert man Gefühle direkt.	Sich zurückhalten, unaufdringlich sein wird als nett empfunden.
Gemeinheiten werden direkt dem anderen gesagt. (Kann aufdringlich, taktlos wirken!)	Wenn man jemanden nicht beachtet, schneidet, zeigt man damit schon Gemeinheit.
In der Regel werden die Wörter wichtiger genommen als der Sprechausdruck und die Körpersprache.	Man hört genau hin, wie gesprochen wird, und überinterpretiert es z.T. sogar.

Sachgespräche werden bevorzugt. Man kommt möglichst schnell auf den Punkt, um fertig zu werden.	Informelle Kontakte, Unterhaltungen werden sehr wichtig genommen; damit verbringt man viel Zeit.
Bei Verhandlungen kommt man sofort zur Sache. Es wird ein faires Angebot gemacht.	Vorgeplänkel ist wichtig beim Verhandeln. Es wird auch gefeilscht.
Direkte Formen sind einfacher, aber auch weniger lustbetont.	Das Spiel mit indirekten Formen (Ironie, Witz ...) kann ein ästhetischer Genuß sein und Spaß bereiten; ist aber weniger pragmatisch und ungenauer: Man kann immer wieder einen Rückzieher machen: *So war das nicht gemeint ...*

Auch wenn solche Idealtypen nur selten in Reinform im Alltag anzutreffen sind, machen sie deutlich, warum es zwischen einzelnen Gesprächspartnern immer wieder zu Mißverständnissen kommen kann.

1.2 Sprechen Sie einmal mit Kommilitonen oder Freunden darüber, für wie zutreffend sie diese Typisierung halten. Wenn Sie Studienkollegen aus anderen Kulturkreisen haben, sprechen Sie auch mit ihnen: In welchen Kulturen wird ein direkter bzw. indirekter Stil bevorzugt? Deutlich kann man solche Unterschiede immer an Beispielen herausarbeiten: Spielen Sie z.B. Verkaufsgespräche nach, wie sie in einem arabischen Basar oder auf einem deutschen Markt stattfinden. Ordnen Sie anschließend die Gesprächsbeiträge den Merkmalen der verschiedenen Redestile zu.

Weder ein ausgesprochen direkter noch ein völlig indirekter Redestil ist empfehlenswert. Wünschenswert wäre die Fähigkeit, sowohl direkte als auch indirekte Formen bewußt verwenden zu können und sie je nach Thema, Absicht, Gesprächspartner und Situation auszuwählen. Solche Differenzierungen nehmen wir alle auch ganz unbewußt vor: Wir reden mit verschiedenen Menschen anders: In der Sprechstunde des Dozenten stellt man sachbezogene Fragen, wenn man aber mit dem Freund über das gleiche Thema redet, klingt das schon ganz anders ...

Das hat natürlich auch etwas mit den Rollen zu tun, die wir einnehmen. Zu den Rollenmustern gehören immer auch Erwartungen über das Reden: Wenn ich eine Vorlesung halte, erwartet man von mir einen verständlichen und interessanten Fachvortrag, der gut gegliedert ist usw. Ich kann also nicht einfach darauflosreden, wie ich es vielleicht in einer privaten Unterhaltung täte. In einer Prüfung werden dem Kandidaten Fragen gestellt, damit er seine Fähigkeiten zeigen kann; diese mit Gegenfragen zu beantworten, verstöße gegen die Spielregeln.

Während das Lernen nach *Versuch und Irrtum* sehr von Zufällen abhängig ist, will Ihnen dieses Buch helfen, Ihre bisherigen Erfahrungen zu systematisieren und gezielt neue zu sammeln.

Bestandsaufnahme rhetorischer Fähigkeiten

Mit dem Lernen sollte man immer dort beginnen, wo man selbst steht. Man knüpft also an das an, was man schon kennt und ausprobiert hat.

1.3   Bitte erfassen Sie Ihren rhetorischen Ist-Zustand:
1. Wie viele Referate oder Reden haben Sie schon gehalten? Oder haben Sie bis jetzt solche Situationen vermieden? Wie haben Sie sich beim Vortrag gefühlt bzw. mit welchen Gefühlen denken Sie an das erste Mal?
2. Haben Sie dabei mehr abgelesen oder frei nach Stichpunkten gesprochen?
3. Erinnern Sie sich an Rückmeldungen, die Sie von anderen dazu erhalten haben?
4. Beschreiben Sie Ihren eigenen Stimmklang. Wissen Sie, wie Ihre Stimme vom Tonband klingt?
5. Haben Sie sich schon einmal in einer Video-Aufnahme gesehen? Was ist Ihnen dabei aufgefallen?
6. Haben Sie selbst irgendwelche Sprech- oder Stimmprobleme? Werden Sie z.B. schnell heiser, wenn Sie längere Zeit reden? Verhaspeln Sie sich oft, weil sich Ihre Gedanken überstürzen? Haben Sie Probleme mit der Aussprache einzelner Laute?
7. Haben Sie schon einmal auf der Bühne gestanden und Theater gespielt?

Jeder Mensch hat in seiner Selbstwahrnehmung einen *blinden Fleck*. In diesen Bereich gehören auch alle rhetorischen Verhaltensweisen. Obwohl alle anderen jeden Tag unsere Art zu sprechen wahrnehmen, wissen wir selbst oft nicht genau, was wir beim Sprechen wie machen und wie das auf die anderen wirkt. Oft erschrecken wir, wenn wir uns gelegentlich vom Tonband hören, und lehnen unsere Stimme oder unser Sprechen ab: Weil es so ungewohnt ist, finden wir es schrecklich, aber es ist uns nur nicht vertraut. Deshalb sollte man sich öfter eigene Aufnahmen anhören, damit man allmählich die eigene Stimme kennenlernt. Besonders zukünftige „Sprechberufler" wie Lehrer, Sozialpädagogen, Theologen, aber auch Mediziner, Wirtschafts- und Naturwissenschaftler etc., die in ihrem Beruf viel Kontakt mit Menschen haben, sollten wissen, wie sie reden.

Eine realistische Selbstwahrnehmung ist immer die Voraussetzung für Lernen. Wer nicht weiß, wie er spricht und wie er auf andere wirken kann, kann sich kein eigenes Lernziel für eine Verbesserung setzen.

Der Nachteil beim Redenlernen ist die Vergänglichkeit des gesprochenen Wortes. Zu Geschriebenem hat man immer eine etwas größere Distanz, weil das Ergebnis *schwarz auf weiß* vor einem liegt. Man kann darüber leichter reflektieren und es gegebenenfalls auch überarbeiten, bevor man es einem Leser gibt. Will man dagegen Gespräche auswerten oder Reden überarbeiten, ist man immer auf Aufnahmetechnik angewiesen. Ohne Recorder kein Dokument zum Nachhören und Überprüfen.

Natürlich ist auch der eigene Anblick fremd. Da man nur über wenige Informationen über den äußeren Eindruck verfügt, macht man sich manchmal auch ein nicht ganz realistisches Wunschbild vom eigenen Äußeren. Der Blick in den Spiegel trügt, denn er zeigt uns nicht unbeobachtet, sondern wir machen meistens ein besonderes Gesicht, wenn wir uns anschauen. Zudem ist das Spiegelbild immer auch seitenverkehrt. Fotos z.B., die realistische Momentaufnahmen darstellen, werden oft aussortiert unter dem Vorwand, *man sei schlecht getroffen.* Die Informationen, die uns diese übermitteln, passen nämlich nicht in unser Wunschbild.

1.4 Wenn Sie also die Möglichkeit haben, sich gelegentlich bei einer Rede mit einer Videokamera aufnehmen zu lassen, sollten Sie dies tun. Gucken Sie sich Ihre Aufnahme nachher an, und überlegen Sie bitte: Was gefällt mir an meiner Rede und an meinem Verhalten? Was gefällt mir noch nicht? Wie könnte ich es verändern?
Damit Sie sich nicht selbst zu negativ sehen – und bekanntlich ist jeder selbst sein schärfster Kritiker –, sollten Sie eine Spielregel beachten: Listen Sie immer mindestens so viele Pluspunkte wie Negativpunkte auf!

Der eigene Anblick ist uns genauso fremd wie der eigene Stimmklang. Da aber zum Reden von Angesicht zu Angesicht immer auch die optische Wirkung durch die Körpersprache gehört, wird in praktischen Rhetorikseminaren mit

Videoaufzeichnungen gearbeitet. Sie ermöglichen jedem einzelnen, seine Redewirkung auf andere (optisch und akustisch) nachzuvollziehen. Eine Kontrolle durch Video-Aufnahmen ist besser, als vor dem Spiegel zu üben. Da man sich vor dem Spiegel selbst beim Reden zuguckt, verhält man sich nicht natürlich, sondern immer gekünstelt.

Konstruktive Kritik

In Rhetorikseminaren wird die Rede in ihrer gesamten Wirkung auf die Zuhörer besprochen. Die Teilnehmer sollen sich gegenseitig Rückmeldungen geben. Konstruktiv und damit annehmbar wird jede Kritik, wenn sie folgende Spielregeln beachtet:
❑ nicht pauschal bewerten, sondern möglichst genaue Beobachtungen mitteilen;
❑ nicht nur negative, sondern auch positive Punkte nennen, am besten erst das Positive, dann das Negative;
❑ die Beobachtungen und den persönlichen Wirkungseindruck beschreiben, am besten persönlich formuliert: *ich* statt *man* oder *das* (vgl. TZI nach Cohn, S.114);
❑ nicht appellieren und dem anderen keine *guten Ratschläge* geben.

Rückmeldungen sind immer persönliche Eindrücke, und nicht jeder empfindet etwas genau wie der andere. Selbst die Beobachtungen sind subjektiv, jeder nimmt auswählend wahr: Das, was für ihn persönlich wichtig ist, fällt ihm auch bei anderen eher auf. Deshalb können auch Redewirkungen sehr unterschiedlich sein: Dem einen gefällt eine Rede mehr, dem anderen weniger. Angesichts der Vielfalt der Rückmeldungen kann nur der Sprecher selbst entscheiden, ob und wie er sein Verhalten verändern möchte. Diese Entscheidung kann ihm keiner abnehmen, sie liegt in seiner Verantwortung.
Sie können auch im Alltag andere direkt fragen, wie sie Ihren Vortrag gefunden haben. Je genauer man fragt, um so gezieltere Antworten kann man erwarten. Gute Bekannte und Freunde sind in der Lage, Ihnen offen und ehrlich eine Rückmeldung zu geben.
Rhetorische Patentrezepte gibt es nicht. Sicherlich helfen Erklärungen, Strukturmuster und Empfehlungen bei der Orientierung und Vorbereitung, aber sie garantieren nicht den rhetorischen Erfolg. Viele rhetorische Mittel können in verschiedenen Sprechsituationen, auf verschiedene Zuhörergruppen, bei verschiedenen Redethemen und -absichten unterschiedlich wirken. Deshalb sollten Sie sich immer fragen: *Was ist in dieser Situation angemessen? Was erwarten diese Zuhörer? Welche Vorerfahrungen haben sie? Was paßt zu diesem*

Thema? usw. und sich selbst für eine ganz bestimmte Form in dieser einen Redesituation entscheiden.

Von der Rede zum Gespräch

In der Didaktik der Erwachsenenbildung hat es sich bewährt, erst Rede-, dann Gesprächsformen zu üben. Auch wenn der Dialog die Grundform jeder Kommunikation ist und die Redefähigkeit im Gespräch erworben wird, ist es empfehlenswert, mit Redeübungen zu beginnen:

❏ Denn sie reduzieren durch die feste Rollenaufteilung die Komplexität, die in einem Gespräch durch das ständige Wechselspiel der Gesprächspartner entsteht.

❏ Eine genauere Vorbereitung ist möglich.

❏ Alle in Redeübungen erworbenen Kenntnisse und Fähigkeiten kann man leicht auf Gesprächssituationen übertragen.

❏ Man fühlt sich als Redner selbst stärker verantwortlich und erlebt deutlich, worauf es ankommt.

Der Mensch ist ein Gewohnheitswesen. Sprechen gehört zu den Verhaltensweisen, die zum Teil ganz automatisch ablaufen. Wir haben sie von frühester Kindheit an geübt, so daß sich bestimmte Muster tief eingeprägt haben. Lernen, etwas verändern in diesem Bereich, braucht Zeit und Übung. Bestimmte Gewohnheiten, die man als störend erkannt hat, kann man oft nicht von heute auf morgen ablegen. Neue Muster und Verhaltensweisen sind einem nicht sofort geläufig. Deshalb heißt es: üben, üben, üben.

Dabei sollte man sich immer bestimmte, erreichbare Ziele setzen. Lernen ist immer eine langsame Veränderung in mehreren Schritten, es kommt ein Prozeß in Gang.

Gerade bei einer so komplexen Tätigkeit wie dem Reden müssen auf den verschiedenen Ebenen (Sinngebung, Einkleiden in sprachliche Formen: Wortwahl, grammatische Satzstrukturen usw. bis hin zum sprecherischen Vollzug) Ziele geplant, Wege und Alternativen bestimmt und Entscheidungen realisiert werden.

Dabei sind gewisse Routinen zur Entlastung notwendig. Wollte man *alles* bewußt gut und richtig vollziehen, würde man sprechunfähig. Die zu starke Kontrolle bannt nämlich dann die gesamte Aufmerksamkeit, so daß man über das eigentliche Thema nichts mehr sagen kann. Man steht nur noch wie sein eigener Kontrolleur neben sich, schaut sich selbst beim Reden zu, und das Denken wird blockiert. Deshalb muß man Schwerpunkte setzen und sich nicht zuviel auf einmal vornehmen.

1.5 Vergleichen Sie Ihre Idealvorstellungen über das Reden (Übung 1.1)
mit den Ergebnissen der Erhebung Ihres rhetorischen Ist-Zustandes
(1.2), und setzen Sie sich selbst drei persönliche Lernziele für den Anfang. Bitte notieren Sie Ihre persönlichen Lernziele:

Ich möchte beim Reden beachten:

1. _____

2. _____

3. _____

Bei jeder neuen Übung sollten Sie Ihre persönlichen Lernziele überdenken:
Welche Ziele können Sie abhaken, weil Sie sie schon gut umgesetzt haben?
Welche noch nicht?
Welche neuen Punkte fallen auf, die Sie gerne verbessern möchten?
Wenn Sie sich so von Übung zu Übung eine *Neuauflage* der persönlichen Zie-
le erarbeiten, können Sie den eigenen Lernfortschritt sehen und erleben.
Aber bevor es mit praktischen Redeübungen losgeht, noch einige Überlegun-
gen zur Sache, also ein bißchen Theorie, damit Sie Redeprozesse bewußter
wahrnehmen.

2. Grundlagen aus der Kommunikationstheorie

Man redet immer über etwas. Es geht also immer um eine bestimmte **Sache** (Inhaltsaspekt). Die Sache oder das Thema kann beim Reden sehr unterschiedlich sein: Es kann um bestimmte Gegenstände, Personen, Sachverhalte, aber auch um Gedanken, Ideen, Modelle, Theorien oder Gefühle, Absichten, Wünsche, Befehle usw. gehen. Man kann über alles reden.

Dazu gehören aber immer mindestens zwei Personen: **Sprecher und Zuhörer.** Sie reden miteinander, teilen sich etwas mit. Es entsteht zwischen ihnen eine **Beziehung,** auch ohne daß dies ausgesprochen wird (Beziehungsaspekt). Und das Ganze findet in verschiedenen **Situationen** statt.

Der Sprecher verfolgt eine Absicht, will vom Zuhörer verstanden werden und bei ihm etwas erreichen. Deshalb macht er sich Gedanken wie: *Ich kenne ihn/sie gut, schlecht, gar nicht ... Ich weiß, daß er/sie anstrebt, daß ... Ich möchte erreichen, daß ... In dem Rahmen, in der Situation paßt das gut/schlecht ... Von der Sache verstehe ich weniger/mehr als ...*

Dieser Einschätzung des Sprechers steht die des Zuhörers gegenüber. Die Zuhörer erfahren etwas über die Sache, aber sie machen sich auch Gedanken über den Sprecher und seine Absichten. Sie haben eine Erwartungshaltung und verfolgen immer auch eigene Absichten: *Wer sagt mir das? Warum? Was will er/sie von mir? Aha, den kenne ich doch, er hat mir doch damals ... Ach so, er ist es; dann wird er also heute ... Das Thema interessiert mich (nicht), denn ... Das also soll ich tun, aber ich will ...*

In einem **Modell** kann man zusammenfassen: Kommunikationsmodelle wie dieses gibt es häufig.

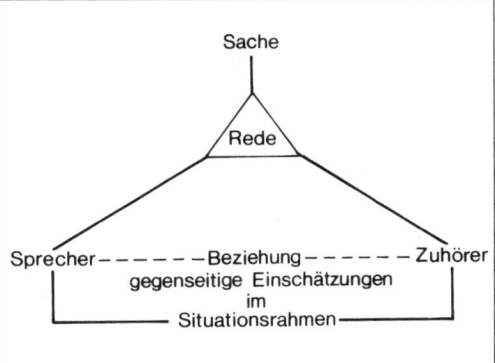

Grundlage ist hier das Modell von Karl Bühler (1934), der die Sprachfunktionen systematisiert und damit den Werkzeugcharakter der Sprache herausgestellt hat. Die Begriffe *Inhalts- und Beziehungsaspekt* haben Paul Watzlawick et al. in den 70er Jahren populär gemacht.

Beim Reden wirken immer alle Faktoren zusammen, die in dem Modell dargestellt sind. Dennoch gibt es unterschiedliche Formen des Miteinandersprechens in verschiedenen Situationen, die in diversen Benennungen zum Ausdruck kommen: Führen wir ein klärendes Sachgespräch oder streiten wir uns? Geht es um eine Unterhaltung, eine Ansprache oder um eine Diskussion? Hören wir eine Talk-Show oder ein Referat? Grundsätzlich unterscheidet man zwischen Reden und Gesprächen.

2.1   Sammeln Sie verschiedene Bezeichnungen für
1. Reden und
2. Gespräche.
Wenn Sie jede Bezeichnung auf einen eigenen kleinen (selbstklebenden) Zettel schreiben, können Sie in einem zweiten Schritt Ihre Sammlung ordnen und sortieren:
❏ Welche haben eine ähnliche Bedeutung, wenn auch mit unterschiedlicher Wertung? Ein Prüfungsgespräch ist z.B. ein neutraler Begriff, aber ein Verhör löst negative Assoziationen aus.
❏ Welche Hinweise geben die Bezeichnungen auf Besonderheiten der Rede oder des Gesprächs? Sortieren Sie z.B. nach Kriterien wie *äußere Bedingungen (Ort, Umgebung, Medien), festgelegte Rollen, Anzahl der Teilnehmer, Grad der Öffentlichkeit, Sach- und Zielbezug.*

Spezifische Bezeichnungen für Reden und Gespräche geben oft schon wichtige **Hinweise** für die Vorbereitung und angemessene **Einschätzung einer Situation:** So hat z.B. in einem Rechenschaftsbericht des Asta-Vorsitzenden eine persönliche Anekdote nichts zu suchen, man kann sie aber sehr wohl in eine kommentierende Rede in einer Sachdebatte einbauen. Oder: Vertrauliche Informationen können in einer privaten Unterhaltung ausgetauscht werden, aber in der öffentlichen Seminarsitzung sind sie fehl am Platze. Wenn man z.b. als Experte interviewt wird, sollte man sachlich fundierte Antworten geben können und nicht etwa Fragen mit Gegenfragen zurückgeben usw.

Grundsätzlich ist aber nach dem Kommunikationsmodell **jede Rede dreifach bestimmt**: durch den **Sprecher**, den **Zuhörer** und die **Sache**. Der Sprecher drückt sich aus, auf den Zuhörer wird eingewirkt, und die Sache wird dargestellt. Diese drei Aspekte wirken in jeder Rede und jedem Gesprächsbeitrag zusammen. Es gibt also keine Rede, in der z.b. eine Sache nur dargestellt wird (vgl. auch S. 75). Es ist immer ein Sprecher mit seiner – mehr oder weniger – subjektiven Sicht der Dinge, der über die Sache redet, und zwar zu Zuhörern, die ihrerseits auch eine eigene Sicht der Dinge haben, eigene Interessen und nur auf dem Hintergrund ihrer bisherigen Erfahrungen das Gesagte überhaupt verstehen können. Aber die Verständigung funktioniert nicht immer optimal; es kann zu verschiedenen Störungen kommen.

2.2   Suchen Sie aus Ihrem Erfahrungsbereich konkrete Beispiele für **Kommunikationsstörungen** und beschreiben Sie sie. – Wann haben Sie als Zuhörer Schwierigkeiten, einem Sprecher zu folgen? Wann wollen Sie ihn vielleicht gar nicht verstehen? In welchen Situationen fühlen Sie sich wohl, in welchen unwohl?

Grundsätzlich ist die Verständigung gestört, wenn:
1. der Sprecher den Zuhörer zu wenig berücksichtigt;
2. der Zuhörer zu wenig beachtet, was der Sprecher sagt;
3. die Sache aus dem Blick gerät bzw. überhaupt zu wenig Sachaspekte vorhanden sind;
4. die Beziehung zwischen Sprecher und Hörer nicht in Ordnung ist bzw. die gegenseitigen Einschätzungen zum Situationsrahmen nicht übereinstimmen;
5. zu wenig gemeinsame Verständigungszeichen zur Verfügung stehen.

Unterschiedliche Redesorten

Obwohl in jeder Rede Ausdruck des Sprechers, Einwirkung auf den Zuhörer und Sachdarstellung vorhanden sind, gibt es je nach Situation unterschiedliche Gewichtungen: Es gibt Situationen, in denen herrscht deutlich der persönliche Ausdruck des Sprechers vor, oder andere, in denen es vor allem um die Einwirkung auf die Zuhörer geht, oder jene, die eine Sache in den Vordergrund stellen.

Grundlegende Unterschiede zwischen Reden bestehen also in dem vorherrschenden Bezug auf Sprecher, Zuhörer oder Sache:

❑ Ist die Rede vorrangig **sprecherorientiert**, stehen die subjektiven Bewertungen, Erlebnisse und Eindrücke des Sprechers im Vordergrund. Er erzählt über eine Sache aus seiner Sicht oder argumentiert für seine Position. Es entsteht ein **Erlebnisbericht, Kommentar** oder eine **Meinungsrede**.

❑ Ist die Rede vorrangig **zuhörerorientiert**, geht es vor allem um die Einwirkung auf die Zuhörer. Sie sollen etwas Bestimmtes denken oder tun. Es ist eine **Belehrung, Werbung** oder eine **Überzeugungsrede**.

❑ Ist die Rede vorrangig **sachorientiert**, ist die Darstellung der Sache das zentrale Anliegen. Es wird über Fakten, Vorgänge, den Stand von Planungen, bisherigen Ergebnissen usw. geredet. Es handelt sich um einen **Sachbericht**, eine **Nachricht** oder eine **Informationsrede**.

Die jeweilige Redesorte gibt zugleich die Hauptzielrichtung an. Zur besseren Vorbereitung sollte man sich in jeder Sprechsituation zuerst fragen: Was will ich? Was ist mein Hauptziel bei dieser Rede? Vergessen Sie dabei nicht die Zuhörer: Welche Absichten vermuten Sie bei ihnen? Das gilt auch für jedes Referat oder jeden Fachvortrag.

Wenn man bei einer Rede keinen Sinn und Zweck erkennt, schaltet man als Zuhörer innerlich ab, langweilt sich oder regt sich sogar über den Sprecher auf. Daß ein Redner die Sache und sein Ziel aus den Augen verliert, kann schnell bei den sogenannten *Anlaß- oder Feierreden* passieren (vgl. Kap. 15, S. 142).

Die Redepyramide

Im folgenden wird die Rede aus der Mitte des Kommunikationsmodells herausgelöst und gesondert betrachtet. Nichts anderes geschieht, wenn man eine Rede hält oder sich anhört.

Direkt und unmittelbar auf die Zuhörer wirkt nicht der Inhalt, sondern die Art, wie etwas gesagt wird. Dieses Wie einer Rede ist die äußere **Form**, die Präsentation: die Formulierung (vgl. Kap. 4, S. 49), der Sprechausdruck (Kap. 8, S. 91) und die Körpersprache (Kap. 9, S. 101). Zusammen stellen sie die Zeichen der menschlichen Verständigung dar.

Die Körpersprache bildet das Fundament, darauf bauen sich der Sprechausdruck und schließlich die Wortsprache auf. Die Entwicklung von der Körpersprache zur Wortsprache kann man sowohl menschheits- als auch individualgeschichtlich feststellen: Ähnlich wie sich die verschiedenen Menschheitssprachen aus den ersten Lauten der Urmenschen bei der Verständigung im gemeinsamen Tätigkeitsprozeß herausgebildet haben, erwerben kleine Kinder

Form

Formulierung in der
Wortsprache

Sprechausdruck/Akustik: Wie klingt das,
was gesagt wird?

Körpersprache/Optische Verständigung: Wie wird das Gesagte mit
Gestik/Mimik und Medien unterstützt?

in aller Welt die Wortsprache aus den ersten körpersprachlichen und lautlichen Äußerungsformen: Strampeln, Schreien usw. Erst im Laufe der Jahre wird nach und nach das differenzierte System der Wortsprache erlernt, die Bedeutungen werden aus dem Handlungskontext herausgelöst. Die Wortsprache ist also das höchst entwickelte und zuletzt erworbene Verständigungssystem (vgl. Lurija 1982, S. 29). Diese Entwicklung, die jeder gesunde Mensch durchlebt hat, wirkt immer mit, wenn wir reden.

Treten z.B. Probleme bei der Formulierung auf, sei es, daß dem Sprecher ein passendes Wort fehlt oder der Gesprächspartner bestimmte Wörter nicht versteht, wird automatisch auf das einfachere, zugrundeliegende System der Körpersprache zurückgegriffen: Wir gestikulieren oder zeigen auf etwas.

Auch die Einschätzung von **Glaubwürdigkeit** folgt dieser Entwicklung: Dem Augenschein der Körpersprache und der Anschaulichkeit des Sprechausdrucks glaubt man immer mehr als den Worten. Offensichtlich ist dies bei ironischen Äußerungen wie *Das hast du fein gemacht* oder *Ich werd' dir helfen.* Werden sie nicht mit freundlichem Ton, netter Mimik und offener Gestik gesagt, weiß jeder – trotz des positiven Wortsinns –, daß Kritik, Tadel bzw. eine Drohung gemeint ist. Oder wenn jemand mit verärgertem Sprechausdruck behauptet, er sei nicht aggressiv, glaubt ihm niemand; man denkt vielmehr, daß er sehr wohl verärgert ist, aber seinen Ärger nicht zugeben will. Körpersprache und Sprechausdruck leiten immer unser Verständnis.

Gut reden zu können, ist aber dennoch mehr als das sichere Auftreten und der schöne Klang beim Sprechen. Es geht immer auch um das Was, also die **Inhalte** und Absichten. Das inhaltliche Konzept bezieht sich nicht nur auf die Sache; es geht vielmehr um das **Konzept der gesamten Kommunikationssituation**: Wie wird die Sache (S) dargestellt? Wie drückt sich der Sprecher (Sp) aus? Wie wirkt er auf den Zuhörer (Zh) ein? Welche Beziehung entsteht? Wie sind die gegenseitigen Einschätzungen der Situation (Sit)? Welches Hauptziel wird verfolgt? Auf der Basis dieser Einschätzung der Kommunikationssituation werden eine passende **Gliederung** (vgl. insbesondere Kap. 6, S. 74) und geeignete Argumentationsstrategien (Kap. 5, S. 61), Fragetechniken (Kap. 13, S. 125), Antwortmöglichkeiten (Kap. 12, S. 120) etc. ausgewählt. Das inhaltliche Konzept beeinflußt seinerseits immer auch die äußere Form. Wenn ich z.B. sachlich informieren möchte, werde ich anders sprechen als ein Redner, der Wähler überzeugen möchte. Man muß also zusätzlich von einer **Wechselwirkung** zwischen Form und Inhaltskonzept ausgehen.

Aus dem Zusammenspiel von Präsentation und Inhaltskonzept zieht man als Zuhörer auch Rückschlüsse auf die **Person** des Sprechers. Man hat einen Eindruck von der Rede und entwickelt daraus Vorstellungen über die Persönlichkeit des Redners und seine Einstellungen (vgl. Kap. 11, S. 110). Kommunikative Einstellungen erwachsen aus der Kommunikationsbiographie eines Menschen und lassen sich zurückführen auf die zentrale Frage, ob Kommunikation als Konkurrenz oder Kooperation eingeschätzt wird.

Diese verschiedenen Aspekte (Form, Inhaltskonzept und Person), die bei jeder Rede zusammenwirken, kann man in der Form einer dreiseitigen Pyramide darstellen. Wenn wir eine Rede hören und sehen, nehmen wir direkt und unmittelbar die äußere Form (Seite 1) wahr, versuchen das Inhaltskonzept (Seite 2) zu verstehen und ziehen Rückschlüsse auf den Sprecher, auf seine Person und seine Einstellungen (Seite 3).

Ein Redetraining muß alle drei Seiten und ihre verschiedenen Ebenen umfassen. So finden Sie zu jedem Bereich mindestens ein Kapitel in diesem Buch; daß die Kapitel nicht der systematischen Anordnung die-

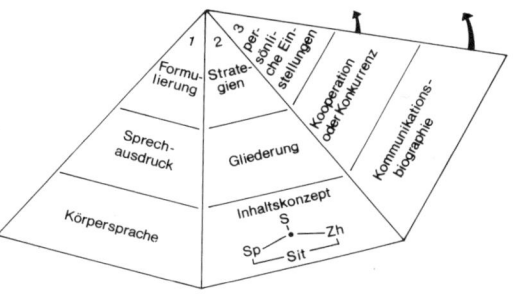

ser Pyramidendarstellung folgen, hat didaktisch-methodische Gründe: Man kann Körpersprache, optische Unterstützung durch Medien und Sprechausdruck, also die motorischen Sprechfertigkeiten, nicht losgelöst von der sprachlichen Formulierung üben; und die ganze Präsentation macht keinen Sinn, wenn sie nicht von einem inhaltlichen Konzept ausgeht.

Reden ist eine komplexe Handlung, die sowohl motorische Sprechfertigkeiten als auch kognitive Fähigkeiten umfaßt und immer von persönlichen Einstellungen beeinflußt ist. Deshalb wird im nächsten Kapitel das Zusammenwirken von Sprechen und Denken behandelt. Das Sprechdenken, also die Organisation und Strukturierung von Gedanken beim freien Sprechen bis hin zur verständlich formulierten Äußerung, ist die grundlegende rhetorische Fähigkeit. Der Sprecher wendet sich mit jeder Äußerung an einen oder mehrere Zuhörer. Erst wenn jemand etwas versteht, entsteht eine Verständigung: Man kommuniziert miteinander über die Sache. Zum Reden gehört also nicht nur das Sprechdenken, sondern immer auch das Hörverstehen. Denn die Zuhörer vollziehen die Gedanken nach und interpretieren sie auf dem Hintergrund ihrer bisherigen Kenntnisse und Erfahrungen.

2.3   Kommunikation wird manchmal auch wie eine technische Signalübertragung beschrieben: Der Sprecher sendet (*drückt aufs Knöpfchen*) Zeichen (*Signal: Strom fließt*), die beim Zuhörer ankommen (*Licht geht an*). Für wie zutreffend halten Sie diesen Vergleich?

Der Dialog als Grundform

Die Grundform des Redens ist der Dialog. In der gemeinsamen Arbeit liegt die Notwendigkeit für Verständigung. Das kann man im Studium bei Projekten selbst erleben: Immer wieder wird die konkrete Arbeit unterbrochen, um mit den anderen Beteiligten bzw. anderen Arbeitsgruppen gemeinsame Absprachen über Ziele, Probleme oder das weitere Vorgehen zu treffen. Die Interaktion (Wechselbeziehung) zwischen den Gesprächspartnern ist die ursprüngliche Form der Kommunikation: sowohl individuell als auch gesellschaftlich. Jeder Mensch lernt Sprechen im Gespräch mit Bezugspersonen, bevor er eine zusammenhängende Rede organisieren kann. Solange die Anzahl der Mitglieder einer Gruppe oder Gesellschaft überschaubar ist, kann jeder mit jedem direkt im Gespräch wichtige Punkte klären. Das ist der Vorteil von kleinen Veranstaltungen, wie man sie manchmal an der Hochschule noch bei Examenskolloquien oder in Forschungsseminaren (Teilnahme in der Regel nur nach vorheriger persönlicher Anmeldung beim Dozenten!) erleben kann. Aber mit steigender Zahl der Mitglieder entstehen Substrukturen, es wird arbeitsteilig vorgegangen, man hat nicht mehr die Gelegenheit, selbst mit allen anderen über alle einzelnen Punkte zu sprechen.

Daraus ergibt sich die Notwendigkeit für Redeformen: Ergebnisse von Besprechungen werden berichtet, einzelne beschäftigen sich mit verschiedenen Teilaspekten, es werden Referate gehalten usw. Das **rhetorische Grundmuster** ist: Frage und Antwort. Denn in seiner einfachsten Form besteht ein Gespräch aus **Frage und Antwort** bzw. gegenseitigen Fragen und Antworten. Wenn Sie sich also vorbereiten wollen, überlegen Sie sich Fragen, die Sie in einem Gespräch stellen wollen oder die Ihnen gestellt werden könnten, und die Antworten darauf, die Sie in einer Rede formulieren sollten.

3. Sprechdenken üben

Denken ist Voraussetzung für das Sprechen. Gedanken drängen zur Rede, das Denken vollendet sich im Wort. Denken und Sprechen verlaufen parallel, nicht nacheinander. Man erkennt, wenn sich in einer Diskussionsrunde jemand vorlehnt oder aufrichtet, daß er einen Gedanken hat, den er aussprechen möchte. Bei Sprechbeginn hat er den Gedanken meist selbst noch gar nicht zu Ende gedacht. Er weiß noch nicht im einzelnen, was er wie formulieren wird. Erst während des Sprechens entwickelt er den Gedanken weiter, und mit der Formulierung wird der Gedanke für den Sprecher selbst klar.

Zwischen dem Gedanken und der Ausformulierung des Gedankens in einer für andere verständlichen Form steht die *innere Sprache* (vgl. Wygotski 1934). Sie kann als ein *Denken in sprachlichen Begriffen* aufgefaßt werden. In ihrem Aufbau unterscheidet sich die innere Sprache von der äußeren verständlichen Sprache. Sie ist stark verkürzt und beschränkt sich auf die wichtigsten Begriffe. Drängen Gedanken zur Rede, so werden sie in der inneren Sprache nicht als ganze Sätze geplant und formuliert, die man anschließend nur noch aussprechen müßte. Dies führte zu einer ständigen Phasenverschiebung zwischen Sprechen und Denken. Es würden lange Pausen zwischen den Sätzen entstehen, weil der nächste Satz erst wieder still (in Gedanken) vollständig vorgeplant werden müßte. Der Redefluß geriete ins Stocken. Vielmehr wird in der inneren Sprache nur die Hauptvorstellung sprachlich gefaßt. Der Sprechdenkprozeß geht von diesen Hauptvorstellungen aus. Sie werden in Satzrahmen, die der Sprecher beherrscht, ausgeformt und mit Hilfe der sprecherischen Ausdrucksmittel für andere verständlich artikuliert. Im *Stichwort-Konzept* hält man nur seine Hauptvorstellungen in den eigenen Kürzeln fest.

Lautes Lesen und Selbstgespräche

Verstehen ist immer mit Nervenimpulsen an den Artikulationsorganen verbunden. Selbstgespräche werden oft als Verrücktheiten einzelner Menschen abgetan. Dabei handelt es sich entweder um Gefühlsausbrüche oder um Sprechdenken. Wenn einem z.B. ein schwerer Hammer auf den Fuß fällt, kann man sich vor Schmerz ein lautes *Aua* meist nicht verkneifen. Oder wenn die gerade geordneten Aktenblätter vom Schreibtisch rutschen, entfährt vielen vor Ärger ein Schimpfwort. Das Sprechdenken in Selbstgesprächen ist oft nur ein halblautes Sprechen. Es dient wie das laute Lesen schwieriger Texte dem besseren Verstehen. Selbstgespräche sind notwendig, wenn sich die Gedanken überstürzen, wenn man schwierige Probleme lösen oder sich an tief im Gedächtnis vergrabene Inhalte wieder erinnern möchte. Alles, was einem in den Sinn kommt, wird direkt ausgesprochen und formuliert. Durch das Formulieren fügen sich die Gedanken in eine bestimmte Ordnung: Man erkennt Reihenfolgen, Abhängigkeiten, Wechselbeziehungen usw. Das Aussprechen verhilft also dem Denken zu mehr Klarheit, deshalb sollte man es auch bei der Vorbereitung von Referaten einsetzen.

3.1   Wenn Sie sich gerade in ein neues, schwieriges Thema einarbeiten, versuchen Sie es mit Sprechdenken: Lesen Sie schwierige Textpassagen aus der Fachliteratur halblaut, erzählen Sie jemandem etwas darüber oder formulieren Sie sich selbst wichtige Fragen zum Thema.

Auf eine Frage weiß man immer eine Antwort bzw. entwickelt sprechdenkend eine mögliche Antwort. Diese Strategie des Sich-selbst-Fragen-Stellens kann man auch benutzen, wenn man z.B. aus dem Stegreif zu einer Sache Stellung nehmen soll. Sprechen Sie selbst zu dem Thema eine oder mehrere Fragen aus und versuchen Sie, sie sich selbst anschließend zu beantworten. Das, was Sie über die Sache wissen, fällt Ihnen mit dieser rhetorischen Frage-Strategie ein, Sie können so auch neue Gedanken allmählich verfertigen, aber Vorsicht: Sie haben keine genaue Kontrolle über das, was Sie sprechdenkend entwickeln. Werden von Ihnen klare Positionen, bestimmte Zahlen, Leistungszusagen o.ä. erwartet, sollten Sie besser vorbereitet sein. Wenn Sie Ihre Positionen nicht vorher festgelegt haben, sondern sich nur auf Ihr entwickelndes Sprechdenken verlassen, sagen Sie vielleicht etwas, was Ihnen später leid tut.

Flüssiges Sprechdenken wird gefördert durch
❑ einen Zielimpuls, wenn man etwas Bestimmtes erreichen möchte;
❑ Mut zu Pausen, denn man braucht Zeit zum Überlegen;

❏ keine Furcht vor Versprechern, Verbindungs- oder Füllwörtern, die einfließen können;

❏ etwas Erregung, die als eigener Antrieb zur Gedankenklärung dient (also:
Etwas Anspannung ist gut, aber keine krampfhafte Verspannung mit
falscher Hochatmung, denn durch Adrenalinausstoß und schlechte Sauer-
stoffversorgung werden Denkblockaden erzeugt);

❏ Widerspruch, Unterbrechung oder Fragen eines anderen, denn sie treiben
das Sprechdenken zur Klarheit voran;

❏ das Zulassen und Benutzen der Gestik;

❏ gute Sprachbeherrschung, griffbereite Sprache und

❏ Gliederungshilfen zur Orientierung, die speziell in Kapitel 6 behandelt werden.

Über die allmähliche Verfertigung der Gedanken beim Reden
nannte Heinrich von Kleist einen Aufsatz an R[ühle] v[on] L[ilienstern], der
vermutlich 1805/06 entstanden ist und in dem er seine Beobachtungen über
den Zusammenhang von Sprechen und Denken zusammenfaßt:

Wenn du etwas wissen willst und es durch Meditation nicht finden kannst, so rate ich
dir, ... mit dem nächsten Bekannten ... darüber zu sprechen. Es braucht nicht eben ein
scharfdenkender Kopf zu sein, auch meine ich es nicht so, als ob du ihn darum befragen solltest: nein! Vielmehr sollst du es ihm selber allererst erzählen. Ich sehe dich zwar
große Augen machen, und mir antworten, man habe dir in frühern Jahren den Rat gegeben, von nichts zu sprechen, als nur von Dingen die du bereits verstehst. .. aber ...
l'appétit vient en mangeant[1], und dieser Erfahrungsgrundsatz bleibt wahr, wenn man
ihn parodiert, und sagt, l'idée vient en parlant[2]. Oft sitze ich an meinem Geschäftstisch
über den Akten, und erforsche, in einer verwickelten Streitsache, den Gesichtspunkt,
aus welchem sie wohl zu beurteilen sein möchte. ... wenn ich mit meiner Schwester davon rede, ... so erfahre ich, was ich durch ein vielleicht stundenlanges Brüten nicht her-
ausgebracht haben würde.
Nicht, als ob sie es mir, im eigentlichen Sinne, sagte; ... Auch nicht, als ob sie mich durch
geschickte Fragen auf den Punkt hinführte, auf welchen es ankommt, ... Aber weil ich
doch irgendeine dunkle Vorstellung habe, die mit dem, was ich suche, von fern her in
einiger Verbindung steht, so prägt, wenn ich nur dreist damit den Anfang mache, das
Gemüt, während die Rede fortschreitet, in der Notwendigkeit, dem Anfang nun auch
ein Ende zu finden, jene verworrene Vorstellung zur völligen Deutlichkeit aus ... Es liegt

---

1 Der Appetit kommt beim Essen.

2 Die Idee kommt beim Sprechen.

ein sonderbarer Quell der Begeisterung für denjenigen, der spricht, in einem menschlichen Antlitz, das ihm gegenübersteht; und ein Blick, der uns einen halbausgedrückten Gedanken schon als begriffen ankündigt, schenkt uns oft den Ausdruck für die ganze andere Hälfte desselben. Ich glaube, daß mancher große Redner, in dem Augenblick, da er den Mund aufmachte, noch nicht wußte, was er sagen würde. Aber die Überzeugung, daß er die ihm nötige Gedankenfülle schon aus den Umständen, und der daraus resultierenden Erregung seines Gemüts schöpfen würde, machte ihn dreist genug, den Anfang, auf gutes Glück hin, zu setzen. ...– Ein solches Reden ist ein wahrhaft lautes Denken. ... Die Sprache ist alsdann keine Fessel, etwa wie ein Hemmschuh an dem Rade des Geistes, sondern wie ein zweites, mit ihm parallel fortlaufenden, Rad an seiner Achse. ...

Sprechdenken in der Gruppe

Soll ein Referat von mehreren Seminarteilnehmern gemeinsam gehalten werden, empfiehlt es sich, sich auch gemeinsam darauf vorzubereiten. Natürlich kann ein Klärungsgespräch nicht das Einlesen in die Thematik ersetzen, aber wenn man gemeinsam über das spricht, was man weiß und sich erarbeitet hat, dient das dem gemeinsamen Verständnis der Sache. Dadurch, daß man sich gegenseitig Fragen stellt und das formuliert, was man selbst verstanden oder auch noch nicht verstanden hat, wird jedem Gesprächsteilnehmer die Sache klarer. Also: Wenn man die Gelegenheit hat, mit anderen gemeinsam über eine Sache zu sprechen, sollte man sie auf jeden Fall nutzen. Deshalb werden auch Tutorien, Repetitorien und Kolloquien angeboten, und deshalb schließen sich einzelne Studierende informell zu Vorbereitungsgruppen vor Klausuren oder Prüfungen zusammen.

Beim Sprechdenken in einer Gruppe wird laut gedacht. Das funktioniert aber nur, wenn man keine Angst hat und der Leistungsdruck nicht zu hoch ist. Wenn man befürchtet, etwas Verkehrtes zu sagen, schlecht bewertet oder ausgelacht zu werden, blockiert man sich selbst: Man verkrampft sich im gesamten Körper, es entsteht Streß. Das Sprechdenken kommt dann gar nicht in Gang, weil man im Kopf bereits jede Formulierung auf ihre Richtigkeit oder gute Wirkung vorher überprüfen will. Damit gerät jeder Gedankenfluß ins Stocken.

Zum Sprechdenken braucht man eine lockere Atmosphäre. Lachen entkrampft. Wenn jeder Teilnehmer in einer Gruppe sprechdenkt, entsteht eine gemeinsame Vernetzung der Denkkapazitäten. Denn die Gedanken, die ein Teilnehmer ausspricht, können bei jedem anderen neue Gedankenverbindungen auslösen. Bei diesem gemeinsamen lauten Denken einer Gruppe können kreative, neue Lösungen gefunden werden. Das ist wichtig bei Klärungsgesprächen, in denen Problemlösungen erarbeitet werden sollen.

3.2 Zur Übung des Sprechdenkens in einer Gruppe kann man auch gemeinsam schwierige Rätsel lösen, z.B. Kreuzworträtsel, in denen *um die Ecke* gedacht werden muß, oder sogenannte *Logicals*. Hier ein einfaches Beispiel:
Sie stehen auf einem Parkplatz und versuchen herauszubekommen, wem welches Auto gehört. Sie sehen fünf Autos. Die Fabrikate und die Farben sind unterschiedlich. Die Besitzer sind unterschiedlich alt, haben verschiedene Berufe und kommen aus verschiedenen Stadtteilen.

1. Der Steuerberater ist aus Frillendorf.
2. Das Auto des Försters steht neben dem Fiat.
3. Der schwarze Wagen ist ein Ford.
4. Dem Katernberger gehört das blaue Auto.
5. Der Schornsteinfeger ist 21 Jahre jung.
6. Der Volkswagenbesitzer kommt aus Werden.
7. Die Ärztin fährt einen Mercedes.
8. Das schwarze Auto steht neben dem Wagen des 64jährigen.
9. Der Förster hat das erste Auto links.
10. Der Landwirt fährt ein rotes Auto.
11. Direkt rechts neben dem Opel des Fahrers aus Katernberg steht der Volkswagen.
12. Das gelbe Auto steht neben dem Auto des 52jährigen.
13. Der Wagen, der genau in der Mitte steht, kommt aus Steele.
14. Das Auto der 28jährigen ist grün.

Wer kommt aus Kettwig? Und wer ist 35 Jahre alt?

Gemeinsamer Gedankensturm – Brainstorming

Das Brainstorming ist ein Verfahren, in dem das gemeinsame Sprechdenken einer Gruppe methodisch umgesetzt wird. Zu einem Problem-Thema spricht jeder – reihum – direkt das aus, was ihm dazu in den Sinn kommt. Alle Bewertungen sind ausgeschlossen. Die Teilnehmer sollen laut denken und frei ihre Gedanken assoziieren. Jede Äußerung einer Person kann bei jeder anderen Person neue Ideen auslösen. Alle Ideen werden gleichberechtigt nebeneinandergestellt; sie werden gesammelt, aber weder kommentiert noch direkt geordnet. Am besten werden sie für alle sichtbar an der Tafel, auf einem Overheadprojektor oder auf einzelnen Karten mitgeschrieben. Auch Doppelnennungen sind möglich. Grundsätzlich darf jeder gelegentlich passen. Wenn in einer Gruppe ein gutes Vertrauensklima herrscht, wird nur gepaßt, wenn keine Ideen fließen. Fürchtet aber jemand die Bewertung durch andere, setzt oft im Kopf schon eine vorweggenommene Selbstbewertung ein: *Was werden die anderen von mir halten, wenn ich das oder das sage?* Treten solche Gedanken auf, traut man sich nicht mehr, die Gedanken frei kreisen zu lassen und sich unbefangen am Brainstorming zu beteiligen. Deshalb darf keiner das Gefühl haben, für vielleicht ausgefallene oder unmögliche Ideen kritisiert oder ausgelacht zu werden. Viele kleine Bemerkungen wie *Ach! Hä? Aua! Schon wieder!* können schon – auch ungewollt – das Vertrauensverhältnis stören. Sie wirken wie *Killerphrasen* (vgl. S. 69).

Für jedes Brainstorming braucht man Zeit und Ausdauer. Ziel ist es, möglichst viele Ideen zu sammeln. Mit der Quantität soll sich auch Qualität einstellen. Die ersten Ideen, die benannt werden, sind meistens die allgemein bekannten, die herkömmlichen Vorschläge. Danach entsteht oft ein gewisses Loch. Erst wenn diese Durststrecke überwunden ist und die Gruppe nicht frustriert aufgegeben hat, gelangt man in die kreative Phase, in der neue Ideen aufkommen. Nach Erfahrungswerten muß man bei schwierigen Problemlösungen oft mehr als 100 Ideen sammeln, bevor man die Lösung findet.

Durch gruppendynamische Experimente hat man festgestellt, daß eine Lösung, die von einer Gruppe gefunden wird, immer besser oder zumindest genauso gut wie die beste Lösung einer einzelnen Person ist. Deshalb sollten Gruppenentscheidungen immer Vorrang vor Einzelentscheidungen haben. Voraussetzung einer guten Entscheidungsfindung in der Gruppe ist eine umfassende Klärung und eine möglichst breite Palette von Lösungsvorschlägen und Ideen, die zur Auswahl stehen. Diese können entweder erst *mündlich* im Brainstorming oder direkt *schriftlich* auf Karten gesammelt werden.

Das *Brainwriting* ist genauso wie das Brainstorming hilfreich, wenn viele Ideen oder verschiedene persönliche Erfahrungen eingebracht und schwierige Probleme gelöst werden sollen. Wenn die Gesprächspartner persönlich stark betroffen sind oder die Gruppen wesentlich mehr als zehn Teilnehmer haben, ist das Brainwriting zu empfehlen. Denn mit dem Schreiben kann man viele direkt beteiligen, und es wird eine sachliche Distanz ohne Verlust des persönlichen Bezugs ermöglicht. Beim Karten-Schreiben tritt ein ähnlicher Effekt ein wie beim Brainstorming: Dadurch, daß keine direkte Bewertung erfolgt, wächst der Mut, verschiedene, auch ungewöhnliche Ideen aufzuschreiben, um später darüber zu reden. Wenn die Karten an der Pinnwand hängen, ist nicht mehr so leicht feststellbar, wer welche Karten geschrieben hat. Dadurch steht der Sachbezug im Vordergrund, auch in Gruppen, in denen persönliche Rivalitäten oder Konflikte auftreten. Vorschläge werden nicht abgelehnt, nur weil sie von Person XY geäußert worden sind.

Das Brainstorming ist spontaner und ermöglicht von Anfang an mehr Assoziationen zwischen den verschiedenen Teilnehmern. Aber gleichgültig, ob

man mit einem Brainstorming oder einem Brainwriting einen Gedankensturm
erzeugt, die gefundenen Ideen und Aspekte müssen, wenn man zu einer Entscheidung kommen will, geordnet und bewertet werden. Dazu braucht man eine Moderation.

Sprechdenken moderieren

Eine Moderation ist eine Gesprächsleitung. In den letzten Jahren hat dieser
Begriff eine neue Spezifizierung erhalten (vgl. z.B. die Metaplan-Gesprächs-
technik): Die Ideen, die auf einzelne Karten geschrieben worden sind, werden
vom Moderator gemeinsam mit der Gruppe an einer Pinnwand geordnet. Karten mit gleichen oder sehr ähnlichen Ideen werden zusammen bzw. nah nebeneinander gehängt, so daß verschiedene *Cluster* entstehen, die verschiedene Aspekte repräsentieren und dementsprechend benannt werden und in
Relationen zueinander gesetzt werden können. So wird beim Sortieren der
Karten an der Pinnwand gemeinsam eine Struktur erarbeitet.
Der Moderator ist nicht dominant, sondern er versteht sich als Helfer bei der
Herstellung der gemeinsamen Gedankenordnung. Er hängt nicht eigenmäch-
tig die Karten auf, sondern führt die Ideen der Gruppe aus, achtet auf Einigung
und macht ausgleichende Vorschläge. Erfolgt ein Widerspruch aus der Grup-
pe, wird darüber geredet. So entsteht beim gemeinsamen Sortieren der Karten
allmählich an der Pinnwand eine übersichtliche und von allen akzeptierte
Struktur, die den Diskussionsstand der Gruppe dokumentiert.
Will die Gruppe ein Problem nicht nur klären (*Welche Lösungsmöglichkeiten
gibt es? Welche Vor- und Nachteile haben sie?*), sondern zu einer gemeinsamen
Entscheidung kommen, dann müssen sich Bewertungen anschließen. Jeder
kann Vorschläge einbringen, Argumente benennen, andere ablehnen usw. Geht
man davon aus, daß eine gemeinsame Lösung von allen Beteiligten akzeptiert
werden muß, kann man z.B. auch ein *Veto-Recht* einführen: Jeder darf ein oder
mehrere Lösungen streichen, die er nicht mittragen könnte. Bewertungen können an der Pinnwand deutlich erfaßt werden, wenn man farbige Punkte an-
klebt: Jeder erhält eine bestimmte Anzahl von Punkten, mit denen er abstimmen kann; manchmal ist es sinnvoll, weitere Regeln einzuführen, z.B. zur
Streuung, Kompromißbereitschaft: Keiner darf alle seine Punkte einer Lösung
geben, sondern sie müssen auf mindestens zwei oder drei mögliche verteilt
werden. Grundsätzlich sollten alle Verfahrensweisen gemeinsam von der
Gruppe festgelegt werden.
Die methodischen Arbeitsschritte der Moderation, *Karten schreiben, anhef-
ten, sortieren, bewerten,* sind gleichzeitig Anhaltspunkte für den geordneten
Ablauf des gesamten Gesprächs (vgl. das Prozeßschema für Sachgespräche

S. 130). An der Pinnwand ist immer der momentane Diskussionsstand allen vor Augen, das ist lernpsychologisch von Vorteil (vgl. S. 121). Für den Erfolg ist es unwichtig, ob man die im Handel erhältlichen Koffer mit Moderationsmaterialien (verschiedenfarbige Karten in unterschiedlichen Größen und Formen, Stifte, Nadeln, Klebepunkte, Klebeband usw.) einsetzt, was recht kostspielig ist, oder ob man die Materialien einzeln kauft oder selbst herstellt.

Die Moderationsmethode dient vor allem der Sammlung von Ideen und der Klärung. Sie ist sinnvoll bei echten Fragen und Problem-Themen. Setzt man sie bei zu einfachen, unproblematischen Fragen ein, wirkt sie überformalisiert und wird nicht ernst genommen. Moderation ist kein Lehrverfahren, bei dem der Lehrer schon weiß, was als Lösung herauskommen soll, und sie ist nicht geeignet für Diskussionen vor Publikum, weil es den daran Beteiligten meistens mehr um Selbstdarstellung geht.

3.3 Wenn Sie in einer Arbeitsgruppe gerade ein schwieriges Thema bearbeiten, können Sie das Brainstorming oder Brainwriting mit Moderation ausprobieren.

Zum Vortrag: Nur Stichwörter aufschreiben

Bei der Vorbereitung auf eine Rede oder ein wichtiges Gespräch sollte man die Gedanken kreisen lassen. In einem Gespräch mit sich selbst oder einem Partner kann man Gedanken *allmählich verfertigen* und ordnen. Aus dem klärend-entwickelnden Sprechdenken erarbeitet man sich ein Konzept, das man sich in Stichwörtern aufschreiben kann. In den allermeisten Fällen sollte es auch beim Stichwort-Konzept bleiben. Nur wichtige Zitate, juristische Absicherungen oder wesentliche Definitionen sollte man im Wortlaut aufschreiben.

Manche Sprecher betrachten den ausformulierten *Redetext als Absicherung*: Sie sprechen frei, obwohl sie den Text einmal vorformuliert haben. Sie brauchen die Sicherheit, falls sie stecken bleiben sollten, doch im Text nachschauen zu können. Mit zunehmender Routine und der Erfahrung, daß es bei der Redewirkung nicht nur auf die einzelne Formulierungen, sondern immer auf den Gesamteindruck ankommt, nimmt das Schreiben bei der Redevorbereitung ab. Es gibt aber *motorische Lerntypen*, die sich das, was sie selbst einmal geschrieben haben, grundsätzlich besser merken können.

In dem Stichwort-Konzept hält der Redner in seiner verkürzten inneren Sprache die Hauptgedanken seiner Rede in geordneter Reihenfolge fest. Es dient ihm als Erinnerungshilfe für seinen Gedankenaufbau. Deshalb sollte es möglichst übersichtlich und kurz sein. Andere müssen aus den privaten Kürzeln des Redners nicht schlau werden. Mit Stichwörtern wird ein vorgeplanter

Sprechdenk-Ablauf *reproduziert*: Man hat sich genau überlegt, welche Punkte man in welcher Reihenfolge ansprechen möchte, formuliert sie aber in der Situation wieder frei sprech(denk)end in Sätze. Damit man den roten Faden und den geplanten Aufbau nicht verliert, muß man sich an sein Stichwort-Konzept halten.

Vorteile beim freien Sprechen nach einem Stichwort-Konzept:

❏ **Sprechdenkpausen**: Beim Sprechdenken entstehen nicht nur nach jedem Satz, sondern auch innerhalb eines längeren Satzes kurze Pausen, um die Formulierung richtig fortführen zu können. Diese notwendigen Pausen sollte man nicht fürchten. Denn sie gestalten den Sprechfluß abwechslungsreich und entsprechen der Verarbeitungszeit, die der Hörer beim Verstehen braucht. Deshalb aktivieren sie auch den Hörer zum Mitdenken. Beim Ablesen eines Textes oder auch beim Vortrag eines auswendig gelernten Textes wird oft viel zu schnell gesprochen, so daß die Zuhörer nicht mehr mitdenken und verstehen können. Durch die Sprechdenkpausen wird die Sprechweise lebendig, weil die Pausen den Sprechfluß gliedern. Zudem wird das Sprechen dynamischer, weil man nach einer Pause meist etwas schneller und lauter wieder einsetzt.

❏ **Blickkontakt**: Der Blick ist nicht nur ein Zeichen für den Mitteilungswillen, sondern der Zuhörer fühlt sich angesprochen. Man kann die Reaktionen auf das Gesagte beobachten und darauf eingehen. Sieht man z.B. einen fragenden Blick, wird man automatisch das Gleiche noch einmal mit anderen Worten sagen, um es den Zuhörern verständlich zu machen. Nicken dagegen alle schon, braucht man die weiteren Argumente nicht mehr so ausführlich zu erläutern, wie man es vielleicht vorbereitet hat. Man kann also die Informationsdichte nach dem Hörerbedarf ausrichten.

❏ **Sprechgrammatik**: Einfachere Formulierungen als beim Schreiben erhöhen die Verständlichkeit (vgl. S. 54 ff.).

3.4 Wenn Sie Vorlesungen mitschreiben oder sich aus Büchern etwas herausschreiben, schreiben Sie in der Regel auch nur stichwortartig mit. Das ist nichts anderes als die Erarbeitung eines Stichwort-Konzeptes, wie man es auch für einen Vortrag braucht. Erarbeiten Sie zu dem folgenden Redebeispiel ein Stichwort-Konzept!

„Moderne Kunst" – da fällt bei vielen erst einmal die Klappe runter, weil sie nicht wissen, was sie dazu sagen sollen. Wenn sie z.B. eine Leinwand sehen, die mit Farben vollgespritzt ist, denken sich viele: Was soll das? Oder: Das soll Kunst sein? Manchmal hört man auch Äußerungen wie: „Das kann mein Kind auch." Oder: „Das ist doch nichts!" – „Das ist gar nicht schwer, keine Technik!" usw. Viele gelangen dann zu der Vermutung, daß Kunst nur kommerziellen Zwecken dient. Solche Einstellungen zur Modernen Kunst sind weit verbreitet. Mir sind sie immer wieder in Gesprächen mit Freunden, Bekannten oder auch hier im Studium begegnet.

Ein gutes Beispiel ist der Künstler Joseph Beuys, der wahrscheinlich allen bekannt ist. Seine Installationen, seine Badewanne und andere Objekte sind einerseits anerkannt: Sie stehen in Museen und werden für hohe Summen gehandelt. Und andererseits wissen viele mit seinen Objekten nichts anzufangen. Es stellt sich also immer wieder die Frage: Warum gibt es soviel Unverständnis für die Moderne Kunst?

Meiner Meinung nach setzen sich einfach zu wenige Menschen wirklich mit Moderner Kunst auseinander. Diese Auseinandersetzung ist aber gerade bei den Werken der Modernen Kunst sehr wichtig. Betrachtet man nur die Leinwand oder eine Installation, merkt man, wie unbefriedigend dies ist. Die Auseinandersetzung bei der Modernen Kunst kann nicht bei der Betrachtung des Objektes stehenbleiben. Gelangt man vielleicht bei einem Gemälde von van Gogh oder Picasso ohne weitere Informationen über den Maler und die gesellschaftlichen Umstände bei Entstehen des Kunstwerkes zu einem ästhetischen Erlebnis beim Betrachten, so gelingt dies dem Betrachter bei Werken der Modernen Kunst vielfach nicht mehr. Ästhetischer Genuß oder die Vermittlung einer bestimmten, erkennbaren Absicht ist nicht das Ziel dieser Künstler. Beuys' Objekte sind z.B. annähernd offen für jegliche Interpretation. Dadurch ist der Betrachter sowohl darauf angewiesen, sich selbst und seine Sehgewohnheiten einzubringen und zu hinterfragen, als auch zusätzliche Informationen heranzuziehen.

Die Moderne Kunst zwingt gerade dazu, zusätzliche Informationen mitzuberücksichtigen, die über das Objekt hinausgehen, seien es Informationen zur Person des Künstlers, zu seinen anderen Werken, zum gesellschaftlichen Umfeld oder zu politischen Einstellungen. Erst dann ist man in der Lage, ein Objekt zu deuten und sich ein Urteil zu bilden. Demgegenüber ist die Interpretation älterer Kunstwerke sicherlich etwas einfacher, weil sie nicht so offen angelegt sind und der Interpretationsspielraum erheblich geringer ist und wir mit den traditionellen Ausdrucksformen wesentlich vertrauter sind. Wenn man nun zu der Frage zurückkehrt, warum es soviel Unverständnis für die Moderne Kunst gibt, so muß man zu dem Schluß kommen, daß dies in der Modernen Kunst selbst begründet ist. Dadurch, daß man abgeht von traditionellen Ausdrucksformen und Deutungsgewohnheiten, produziert man dieses Unverständnis ein gutes Stück weit mit. Als Betrachter kann man die beabsichtigte Irritation aber durch eine intensive Auseinandersetzung, in die zusätzliche Informationen einfließen müssen, erkennen und ein besseres Verständnis für diese neuen Kunstformen entwickeln.

Man muß nicht bei jeder Vorbereitung ein sprachlich-begriffliches Konzept erarbeiten, man kann auch andere Orientierungsmuster benutzen, z.B. Bilder, räumliche Vorstellungen oder Handlungsschritte. Was man für einen Vortrag auswählt, hängt einerseits vom Thema und andererseits vom Sprechertyp ab. Wer z.B. einen *Dia-Vortrag* hält, hat sein Konzept bereits in der zusammengestellten Abfolge der Dias. Genauso sind Schaubilder, Diagramme etc. ein Leitfaden für das Sprechdenken. Mit welchem Konzept man am besten reden kann, muß man ausprobieren. Das Ziel ist aber immer eine Darstellung, die die Zuhörer verstehen können.

Hörverständnis fördern

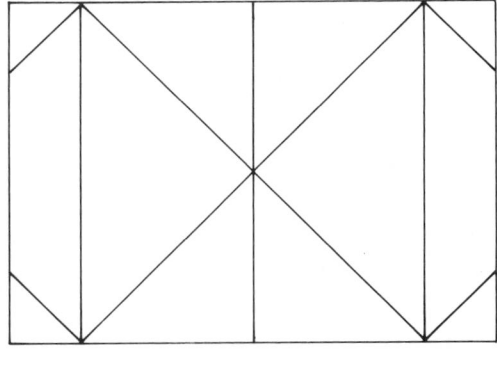

Wenn man eine unbekannte Grafik sieht, die einen nicht interessiert, ist das Verstehen erschwert. Genauso geht es Zuhörern, wenn sie von Dingen hören, die sie nicht kennen und von denen sie sich auch nicht betroffen fühlen. Deshalb muß man sie für die Sache interessieren und ihnen das Thema so erklären, daß sie es verstehen können. Verstehen heißt: nachvollziehen, mitdenken können. Man darf Zuhörer nicht nur mit dem Ergebnis des eigenen Denkens konfrontieren, sondern man muß ihnen auch vermitteln, wie man dorthin gelangt ist. Positionen, Meinungen, Thesen, auch Begriffe sind Ergebnisse bestimmter Überlegungen. Die Schritte, die man selbst bei der Bildung vollzogen hat, muß man sich in Erinnerung rufen und für die Zuhörer aussprechen.

3.5 Zu Übungszwecken gehen wir von einem konstruierten Beispiel aus (vgl. auch Berthold 1993, S.32 ff.). Nehmen wir an, die Zeichnung oben ist das Ergebnis einer Tätigkeit, die Sie jemandem vermitteln sollen.
Wenn Sie sich die Zeichnung anschauen, fragen Sie sich wahrscheinlich, was das sein soll: *Einige Striche, senkrecht, diagonal ... vielleicht eine geometrische Übung ... aber was steckt dahinter? Was muß man tun, um sie zu verstehen?* – Bitte überlegen Sie: Wie kann man die Zeichnung jemandem, der sie nicht sieht (z.B. am Telefon), verständlich erklären? Wie kann man erreichen, daß der Hörer die Zeichnung versteht, d.h., genau die gleiche Zeichnung vor sich sieht? Probieren Sie es aus!

3.6   Sie können auch selbst einige beliebige Striche oder geometrische Figuren auf ein Blatt Papier zeichnen. Beschreiben Sie den Werdegang bis zu Ihrer Zeichnung so, daß der Zuhörer die Figur auf einem Blatt Papier nachvollziehen kann.

Das Hörverständnis wird auch durch den Einsatz von Medien gefördert (vgl. S. 86 ff). Für den Sprecher sind die Medien eine Hilfe beim Sprechdenken, sie ergänzen oder ersetzen sein Stichwort-Konzept. Hinweise für eine einfache

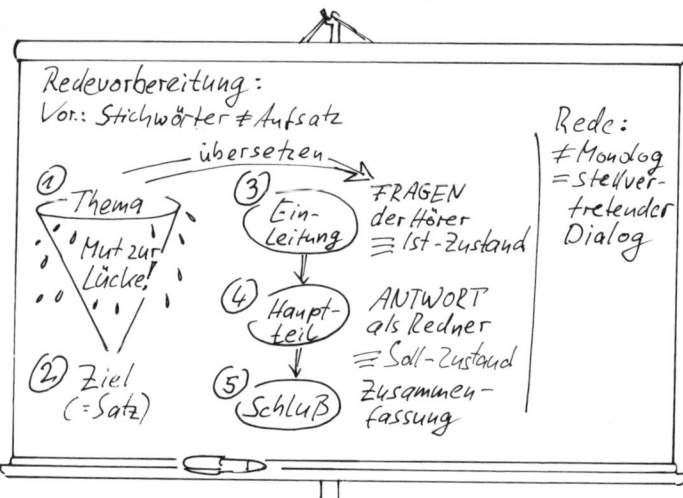

Redevorbereitung (vgl. S. 75 f.) kann man z.B. in einem Tafelbild zusammenfassen. Hat man sich ein solches Konzept erarbeitet und weiß, in welcher Reihenfolge man es für die Hörer entwickeln kann, so erübrigt sich ein weiteres Manuskript.

Das Bild im Kopf

Hat man ein Bild klar vor Augen, kann man es beschreiben. Wahrscheinlich haben Sie das unbewußt schon des öfteren getan, z.B. wenn Sie Bekannten von Ihrem letzten Urlaub erzählen. Auch wenn Sie jemandem, der Sie besuchen möchte, am Telefon den Weg beschreiben, stellen Sie sich die Örtlichkeiten vor und beschreiben: *Wenn Sie von der Autobahn abfahren, links ... sieht aus wie ... in der Nähe ist ...*
Bei diesen und ähnlichen Gelegenheiten stellt man sich das Thema bildlich vor und beginnt zu sprechen. Das ist leichter, wenn man auf Erfahrungen zurückgreifen kann. Was man schon einmal gesehen und erlebt hat, kann man als in-

neres Bild reproduzieren. Man kann sich aber auch in der Phantasie etwas ausmalen. Dabei kann es sich um einzelne *statische* Bilder oder um *dynamische* Bildfolgen handeln. Geht es um Handlungsfolgen und Tätigkeiten, läuft im Kopf des Sprechers ein Film ab. Wer Handlungsschritte verinnerlicht hat und darüber berichten soll, spielt sie in Gedanken durch und beschreibt den Ablauf. Er braucht dazu nur ein Stichwort, das ihm die Bilder in Erinnerung ruft, die Einzelheiten kann er aus der Vorstellung beschreiben.

So kann man in einem Referat gut Beispiele erzählen, wenn man eine konkrete Anschauung von der Sache hat: Wer vor dem Ingenieurstudium eine Lehre oder ein Praktikum in einer Werkzeugmaschinenfabrik gemacht hat, wird sich mit Werkzeugmaschinen oder in Fragen der Werkstoffkunde etwas auskennen; oder wer vor dem Studium der Betriebswirtschaftslehre bereits die Prüfung zum Steuerfachgehilfen abgelegt hat, kennt sich mit dem Finanzrecht und dem betrieblichen Rechnungswesen schon etwas aus. Wenn man über solche Themen referiert, erleichtern die Bilder im Kopf das Sprechdenken: Man spricht frei und lebendig, automatisch stellt sich die Gestik ein, man deutet die Bewegungen an, zeigt etwas usw.

3.7   Üben Sie das Sprechdenken. Bitte schreiben Sie sich nichts auf, sondern sprechen Sie direkt auf Band. Wenn Sie sich die Aufnahmen anhören, kritisieren Sie sich bitte konstruktiv. Vergleichen Sie Ihre Beobachtungen mit den Zielen, die Sie sich selbst in Aufgabe 1.5 gesetzt haben. Ergeben sich daraus neue Lernziele für Sie?
- ❏ Was sehen Sie, wenn Sie aus dem Fenster schauen?
- ❏ Wie erreicht man den nächstgelegenen Spiel- oder Sportplatz, die Kirche oder ein Café?
- ❏ Erklären Sie ein Gesellschaftsspiel. Stellen Sie sich die Situation vor, in der Sie es selbst zuletzt gespielt haben.
- ❏ Wählen Sie einige Urlaubsfotos aus, zu denen Sie etwas erzählen möchten. Legen Sie sie in eine bestimmte Reihenfolge. Schauen Sie sich das erste Bild an und beginnen Sie zu sprechen.
- ❏ Berichten Sie über Tätigkeiten aus Ihrer Erfahrung.
- ❏ Erklären Sie das Bilder-Rezept auf der nächsten Seite (Hundertpfund 1991, S. 17):

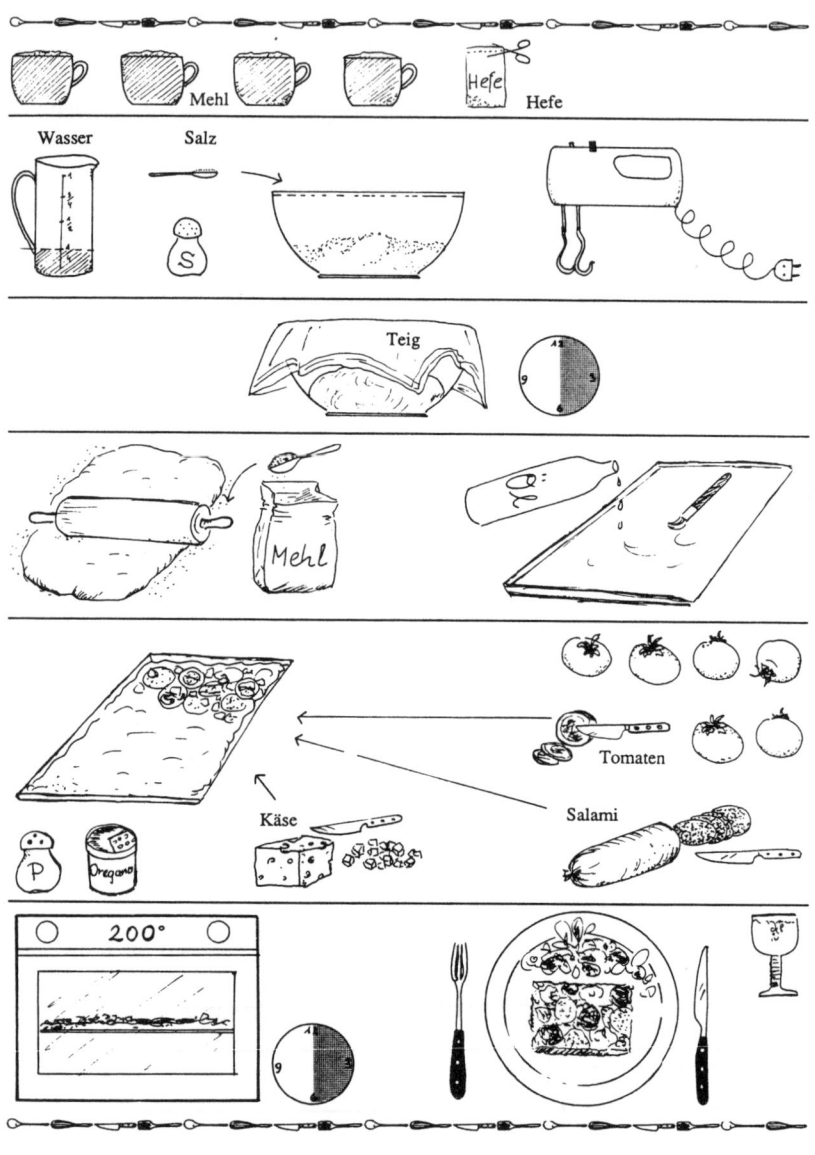

(aus: Steffi Hundertpfund, Rezepte in Bildern, Gunter Narr Verlag Tübingen 1991, S. 17)

Schaubild oder Tabelle als Konzept

Manchmal kann man den Inhalt einer Rede in einem Schaubild oder einer Tabelle zusammenfassen. Dann braucht man keinen anderen Stichwortzettel mehr. Beim Vortrag erläutert man sie mit einsichtigen Beispielen und erklärt den Zuhörern den dargestellten Zusammenhang.

Ob man das Schaubild oder die Tabelle den Zuhörern direkt am Anfang vollständig zeigt oder ob man die Folien zunächst teilweise abdeckt bzw. Zeichnungen, Werte usw. erst nach und nach anschreibt, muß man überlegen. Wenn man beim Reden schreibt, ist die Schrift meistens nicht gut leserlich. Hat man einen Teil bereits vorgezeichnet, muß man beim Reden nur noch Einzelheiten eintragen.

Schaubilder: Entwicklung der Sprechstimmlage (dunkles Gebiet!) und der Stimmgrenzen

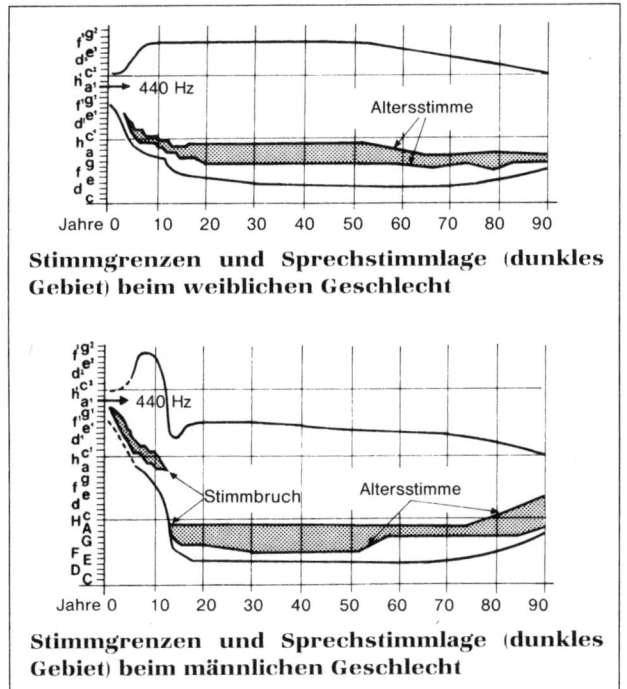

(aus: Boettcher, Herrlitz, Nündel, Switalla, Sprache. Das Buch, das alles über Sprache sagt, Westermann Verlag Braunschweig 1983, S. 168)

Tabellen-Konzept: Wie lernen Kinder sprechen?

etwa im Alter (Mon.)	Eckdaten zum Spracherwerb
0,25	reagiert auf Laute
1,25	antwortet auf Reize mit Lächeln
1,6	gurrt und bildet lange Vokallaute
4	Gurgellaute; hebt Kopf, wenn man mit ihm spricht
6	lallt, imitiert Sprachlaute
8	sagt willkürlich „Mama"oder „Papa"
9	spielt mit Gestik, z.B. Guck-Guck-Spiel; versteht „nein"
11	gebraucht „Mama" und „Papa" als Eigennamen; reagiert auf Einwort-Befehle und Gestik, die Tätigkeiten anzeigt; lernt das erste Wort
12	bildet Lautfolgen, die wie Sätze klingen, aber noch ohne richtige Wörter zu sprechen; lernt das zweite Wort
13	lernt das dritte Wort
14	reagiert auf Einwort-Befehle ohne Gestik
15	spricht vier bis sechs Wörter
16	zeigt auf einen benannten Körperteil
17	Lautfolgen, die wie Sätze klingen mit einigen richtigen Wörtern
19	kombiniert zwei Wörter sinnvoll
21	benennt einzelne Bilder
24	verwendet Mehrzahl, sagt Vor- und Nachnamen
30	verwendet gezielt Pronomen (ich, mein, du)
33	versteht „kalt", „müde", „hungrig" ;benennt Farben; versteht Präpositionen „auf, unter, neben ..."
36	verwendet gezielt alle Pronomina; bildet Dreiwortsätze; kann Gegensätze angeben; verfügt über einen Wortschatz von ca. 250 Wörtern usw.

Diagramm-Konzepte

Bei Markt- und Absatzanalysen, Meinungsforschung, psychologischen Tests usw. werden die Ergebnisse oft übersichtlich in Diagrammen zusammengefaßt. Wenn man z.B. Veränderungen einzelner Positionen in einem bestimmten Zeitraum vergleicht, benutzt man ein zweidimensionales Stab- oder dreidimensionales Säulen-Diagramm.

Bei Kreis- oder Torten-Diagrammen kann man nicht nur einzelne Größen vergleichen, sondern auch die Relation der Teilgrößen zur Summe bzw. Gesamtheit herstellen. Absolute Größen werden dabei in Prozent umgerechnet.

Liegt einem Referat oder einem Teil des Referates ein (oder mehrere) Diagramm(e) zugrunde, braucht man beim Vortrag kaum noch andere Stichwörter.

Baumdiagramm und Gedanken-Karte (Mind Map)

Stichwortzettel können für andere auf den ersten Blick chaotisch aussehen: Hier ein Pfeil, da ein Kästchen, verschiedene Haufen von Stichwörtern quer über das Blatt verstreut, eventuell in unterschiedlichen Farben oder mit Bildelementen usw. Aber derjenige, der sich diese Notizen gemacht hat, weiß genau, was sie bedeuten.

Eine besondere Methode, um kreativ und bildhaft Zusammenhänge zu erarbeiten, stellen das Baumdiagramm und die sogenannten Gedanken-Karten oder *Mind Maps* dar (vgl. Buzan). Die Anordnung der einzelnen Stichwörter auf dem Blatt folgt dabei dem Aufbau eines Baumes: Wurzeln im Untergrund, der Stamm, die dicken zentralen Äste, einzelne Zweige an jedem Ast bis in feinste Verästelungen. Der Wuchs von unten nach oben ist ein Muster für Abhängigkeiten, Ober- und Unterordnungen.

Beim *Baumdiagramm* legt man eine Seitenansicht zugrunde. Dadurch, daß man die einzelnen Punkte eines Themas dem Stamm, zentralen oder dünneren Ästen zuordnet, entsteht eine Ordnung im Thema, und man erhält auch bildlich einen Überblick über wesentliche Zusammenhänge.

Bei einer *Gedanken-Karte* blickt man von oben auf die Baumkrone und sieht im Zentrum den Stamm, von dem sich verschiedene Punkte abzweigen und zu den Rändern des Blattes Papier hin immer feiner verästeln. Es können auch Zweige größer im Vordergrund oder kleiner im Hintergrund stehen, oder man blickt durch die Krone hindurch auch auf (einzelne) Wurzeln. Verbindungslinien, Markierungen usw. verdeutlichen Zusammenhänge. Diese anschauliche Gedankenordnung in einem Thema kann jedes andere Stichwortblatt ersetzen. Hat man eine klare Struktur erarbeitet, kann man sie auch Schritt für Schritt den Zuhörern entwickeln.

Baumdiagramm: Sprech-/Sprach-/Stimmstörungen

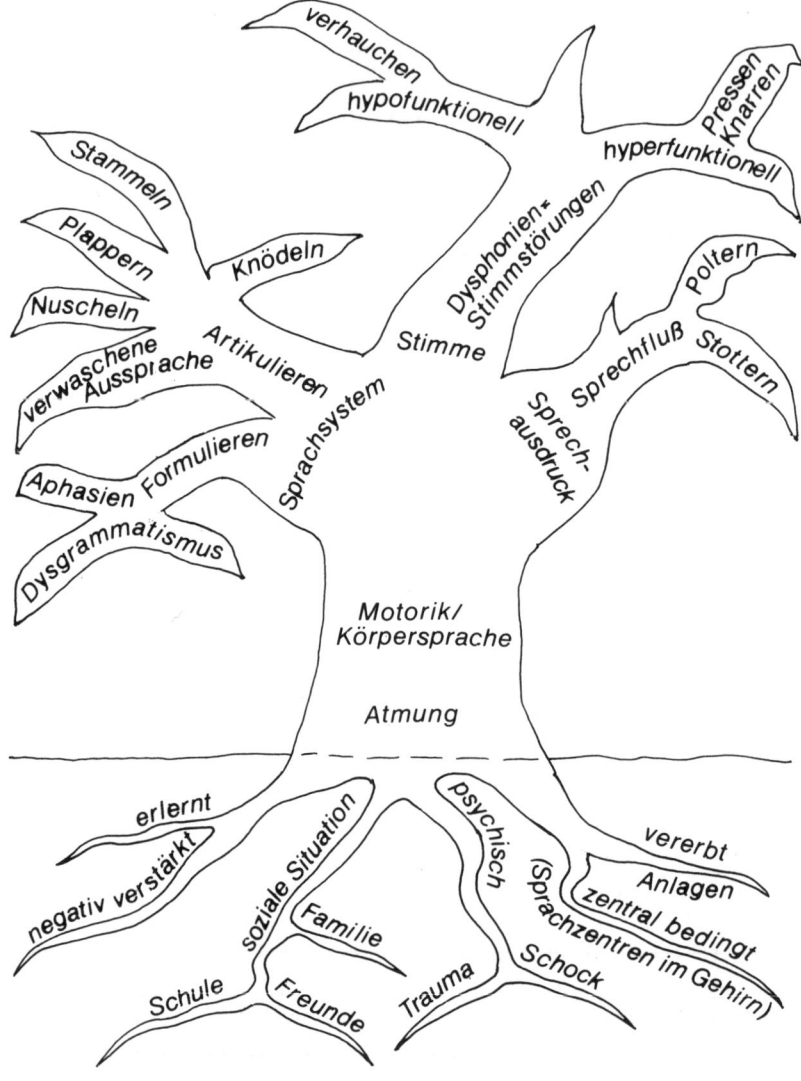

Gedanken-Karte: Geschenke

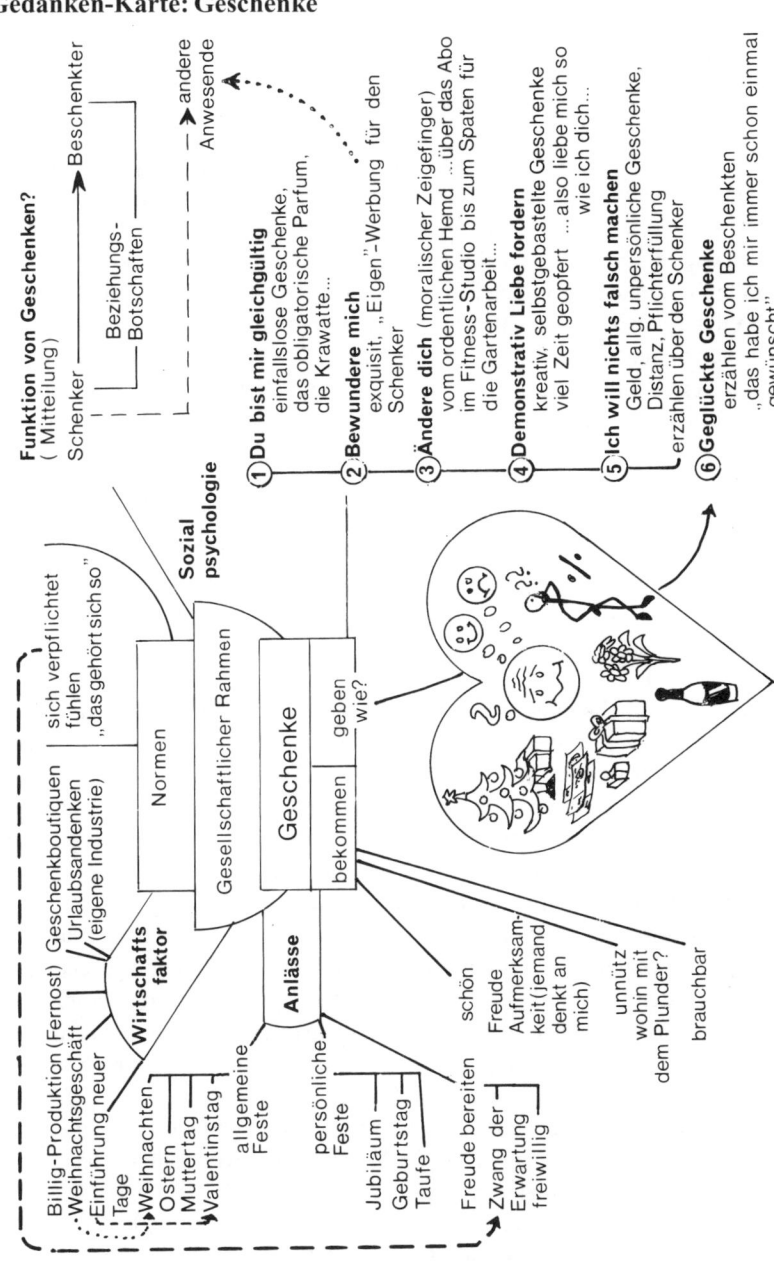

> **3.8** Wenden Sie die hier vorgestellten Möglichkeiten *Schaubild, Tabellen-Konzept, Diagramm, Baumdiagramm, Gedanken-Karte* bei der Erarbeitung Ihrer Studieninhalte an. Üben Sie mit den eigenen oder auch den hier vorgegebenen Beispielen Ihr Sprechdenken.

Egal, wie Ihr Redekonzept aussieht, Sie müssen sich gut darin auskennen und alles darin verstehen. Beim Reden müssen Sie immer wieder zwischendurch schnell – auf einen Blick – die Zeichen erkennen und lesen können, damit Sie wissen, wie es weitergehen soll. Also bitte immer gut leserlich und groß genug schreiben und malen. Denken Sie auch daran, daß das Konzept vielleicht etwas weiter von den Augen entfernt unten auf dem Tisch liegt, wenn Sie bei der Rede stehen und kein Pult vorhanden ist, oder daß die Lichtverhältnisse schlecht sein können. Wenn Sie eine Brille tragen, kann dies den Umgang mit dem Manuskript erschweren. Aber es gibt auch halbe Lesebrillen oder geschliffene Gläser, die dem Redner sowohl den Blickkontakt zum Publikum als auch das Lesen ermöglichen. Vielleicht können Sie auch noch ganz auf die Brille verzichten, wenn Sie mit einem dickeren Stift schreiben. Vermeiden Sie aber auf jeden Fall ein ständiges Spielen mit der Brille: Brille auf, Brille ab, Brille auf, Brille ab ... – denn es stört und wirkt oft affektiert.

Wortschatztraining fürs Sprechdenken

Je besser die Sprachkenntnis, um so genauer kann begrifflich gedacht und formuliert werden: Nur mit einem großen Wortschatz können Sie Sachverhalte genau benennen, und verschiedene Satzmuster sind für die Erfassung und Darstellung differenzierter Zusammenhänge wichtig. In den Geisteswissenschaften gilt das als selbstverständlich. Aber denjenigen, die z.B. technische Fachrichtungen studieren und sich nicht ständig mit dem Thema *Sprache* beschäftigen, ist vielleicht dieser Zusammenhang nicht so klar.

Fehlen dem Sprecher die Worte, so stockt der Sprechfluß. Oft erzeugt dabei der an den Stimmlippen schon ankommende Sprechatem – für den Sprecher ganz unbewußt – den Urlaut *äh*. Dieses Denkgeräusch, das als normal empfunden wird, wenn es vereinzelt auftritt, stört bei häufigem Auftreten den Fluß der Rede erheblich. Der Zuhörer kann dem gedanklichen Aufbau nicht mehr folgen, er wird zu oft abgelenkt und unterbrochen.

Sprechen und Denken stehen im Verhältnis 1:4. Man kann also nur etwa 25% von dem, was man denkt, sagen. Deshalb muß man sich bemühen, dieses Viertel möglichst verständlich auszudrücken.

Der *Gesamtwortschatz* unserer Sprache umfaßt heute ca. 500.000 Wörter. Der Duden beinhaltet ca. 110.000 Wörter. Aber selbst diesem Wortschatz kommt heute natürlich kein Mensch nahe. Bei dem persönlichen Wortschatz muß ein passiver und ein aktiver Teil unterschieden werden. Der *passive Wortschatz* umfaßt die Wörter, die man versteht, aber nicht selbst beim Sprechen oder Schreiben verwendet. Dieser passive Wortschatz liegt heute – je nach Bildungsstand – zwischen 3.300 und 28.000 Wörtern. Der *aktive Wortschatz*, also die Wörter, die täglich beim Sprechen und Schreiben benutzt werden, umfaßt – je nach Bildungsstand und Übung – ca. 2.000 bis 4.000 Wörter. Im Vergleich dazu verfügten z.b. Shakespeare und Goethe beim Schreiben über einen aktiven Wortschatz von ca. 20.000 Wörtern. Grundsätzlich verwendet man beim Schreiben mehr verschiedene Wörter als beim Sprechen, weil man mehr Zeit hat, über die Formulierungen nachzudenken.

Das treffende Formulieren kann man üben. Aktiver und passiver Wortschatz stellen zusammen ein Ganzes dar. Je nach Training kann man zwischen 15 und 60 % seines Gesamtwortschatzes aktiv verwenden.

3.9	Bitte überlegen Sie sich jeweils mehrere andere Ausdrücke für *beinhalten, beweglich, Darstellung, gut, meinen*, die in bestimmten Situationen den Wortinhalt genauer oder mit einem bestimmten Gefühlswert ausdrücken.

3.10	Beobachten Sie selbst Ihren eigenen Wortschatz, oder fragen Sie einen Studienkollegen, welche allgemeinen oder für Ihr Arbeitsgebiet wichtigen Wörter Sie häufig/selten benutzen. Ersetzen Sie einige dieser für Sie wichtigen Wörter durch andere – je nach Situation – treffendere oder alternative Formulierungen.

Langfristige und regelmäßige Übungen für die Wortschatzerweiterung sind:
- ❏ (halb)lautes Lesen von Texten, nicht nur Fachbücher, sondern auch Literatur;
- ❏ Ersetzen unbekannter Wörter durch bekannte Ausdrücke mit vergleichbarer Bedeutung, z.B. beim Lesen von Fachbüchern;
- ❏ Ersetzen allgemeiner durch spezifische Ausdrücke und
- ❏ vollständiges Umschreiben von Texten.

Formulierungen verändern den Sinn

Man kann sich über einen Sachverhalt in verschiedenen Sätzen äußern. Damit verändert sich der Gefühlswert der Aussage; oder der Bezug auf bestimmte Absichten, Vorerfahrungen usw. ist mehr oder weniger deutlich. Die Entscheidung, welche Formulierung in einer Situation angemessen ist, kann man um so besser treffen, je mehr Auswahlmöglichkeiten zur Verfügung stehen. – Ein Beispiel: Zwei Studierende haben verabredet, gegenseitig ihre Praktikumsberichte auszutauschen. Der eine hat seinen Bericht dem anderen bereits vor zwei Wochen gegeben und möchte nun den Bericht des anderen bekommen. Beide sitzen nebeneinander in der Mensa. Was könnte der eine zum anderen sagen, wenn der ihm nicht von selbst seinen Bericht gibt?

❏ *Hast du mir deinen Bericht mitgebracht?*
❏ *Wo bleibt dein Bericht?*
❏ *Ich habe deinen Bericht noch nicht bekommen.*
❏ *Ach, wie die Zeit vergeht, jetzt ist das Praktikum schon vier Wochen vorbei!*
❏ *Wenn du den Bericht nicht rausrückst, kriegst du nie mehr was von mir.*
❏ *Dein Bericht ist überfällig.*
❏ *Heute hätte ich Zeit, deinen Bericht zu lesen.*
❏ *Ich bin schon richtig neugierig auf deinen Bericht.*
❏ *Gib mir bitte deinen Bericht!*
❏ *Wenn du mir deinen Bericht gibst, könnte ich ihn mir selbst kopieren.*
❏ *Ich habe dir meinen Bericht vor zwei Wochen gegeben ...*
❏ *Ich möchte dich an unsere Abmachung erinnern: Bericht gegen Bericht.*
❏ *Ich weiß zwar, daß du sehr vergeßlich bist, aber wo ist dein Bericht? ...*

Bei allen Sätzen ist das Ziel dasselbe, aber die Form ist sehr unterschiedlich. Sie reicht von einfachen Feststellungen über direkte Appelle, indirekte Aufforderungen in höflicher Frageform bis hin zum „Kuhhandel" (Bericht – Kopierkosten), verständniszeigenden Äußerungen, Bitten usw. Die Form gibt Aufschluß über die Art der Beziehung zwischen den Gesprächspartnern. Wenn der eine dem anderen oft Vorwürfe macht oder der andere öfter seinen Verpflichtungen nicht nachkommt, wird eine andere sprachliche Formulierung gewählt, als wenn es sich um ein einmaliges, unabsichtliches Vergessen handelt. Dabei spielt natürlich auch der Ton eine Rolle: Je nachdem, wie ein Satz gesprochen wird, kann er eine sehr unterschiedliche Wirkung auslösen. Für eine Gesprächseröffnung oder wichtige Fragen, Thesen etc. kann man sich eine Formulierung zurechtlegen. Ansonsten gilt: Auch mit vorbereitetem Konzept immer möglichst frei sprech(denk)en.

3.11 Überlegen Sie bitte selbst, mit welcher Formulierung Sie ein Gespräch eröffnen können, z.B. bei der Anmeldung oder Frage in der Sprechstunde eines Dozenten, bei der Bitte, Ihnen Arbeitspapiere mitzubringen, oder bei einer Beschwerde oder, wenn Sie jemanden kritisieren wollen ... Wie wirkt die Äußerung auf den Gesprächspartner in der Situation?

4. Verständlich reden

Fang nie mit dem Anfang an, sondern immer drei Meilen vor dem Anfang! Etwa so: „Meine Damen und meine Herren! Bevor ich zum Thema des heutigen Abends komme, lassen Sie mich Ihnen kurz …". Hier hast du schon so ziemlich alles, was einen schönen Anfang ausmacht: eine steife Anrede; der Anfang vor dem Anfang; die Ankündigung, daß und was du zu sprechen beabsichtigst, und das Wörtchen „kurz". So gewinnst du im Nu die Herzen und die Ohren der Zuhörer. Denn das hat der Zuhörer gern: daß er deine Rede wie ein schweres Schulpensum aufbekommt; daß du mit dem drohst, was du sagen wirst, sagst und schon gesagt hast. Immer schön umständlich.

Sprich nicht frei – das macht einen so unruhigen Eindruck. Am besten ist es: du liest deine Rede ab. Das ist sicher, zuverlässig, auch freut es jedermann, wenn der lesende Redner nach jedem Viertelsatz mißtrauisch hochblickt, ob auch noch alle da sind.

Wenn du gar nicht hören kannst, was man dir so freundlich rät, und du willst durchaus und durchum frei sprechen … du Laie! Du lächerlicher Cicero! Nimm dir doch ein Beispiel an unseren professionellen Rednern, an den Reichstagsabgeordneten – hast du die schon mal frei sprechen hören? Die schreiben sich sicherlich zu Hause auf, wenn sie „Hört, hört!" rufen … ja, also wenn du denn frei sprechen mußt: sprich wie du schreibst. Und ich weiß, wie du schreibst. Sprich mit langen, langen Sätzen – solchen, bei denen du, der du dich zu Hause, wo du ja die Ruhe, deren du so sehr benötigst, deiner Kinder ungeachtet, hast, vorbereitest, genau weißt, wie das Ende ist, die Nebensätze schön ineinandergeschachtelt, so daß der Hörer, ungeduldig auf seinem Sitz hin und her träumend, sich in einem Kolleg wähnend, in dem er früher so gern geschlummert hat, auf das Ende solcher Periode wartet … nun, ich habe dir eben ein Beispiel gegeben. So mußt du sprechen.

Fang immer bei den alten Römern an und gib stets, wovon du auch sprichst, die geschichtlichen Hintergründe der Sache. Das ist nicht nur deutsch – das tun alle Brillenmenschen. Ich habe einmal in der Sorbonne einen chinesischen Studenten sprechen hören, der sprach glatt und gut französisch, aber er begann zu allgemeiner Freude so: „Lassen Sie mich Ihnen in aller Kürze die Entwicklungsgeschichte meiner chinesischen Heimat seit dem Jahre 2000 vor Christi Geburt ...". Er blickte ganz erstaunt auf, weil die Leute so lachten. So mußt du das auch machen. Du hast ganz recht: Man versteht es ja sonst nicht, wer kann denn das alles verstehen, ohne die geschichtlichen Hintergründe ... sehr richtig! Die Leute sind doch nicht in deinen Vortrag gekommen, um lebendiges Leben zu hören, sondern das, was sie auch in Büchern nachschlagen können ... sehr richtig!

Kümmere dich nicht darum, ob die Wellen, die von dir ins Publikum laufen, auch zurückkommen – das sind Kinkerlitzchen. Sprich unbekümmert um die Wirkung, um die Leute, um die Luft im Saale; immer sprich, mein Guter, Gott wird es dir lohnen.

Du mußt alles in die Nebensätze legen. Sag nie: „Die Steuern sind zu hoch." Das ist zu einfach. Sag: „Ich möchte zu dem, was ich soeben gesagt habe, noch kurz bemerken, daß die Steuern bei weitem ..." So heißt das.

Trink den Leuten ab und zu ein Glas Wasser vor – man sieht das gern. Wenn du einen Witz machst, lach vorher, damit man weiß, wo die Pointe ist.

Eine Rede ist, wie könnte es anders sein, ein Monolog. Weil doch nur einer spricht. Du brauchst auch nach 14 Jahren öffentlicher Rednerei noch nicht zu wissen, daß eine Rede nicht nur ein Dialog, sondern ein Orchesterstück ist: eine stumme Masse spricht nämlich ununterbrochen mit. Und das mußt du hören. Nein, das brauchst du nicht zu hören. Sprich nur, lies nur, donnere nur, geschichtele nur.

Zu dem, was ich soeben über die Technik der Rede gesagt habe, möchte ich noch kurz bemerken, daß viel Statistik eine Rede immer sehr hebt. Das beruhigt ungemein, und da jeder imstande ist, zehn verschiedene Zahlen mühelos zu behalten, so macht das viel Spaß.

Kündige den Schluß deiner Rede lange vorher an, damit die Hörer vor Freude nicht einen Schlaganfall bekommen. Kündige den Schluß an, und dann beginne deine Rede von vorn und rede noch eine halbe Stunde. Dies kann man mehrere Male wiederholen. Du mußt dir nicht nur eine Disposition machen, du mußt sie den Leuten auch vortragen – das würzt die Rede. Sprich nie unter anderthalb Stunden, sonst lohnt es gar nicht erst anzufangen. Wenn einer spricht, müssen die anderen zuhören – das ist deine Gelegenheit! Mißbrauche sie.

Ratschläge für einen guten Redner
Hauptsätze, Hauptsätze, Hauptsätze.
Klare Disposition im Kopf – möglichst wenig auf dem Papier.
Tatsachen, oder Appell an das Gefühl. Schleuder oder Harfe. Ein Redner ist kein Lexikon. Das haben die Leute zu Hause.

Der Ton einer einzelnen Sprechstimme ermüdet; sprich nie länger als vierzig Minuten. Suche keine Effekte zu erzielen, die nicht in deinem Wesen liegen. Ein Podium ist eine unbarmherzige Sache – da steht der Mensch nackter als im Sonnenbad. Merke Otto Brahms Spruch: Wat jestrichen is, kann nich durchfalln.
(aus: Kurt Tucholsky, Gesammelte Werke, © 1960 by Rowohlt Verlag GmbH, Reinbek)

4.1   Was kritisiert Tucholsky als schlechten Redestil, was empfiehlt er für gutes Reden? Listen Sie die Stichwörter tabellarisch auf.

Eine Rede ist keine Schreibe! Das hat ein berühmter Rhetoriker aus dem vergangenen Jahrhundert gesagt, Theodor Friedrich Vischer. Damit wies er auf die Unterschiede zwischen Schreiben und Sprechen hin. Der Zuhörer muß dem Gedankenaufbau des Redners immer sofort folgen können, er kann nicht lange nachdenken über eine komplizierte Formulierung. Das ist beim Lesen anders: Man kann zurückblättern, etwas vergleichen usw. Verständlichkeit hat etwas mit dem *Sprachstil* zu tun, und da gibt es Unterschiede zwischen dem Schreiben und dem Reden. In der Schule wie auch im Studium werden viele Leistungen schriftlich erbracht. Aber ein Referat ist ein mündlicher Vortrag, kein Vorlesen einer schriftlichen Ausarbeitung. Deshalb ist es wichtig, eine Rede oder ein Referat nicht genauso wie einen Aufsatz zu formulieren.

4.2   Welche Unterschiede bestehen zwischen Schreib- und Sprechgrammatik? Wenn Sie schon einmal ein Tonbandprotokoll niedergeschrieben haben, sind Ihnen vielleicht schon Unterschiede aufgefallen. Ansonsten probieren Sie es aus!
Wählen Sie einen Sprecher aus, dem Sie gut zuhören können, oder eine interessante Diskussion. Schreiben Sie dann einige Minuten der Aufnahme ab. Welche Unterschiede in den grammatischen Formen stellen Sie fest?

Redewirksame Formulierungen – rhetorische Figuren

Schon die alten Griechen und Römer haben sich mit dem Zusammenhang von Verständlichkeit, Sprachstil und Redewirkung beschäftigt. Sie haben redewirksame Formulierungen, sogenannte *rhetorische Figuren* gesammelt. In dieser Sammlung findet man z.B. die *Auslassung* (also einen im grammatischen Sinn unvollständigen Satz), die *Kurze Rede* und den *Satzbruch*. Von einem *Satzbruch* spricht man, wenn der erste Teil des Satzes einem anderen grammatischen Plan folgt als der zweite Teil, d.h., die ursprüngliche Planung

wird abgebrochen, der begonnene Satz anders fortgesetzt: *Zunächst hatten wir vor, das Experiment nach dieser Planung ...(durchzuführen) aber mißlang, und zwar aus folgenden Gründen: ...*
In der Antike hatte man also schon erkannt, daß ein perfekt nach Schreibnormen formulierter Text langweilig ist und schlechter verstanden wird. Beim Reden muß man also nicht immer in korrekt gebauten ganzen Sätzen sprechen. Baut man dagegen einige vermeintliche *Stolpersteine* wie Satzbrüche oder Auslassungen ein, denkt der Zuhörer besser mit und läßt sich eher informieren oder überzeugen. Aber Vorsicht: Es stört erheblich, wenn die überwiegende Zahl der Sätze unvollständig ist!
Konkrete und *anschauliche Formulierungen* sind verständlicher und sprechen Zuhörer besser an als abstrakte Allgemeinbegriffe. Auch das zeigen die Beispiele rhetorischer Figuren:

a) **Bildliche Bezeichnung** (Metapher), auch oft als verkürzter Vergleich: *Sie ist eine Rose.*

b) **Qualitative Wortvertauschung** (Metonymie): *Lebewohl* statt *Trennung, Ölzweig* statt *Frieden.*

c) **Beschönigender Ausdruck** (Euphemismus): *entschlummern* statt *sterben, transpirieren* statt *schwitzen.*

d) **Mitverstehen** (Synekdoche) eines quantitativ engeren oder weiteren Begriffes: *Brot* statt *Nahrung, Cicero* statt *Redner, Die USA ...* statt *Die Rudermannschaft der USA gewinnt eine Goldmedaille. – Nicht über meine Türschwelle* statt *Nicht in mein Haus.*

e) **Übertreibung** (Hyperbel): *winzig kleiner Krumen* statt *Brot, zigtausend Mal* statt *sehr oft, Es ist die Hölle los.* statt *Es ist sehr laut.*

f) **Bejahung durch doppelte Verneinung,** Untertreibung (Litotes): *ein nicht unwichtiges Land* statt *ein wichtiges Land, nicht schlecht* statt *gut.*

g) **Personifizierung** (Allegorie): *Das Glück läuft ihr nach.* Oder: *Lügen haben kurze Beine.*

h) **Bildhafte Umschreibung** (Periphrase): *das Land, wo die Zitronen blühen* statt *Italien; Bretter, die die Welt bedeuten* statt *Bühne.*

i) **Ursache statt Wirkung** (Metalepsis): *Zunge* statt *Sprache, Regen* statt *Nässe.*

j) **Anspielung** (Allusion): *der große Reformer* statt *Luther, ein Alexander* statt *ein Eroberer.*

k) **Lautmalerei** (Onomatopoeia): *Wumm, peng* statt *Knallen, Blubb, blubb* statt *Tropfen, Pfff – pfiffen die Kugeln.*

l) **Stabreim** (Alliteration): *Glanz und Gloria, mit Mann und Maus, Mann macht manches mit!*

m) **Wiederaufnahme des Anfangwortes** (Anapher): *Selig sind, die ... Selig sind, die ..., Geld war sein Leben. Geld war sein einziger Gedanke.*

n) **Überfluß** (Pleonasmus): *der weiße Schimmel* (Tautologie), *das flauschige, kuschelweiche wollige Material.*

o) **Auslassung** (Ellipse): *Herrliches Wetter heute. Am Anfang Hörer ansprechen.*

p) **Dreiheit** (Triade): *Ein Volk, ein Reich, ein Führer. – Dein ist das Reich und die Kraft und die Herrlichkeit. – Wir wollen singen, tanzen und spielen.*

r) **Reihung mit Steigerungseffekt** (Klimax): *Er ist nett, freundlich, hilfsbereit und allem Neuen aufgeschlossen.*

s) **Veränderte Wortstellung** (Inversion): *Fünf Brötchen ißt er!* statt *Er ißt fünf Brötchen.*

t) **Kurze Rede** (Brachylogie): *Weniger reden – mehr arbeiten. Kein Geld – keine Ware.*

u) **Satzbruch** (Anakoluth): *Das ist eine – er spielt immer die erste Geige. – ... und wenn man gar bedenkt, daß – aber darauf will ich gar nicht eingehen ...*

v) **Gegensatz** (Antithese): *Vorne hui, hinten pfui. – Früher lange Haare, heute kurzer Schnitt.*

w) **Unverbundene Reihung von Satzgliedern** (Asyndeton): *Mangel an Selbstdisziplin, Mangel an Übersicht, Mangel an Einsicht, das sind die entscheidenden Kritikpunkte.*

x) **Dopplung**: *Wir warten und warten, aber nichts geschieht.*

y) **Zusammenstellung zweier gegensätzlicher Begriffe** (Oxymoron): *Dieser stumme Schrei. – Sie verband eine schreckliche Liebe.*

z) **Bindewörter-Reihung** (Polysyndeton): *Sie wollen Bäume retten und Flüsse reinigen und das Meer sauberhalten und die Luft filtern und ... und ... und.*

4.3 Suchen Sie selbst weitere Beispiele, z.B. aus der Werbesprache, und ordnen Sie diese zu. Oder texten Sie selbst mit Hilfe der rhetorischen Figuren Werbesprüche.

Beim spontanen Formulieren, also beim Sprechdenken, hat man nicht die Zeit, jede Formulierung bewußt nach solchen Figuren zu planen. Aber sie machen die Rede lebendig und tragen zur Verständlichkeit bei. Merke:

❏ Satzbrüche, Ellipsen und Versprecher beim Sprechdenken nicht unbedingt vermeiden wollen.

❏ Ausrufe, wörtliche Reden sind anschaulich und beleben die Rede.

❏ Überhaupt Sachverhalte häufig mit Vergleichen, anschaulichen Bildern erläutern.

❏ Stellen Sie rhetorische Fragen, denn sie fördern nicht nur das Mitdenken der
Hörer, sondern strukturieren auch Ihre Rede.
❏ Triaden, Klimax, Dopplungen, Alliterationen, Antithesen usw. sind gut geeignet für zentrale Aussagen oder Schlußsätze, deren Formulierung man
immer gut planen sollte.

Verständlichkeitskriterien

Verständlichkeit ist abhängig vom Publikum, nicht nur vom Alter und Bildungsstand, sondern auch von der Erwartungshaltung. Grundschulkindern
muß man Sachverhalte anders erklären als Erwachsenen, und wenn man zu einem Fachvortrag geht, ist man aufmerksamer als bei einer Information zwischen Tür und Angel.
Grundsätzlich kann man vier Punkte benennen, die wesentlich zur Verständlichkeit beitragen (vgl. Langer, Schulz von Thun und Tausch 1974). Als For-
mulierungshinweise kann man festhalten:
1. **Einfach sprechen** heißt:
❏ kurze Sätze;
❏ wenig Fremdwörter;
❏ notwendige Fremdwörter und Fachbegriffe erklären, also keine Phrasen
dreschen;
❏ wenig Floskeln und Füllwörter verwenden;
❏ anschaulich und konkret sprechen, damit der Zuhörer sich alles besser vorstellen kann;
❏ viele Ausdrücke mit Verben, keine unnötig umständlichen Hauptwortkon-
struktionen (Nominal-Stil bzw. Nominalisierungen).

2. **Übersichtlich gliedern** heißt:
❏ Absätze/Pausen machen;
❏ die Gliederung beim Informieren ankündigen;
❏ evtl. Abschnitte/Argumente mit Zahlen durchnumerieren;
❏ logisch, alles in der richtigen Reihenfolge aufbauen.

3. **Kurz** sprechen bedeutet:
❏ auf die wesentlichen Punkte begrenzen;
❏ aber kein Telegrammstil;
❏ Wiederholungen wesentlicher Punkte und Zusammenfassungen bei längeren Reden sind für das Verstehen und Behalten der Zuhörer wichtig;
❏ Nebengedanken und zu persönliche Bemerkungen, Erlebnisse oder Erin-
nerungen weglassen.

4. **Hörerfreundlich** heißt, den Hörer zum Zuhören und Mitdenken anregen
   durch:
❏ direkte Anrede, nicht nur einmal am Anfang;
❏ Formulierungen aus der Perspektive der Hörer (Sie/Ihr/Du);
❏ lebensnahe, auch heitere Beispiele;
❏ Erzählungen mit wörtlicher Rede statt nüchterner Berichte;
❏ Fragen.

Zum Gebrauch vom Fremdwörtern

Einfach sprechen bedeutet auch, wenig Fremdwörter zu gebrauchen. Will man aber nicht zurück zur Deutschtümelei früherer Zeiten, ist einem mäßigen Fremdwortgebrauch nichts entgegenzuhalten. Viele Fachbegriffe haben einen griechischen oder lateinischen Ursprung, manche sind auch aus dem Englischen übernommen worden. Wenn sie zum Grundwissen des Faches gehören oder verständlich erklärt werden, muß man sie natürlich verwenden.
Übermäßiger Fremdwörtergebrauch ist aber oft nichts anderes als Imponiergehabe und Prestige-Denken. Wie nichtssagend oft solche Fremdwortphrasen sind, zeigt die sogenannte *Phrasen-Dreschmaschine mit halbautomatischem Schnellformulierungssystem* (nach Philip Broughton, vgl. Braun 1984, S. 108 oder Lucas 1979, S. 111.).

0. konzentrierte	0. Führungs-	0. -struktur
1. integrierte	1. Organisations-	1. -flexibilität
2. permanente	2. Identifikations-	2. -ebene
3. systematisierte	3. Drittgenerations-	3. -tendenz
4. progressive	4. Koalitions-	4. -programmierung
5. funktionelle	5. Fluktuations-	5. -konzeption
6. orientierte	6. Übergangs-	6. -phase
7. synchrone	7. Wachstums-	7. -potenz
8. qualifizierte	8. Aktions-	8. -problematik
9. ambivalente	9. Interpretations-	9. -kontingenz

Bedienungsanleitung: Ein Eigenschaftswort und ein aus zwei Bestandteilen gebildetes Hauptwort lassen sich zusammensetzen. Man nehme ein beliebiges Wort der ersten Spalte und kombiniere es mit beliebigen Wörtern der zweiten und dritten Spalte. Es entsteht immer eine klangvolle Formulierung. Könner, die sich um die mögliche Bedeutung keine Sorgen machen und dies Problem ihren Zuhörern überlassen, denken sich eine beliebige dreistellige Zahl aus und stellen so ihre Phrasen zusammen!

Wenn Sie solche Phrasen oder ähnliche Formulierungen hören, scheuen Sie sich nicht nachzufragen: *Was bitte verstehen Sie genau unter ...?* – Handelt es sich um einen echten Fachbegriff, sollte der Referent in der Lage sein, ihn zu erklären. Falls es sich aber um eine Phrase handelt und der Redner den Sinn nicht erläutern kann, haben Sie einen Phrasendrescher entlarvt oder festgestellt, was der Redner selbst nicht verstanden hat.

Vieles kann man einfach mit deutschen Wörtern ausdrücken. Aber auch auf deutsch kann man klangvolle Sprechblasen erzeugen. Was ist z.b. konkret gemeint mit

❏ *dem inneren Lebenswert,*
❏ *der fortschreitenden Beziehungskrise,*
❏ *einem familienfreundlichen Arbeitsplatz?*

Ohne Verwendungs-Zusammenhang hat man nur wenig Anhaltspunkte, wie man diese Aussprüche verstehen soll. In einer bestimmten Situation wird aber auch nur dann dem Zuhörer das Verständnis erleichtert, wenn er die Begriffsbildung nachvollziehen kann. Dazu muß der Sprecher von möglichst konkreten und anschaulichen Erklärungen und Beispielen ausgehen:

Stellen Sie sich vor, Sie müssen nicht jeden Tag ins Büro fahren, sondern Sie können bequem zu Hause arbeiten und sich die Zeit frei einteilen: Sie können morgens, mittags, abends oder zwischendurch die Arbeiten erledigen. Wichtig ist nur, daß Sie Ihr Pensum in der Woche schaffen. Sie sind immer zu Hause, sehen Ihren Partner oder Ihre Partnerin viel häufiger und hätten auch Zeit, sich zwischendurch um Ihre Kinder zu kümmern. Wäre das nicht ein familienfreundlicher Arbeitsplatz?

Grundsätzlich gilt: Je abstrakter die Begriffe sind, desto größeren Interpretationsspielraum lassen sie zu.

Wir leben in einer Sprachgemeinschaft und haben die Sprache von klein auf gelernt. Einerseits beeinflußt die Sprache uns und unsere Wahrnehmung der Welt. Wir können nur etwas differenziert wahrnehmen, wenn wir dafür auch differenzierte Begriffe haben: Wir nehmen z.B. Schnee nicht so unterschiedlich wahr wie die Eskimos, die in ihrer Sprache dafür viele verschiedene Begriffe zur Verfügung haben.

Andererseits können wir aber auch Einfluß auf die Sprache nehmen und z.B. neue Begriffe prägen. Unser Verhältnis zur Sprache ist von einem sogenannten *Sprachrealismus* gekennzeichnet: Aus der Existenz eines Wortes schließen wir auf die Existenz der entsprechenden Sache. Deshalb können bei Benennungen mit grammatikalischen Kunstgriffen auch psychologische Effekte erzielt werden (nach Kroeber-Riel, Meyer-Hentschel 1982, S. 157 ff.), z.B.

❏ bei falschen Begriffen: Wenn etwa Chemikalien in einer Creme als *Aufbaustoffe* bezeichnet werden;
❏ bei Nominalisierungen: Wenn Eigenschaften nicht in Adjektiven, sondern als Hauptwörter formuliert werden, erhalten sie mehr Gewicht, weil sie wie Tatsachen aufgefaßt werden: *Schönschrift, Feinmotorik, Direktverbindung, Frischkäse usw.*;
❏ bei versteckten Wertungen: Die Wertung von Adjektiven kann in sachlich klingenden Wörtern (*vitaminreich*) oder in der Form einer Sachaussage versteckt werden: *Das Konzept ist fortschrittlich.*

Die Kernaussagen einer Rede sollte jeder Sprecher bei der Vorbereitung auf ihre Angemessenheit hin überprüfen, und als Zuhörer sollte man sie kritisch hinterfragen.

Redewendungen, Floskeln und Füllwörter

Redewendungen und Verbindungswörter sind beim Sprechen wichtig. Durch häufigen Gebrauch hat man sie oft zusammenhängend als Einheiten gespeichert. Der Zugriff erfolgt dann mehr oder weniger automatisch, ohne daß man lange überlegen muß. Ist aber den Zuhörern der inhaltliche Bezug nicht klar, werden die Redewendungen und Verbindungswörter bedeutungslos. Das passiert manchmal, wenn ein Sprecher ganz in einer Sache steckt, seine Zuhörer aus dem Blick verliert oder stillschweigend voraussetzt, daß sie wüßten, worum es geht:

Ich meine, wir könnten hier, ohne herumzureden, man weiß ja nie genau, aber die Zukunft wird es beweisen, das heißt, das ist eine Frage von entscheidender Bedeutung, wer das nicht sieht, also lassen Sie uns in aller Kürze zum wesentlichen Kernpunkt, obwohl man die äußeren Umstände natürlich nicht vernachlässigen darf, sollten wir zu der allgemeinen Überzeugung, die auch von anderer Seite bestätigt wird, mit einem einstimmigen Votum beitragen, auch, oder gerade weil, wie könnte es anders sein, nun ich denke, Sie stimmen mit mir überein, warum auch nicht, deshalb darf ich Ihnen an dieser Stelle schon einmal für die treue Unterstützung äh ... (Pause) danken.

Worum es in dieser Ansprache geht, wird nicht ausgesprochen. Dadurch entsteht der Eindruck floskelhaften Sprechens. Denn aus den Redewendungen und Füllwörtern, die aneinandergereiht werden, kann man nur entnehmen, daß der Redner wohl für eine bestimmte Position eintritt, um Stimmen wirbt und sich im voraus für eine Unterstützung bedankt.

Vermeiden Sie floskelhaftes Reden. Sagen Sie Ihren Zuhörern immer möglichst genau, worum es geht.

Ich denke ...glaub'ich ... sag'ich mal ... sind auch weit verbreitete Einschübe. Werden sie nur gelegentlich verwendet, stören sie nicht. Bei manchen Sprechern treten sie aber gehäuft als Floskeln auf. Sie werden wie Füllwörter in Pausen eingefügt. Werden zu viele Sprechpausen mit *äh, und, oder, beziehungsweise, das heißt, aber, auch, ausdrücklich, bißchen, dabei, doch, durchaus, eben, echt, eigentlich, einfach, etwa, folgendermaßen, halt, natürlich, offensichtlich, quasi, schließlich, sozusagen, überhaupt, wirklich oder so* gefüllt, stört es. Der Zuhörer kann nicht mehr so gut dem Sinn folgen. Besonders fällt auf, wenn ein Sprecher immer die gleichen Füllwörter benutzt. Dann erregen diese Füllwörter bei vielen Zuhörern mehr Aufmerksamkeit als der Inhalt.

4.4   Welcher Satz des letzten Abschnittes ist schreibgrammatisch richtig, aber zum Sprechen ungünstig formuliert? Warum?

Zum Verstehen brauchen die Zuhörer etwa die Zeit, die der Sprecher benötigt, um den Inhalt zu formulieren. Deswegen sollte man keine Angst vor Pausen haben, sie sind notwendig. Störend wirkt es, wenn der Sprecher diese notwendigen Sprechdenk- und Verstehenspausen immer mit Füllwörtern stopft. Deshalb Vorsicht bei diesen Wörtern und Redeweisen.

Man sollte diese Beispiele aber nicht so verstehen, daß man nun diese Wörter auf jeden Fall vermeiden muß. Denn in bestimmten Zusammenhängen haben sie auch einen Sinn: Sie verstärken oder schwächen etwas ab, was auch nicht so stehen bleiben kann. Wenn Sie aber nicht sicher sind, ob es sich wirklich um ein Füllwort handelt, machen Sie die *Wegstreich-Probe:* Ist der Satz ohne Füllwort noch genauso richtig? Dann handelte es sich um ein unnötiges Wörtchen, das Sie ersatzlos streichen sollten.

4.5   Streichen Sie zur Übung im vorigen Abschnitt alle Füllwörter!

Ne, woll, gell, oder? sind typische Füllwörter, die in verschiedenen Dialekten vorkommen. Werden sie an das Ende eines Aussagesatzes angehängt, wirkt die Aussage wie eine Frage. Dabei bleibt dann auch die Stimme in der Schwebe oder geht nach oben. Der Zuhörer oder Gesprächspartner hat den Eindruck, daß der Sprecher sich seiner Sache nicht sicher ist und eine Bestätigung hören möchte.

Bei 15 ist Schluß!

Mit der *Satzlänge* beschäftigen sich viele Sprachstilistiken. Zu lange Sätze sind grundsätzlich für Zuhörer schwerer zu verstehen und mitzudenken. Aber sie sind auch schwer zu sprechen und wirken auf Dauer oft langweilig. Es ist aber ein Problem, eine exakte Aussage über den Zusammenhang von Satzlänge und Verständlichkeit beim Sprechen zu treffen. Denn es besteht nicht nur eine Abhängigkeit zwischen Verstehen und der Anzahl der Wörter pro Satz, sondern auch zwischen Verstehen und folgenden Faktoren:

❏ Alter der Zuhörer: Kinder und ältere Menschen verfügen über eine nicht so große Konzentrationsfähigkeit und Gegenwartsdauer;
❏ Bildungsstand und Geübtheit beim Zuhören;
❏ Sprechausdruck und optische Unterstützung durch Körpersprache und Medien;
❏ Sprachstil und Wortwahl: Aktive Verben und einfache Adjektivkonstruktionen haben eine höhere Verständlichkeit als Sätze, in denen ein Nominalstil, ggf. sogar mit einer Überzahl abstrakter Substantive vorherrscht.

Als Richtwert für die Grenze der Verständlichkeit beim Zuhören gilt die Annahme von etwa 14 oder 15 Wörtern pro Satz (nach der Zusammenschau von Schneider 1984).

4.6 Untersuchen Sie die Verständlichkeit des vorigen Abschnitts: Wie lang sind die Sätze bzw. Auflistungen? Welche Besonderheit im Sprachstil bzw. bei der Wortwahl erschwert das Verstehen?
Formulieren Sie den ganzen Abschnitt so um, daß er leichter verständlich wird.

Schachtelsätze

Der deutsche Satzbau gibt die Möglichkeit, Nebensätze einzuschachteln, um systematische Über- und Unterordnungen erfassen und ausdrücken zu können. Solche Schachtelsätze sind beim Zuhören aber schwer verständlich, weil das Zeitwort erst nach den eingeschachtelten Nebensätzen folgt.

Wenn man in langen, äußerst komplexen Sätzen, die man selbst stundenlang, als man die Rede zu Hause am Schreibtisch, ohne daß einen jemand, der zufällig vorbeikommt, stört, geplant hat, durchdacht hat, spricht, dann steigt der Zuhörer, obwohl er willig und gern bereit ist, einem auch bei schwierigen Inhalten zu folgen, sicherlich aus, weil er als Hörer nicht die Chance hat, den Satz vom Anfang bis zum Ende zu behalten, und damit kann er ihn auch nicht verstehen.

Beim Lesen komplizierter Sätze kann man mit den Augen hin- und herspringen, um den Sinn zu verstehen. Da der Zuhörer aber alles beim ersten Hören verstehen muß, begreift er lange, komplizierte Sätze nicht. Darauf hat Tucholsky in seinen *Ratschlägen für einen schlechten Redner* hingewiesen. Er hat auch kritisiert, daß wichtige Aussagen oft in Nebensätze gelegt werden, was ebenfalls schwerer verständlich ist. Der Sachverhalt erscheint dem Zuhörer viel komplizierter. Vergleichen Sie selbst die Wirkung:
Die Beiträge müssen erhöht werden. Oder: *Ich muß zu dem, was bisher diskutiert worden ist, doch in aller Kürze bemerken, daß wir nicht umhinkommen werden, die Beiträge zu erhöhen. Das Reden ist gar nicht schwer.* Oder: *Wenn man alle Ratschläge befolgt und einige Übungen selbst ausprobiert, kann man leicht feststellen, daß das Reden gar nicht schwer ist.*

Der Satzbau, also die äußere sprachliche Form, wirkt immer auch auf unsere Einschätzung der Sache zurück. Darin liegt eine Manipulationsgefahr: Spricht jemand über komplizierte Dinge in ganz einfachen Sätzen, können die Zuhörer sie leicht in ihrer Bedeutung unterschätzen: Alles erscheint ganz einfach, man braucht sich keine Gedanken darüber zu machen. Und umgekehrt: Redet jemand über die einfachsten Sachen in schwierigen, komplizierten Sätzen, werden sie vom Zuhörer überbewertet: Sie erscheinen ihm schwieriger, ggf. auch aufwendiger, wertvoller oder umständlicher, als sie in Wirklichkeit sind.

4.7   Erläutern Sie verständlich einen Paragraphen aus dem BGB, oder erklären Sie die Struktur einer GmbH & Co. KG oder das Archimedische Gesetz oder ... oder ... oder ...

Umgang mit wissenschaftlicher Literatur

Der Sprachstil bereitet auch oft Schwierigkeiten beim Umgang mit wissenschaftlicher Literatur: Das Verständnis von Fachbegriffen muß geklärt, ein komplizierter Satzbau vereinfacht werden. Das Verstehen wird leichter, wenn man Satzglieder umstellt und Nominalisierungen in verbale Ausdrücke übersetzt (Stary, Kretschmer 1994, S. 50 ff.).
Um in kurzen, verständlichen Sätzen sprechen zu können, muß man den Inhalt genau kennen. Hat man eine Sache gut durchdacht, ist es leichter, sich kurz zu fassen. Wenn man dagegen nicht genau Bescheid weiß, kann man keine klaren Aussagen machen. Gute Sachkenntnis beim Reden ist also die Voraussetzung für kurze, einfache Sätze. Dazu braucht man Vorbereitungszeit. – Übrigens: Schon Goethe entschuldigte sich einmal für die Länge eines Briefes an Eckermann mit den Worten: Er habe keine Zeit gehabt, sich kürzer zu fassen.

5. Besser argumentieren

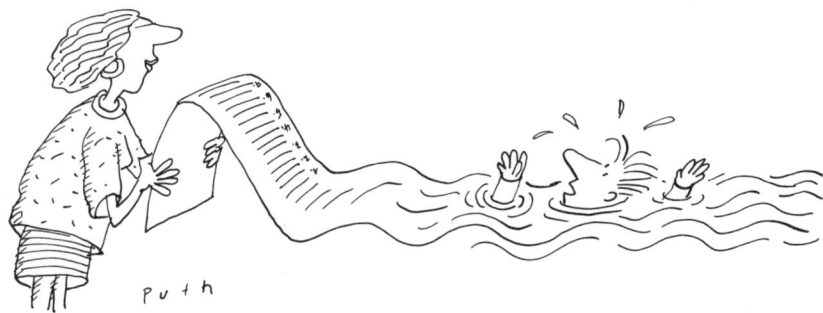

Sprachliche Formen und Zeichen vermitteln Denkinhalte. Die Art der Verknüpfung führt dazu, ob wir etwas in einem begründeten Zusammenhang sehen. Grundsätzlich unterscheiden wir auf der Sprachebene *neben- und unterordnende Konjunktionen*, die uns die logischen Beziehungen zwischen den Inhalten anzeigen (vgl. Stary, Kretschmer 1994, S. 56 f.): Aussagen werden nebengeordnet als

❑ **Hinzufügung, Ergänzung, Summierung**: *und, dann, dabei, dazu, ferner, außerdem, darüber hinaus, hinzu, sowohl ... als auch;*
❑ **Gegenüberstellung, Steigerung, Korrektur**: *oder, jedoch, nicht nur ... sondern auch, aber, allerdings;*
❑ **Abwägung**: *einerseits ... andererseits, zum einen ... zum anderen;*
❑ **Abstufung**: *sowie, wie auch, nicht zuletzt, zudem, ferner, ebenfalls.*

Beim Argumentieren werden Aussagen in Hauptsätzen und Satzgefügen logisch verknüpft und untergeordnet. Bei den unterordnenden Konjunktionen geht es hier nicht nur um die Einleitungswörter von Nebensätzen. Man kann unterscheiden:

❑ **Widersprechen und Einschränken**: *aber, doch, nur, sofern, soweit, während, wohingegen;*
❑ **Setzen von Bedingungen**: *wenn, falls, sofern, selbst dann nicht ...wenn, vorausgesetzt, gegebenenfalls;*
❑ **Angeben von Zielen**: *damit, um ... zu, zwecks, dazu ... daß;*
❑ **Zugestehen**: *obgleich, obwohl, obschon, wenn auch, ungeachtet;*
❑ **Folgern**: *folglich, demzufolge, daraus folgt, ergibt sich, somit, so daß;*
❑ **Begründen**: *denn, weil, da, zumal, deswegen, darum, aus diesem Grund.*

Manchmal werden mit diesen Konjunktionen Sätze verbunden, die in keinem
Begründungszusammenhang stehen. Damit wird eine argumentative Wirkung
suggeriert. Dies kann unbewußt oder aber als bewußte Taktik eingesetzt werden. Wenn z.b. mehrere alternative Vorschläge vorliegen und gesagt wird: *Wir
sollten X durchziehen, denn die Konkurrenz schläft nicht*, so ist der – möglicherweise – wichtige Hinweis auf die Konkurrenz keine Begründung für X. Es
wird nicht dargelegt, warum gerade X und nicht Y oder Z gut und richtig sind.
Mit jeder Aussage, mit jedem Satz wird ein *Wahrheitsanspruch* verbunden.
Dies gilt in der Wissenschaft genauso wie im Alltag. Selbst eine ausdrückliche
Vermutung oder Annahme (Hypothese) steht bis zu ihrer Widerlegung im
Raum. Wie wird mit diesem Anspruch umgegangen? Das ist die Frage nach
den Argumenten oder Beweisen. Wird nur eine Behauptung aufgestellt oder
wird sie auch begründet? Sind die Gründe (für die Mehrheit) nachvollziehbar
und akzeptabel? Und anders herum: Werden Begründungen verlangt und
überprüft? Erfolgt Widerspruch, falls notwendig?

Behaupten oder Begründen?

Redet man von Argumentation, so ist immer beides gemeint. Eine Argumentation umfaßt Behaupten und Begründen: Es wird eine (verallgemeinerte) Behauptung oder Forderung aufgestellt (These), die begründet wird. Eine These
allein reicht nicht; aber es genügt auch nicht, nur Gründe aufzuzählen, Fakten,
Beispiele zu nennen, ohne die daraus zu ziehende Verallgemeinerung als These oder Forderung klar und deutlich auszusprechen.

Wissenschaftliche Argumentation

Viele Studierende sind zu Beginn ihres Studiums durch die Vielzahl und Un-
terschiedlichkeit wissenschaftlicher Argumentationen – auch innerhalb eines
Faches – irritiert.
Das ist in den Sozial– und Geisteswissenschaften am stärksten ausgeprägt. Es
gibt dort jeweils die verschiedensten Schulen und Richtungen, die z.T. ganz
konträre Standpunkte vertreten. Studiert man die jeweiligen Argumentationen, kann es einem gar nicht selten passieren, daß man jede Position für sich
plausibel und vernünftig findet, aber: Die Thesen widersprechen sich. Können
solche sich widersprechenden Positionen zugleich als wissenschaftliche Erkenntnisse in einem Fach gelten? Kann man also nicht *richtig* und *falsch* unterscheiden?
Damit stellen Sie eine grundlegende Frage der Wissenschaftstheorie, auf die
oft geantwortet wird, daß es nicht die eine „richtige" Antwort gibt, sondern daß

es vielmehr auf den wissenschaftstheoretischen Bezugsrahmen des jeweiligen Wissenschaftlers ankommt (vgl. Stary, Kretschmer 1994, S. 57 f.). Aussagen, die von einem bestimmten wissenschaftstheoretischen Standpunkt aus richtig sind, können von einem anderen aus betrachtet falsch sein. Demnach ist wissenschaftliche Argumentation immer innerhalb des eigenen Bezugsrahmens zu betrachten: Hat der Autor nach seinen eigenen Regeln richtig argumentiert? Sind seine Aussagen in sich widerspruchsfrei?

Das ist auch meine Auffassung; darüber hinaus halte ich es aber auch für wichtig, daß zunehmend mehr Austausch über traditionelle Abgrenzungen hinaus stattfindet, daß mehr integrativ und interdisziplinär gearbeitet wird und daß Relationen zwischen den Bezugsrahmen überdacht werden. Und dazu sind auch kritische Fragen zur Vereinbarkeit konträrer Positionen wichtig.

Wie können Beweise geführt werden?

Es gibt deduktive und induktive Beweisführungen. Bei der Deduktion wird vom Allgemeinen auf das Besondere geschlossen, bei der Induktion vom Besonderen auf das Allgemeine. Deduktionen kennen wir aus der Mathematik; die Induktion ist das klassische Beweisverfahren in den Naturwissenschaften, den empirischen Sozialwissenschaften, der Medizin etc.: Aus einer möglichst großen Zahl von Einzelbeobachtungen wird auf eine allgemeine Gesetzmäßigkeit geschlossen. Dabei gibt es nie hundertprozentige Aussagen, sondern: Die Ausnahme bestätigt die Regel, d.h., es geht um statistische Sicherheit, Wahrscheinlichkeiten, Normalverteilungen, Streuungen usw. – Das ist bei Deduktionen anders. Dort unterscheidet man den Bedingungsschluß vom Syllogismus.

Deduktiv schlußfolgern

Den logischen Schlußfolgerungen liegen Bedingungen zugrunde. Man braucht eine hinreichende Bedingung (*immer wenn ...*) und eine notwendige Bedingung (*nur wenn ...*) oder eine notwendige und hinreichende Bedingung (*genau dann, wenn ...*). Wenn die Bedingungen ausgesprochen sind, wird die Folge genannt und schließlich auf einen konkreten Fall angewendet:

Wenn A, dann B
Nun aber A, also B
Immer wenn die erforderlichen Studienleistungen (z.B. zwei Scheine) erbracht worden sind, kann das Grundstudium abgeschlossen werden; und nur wenn die erforderlichen Leistungen erbracht worden sind, kann das Grundstudium abgeschlossen werden.

Oder anders formuliert: Genau dann, wenn die erforderlichen Studienleistungen erbracht worden sind, kann das Grundstudium abgeschlossen werden. Nun habe ich die erforderlichen Studienleistungen erbracht, also kann ich das Grundstudium abschließen.

Alle Schlußfolgerungen richten sich nach der Logik. In der Aussagenlogik werden theoretisch mögliche Verknüpfungen und ihr Wahrheitsgehalt beschrieben. Unsere Vorstellungen über die doppelte Verneinung (als Bejahung) beruhen z.B. darauf, genauso wie unsere Vorstellungen über die Verbindungen mit *und* bzw. *oder*, wie sie dem Abschnitt *Behaupten oder Begründen?* zugrunde liegen. Man könnte dazu sogenannte Wahrheitswertetafeln aufstellen. Theoretisch müßte man vier Fälle unterscheiden:

1. Es liegt eine Behauptung (Bh) vor (+), und es liegt eine Begründung (Bg) vor (+).
2. Es liegt eine Bh vor (+), eine Bg liegt nicht vor (-).
3. Es liegt keine Bh vor (-), aber eine Bg liegt vor (+).
4. Es liegt keine Bh vor (-) und keine Bg vor (-).

Untersucht man nun die Verknüpfungen *und* bzw. *oder* von Bh mit Bg, so kann man alle Möglichkeiten in einer Tafel zusammenfassen:

	Bh	Bg	Bh und Bg	Bh oder Bg
1.	+	+	+	+
2.	+	-	-	+
3.	-	+	-	+
4.	-	-	-	-

Geht man davon aus, daß eine Behauptung (+) *und* eine Begründung (+) für eine Argumentation vorliegen müssen (wie hier geschehen!), darf man nur die Verknüpfung *und* benutzen. Die Verbindung mit *oder* in der Überschrift ist also irreführend, weil sie auch zutrifft, wenn nur eine Behauptung oder nur eine Begründung (Fall 2 und 3) vorliegen. (Deshalb steht in der besagten Überschrift ein Fragezeichen!)

Sie merken, deduktiv argumentieren hat einiges mit Mathematik zu tun. Die logischen Gesetze und Verbindungen bilden die Grundlagen. Wenn Sie das näher interessiert, schauen Sie bitte in ein Lehrbuch der Logik.

Was ist ein Syllogismus?

Der Syllogismus ist eine Form der Argumentation, die auf Aristoteles zurück-
geht. Aus zwei Prämissen (Obersatz und Untersatz) wird ein Schluß gezogen:

Obersatz	**M ist P**
Untersatz	**S ist M**
Schlußfolgerung	**S ist P**

Der Mittelbegriff (M), der in beiden Prämissen auftaucht, erscheint nicht mehr
in der Schlußfolgerung!
Ein Beispiel:

M - P:	*Menschen können sich irren.*
S - M:	*Wissenschaftler sind Menschen.*
S - P:	*Also können Wissenschaftler sich irren.*

Der klassische Syllogismus kommt in der Alltagsrede oft nur **in verkürzter
Form** (Enthymem) vor: **S P, weil M,** also in unserem Beispiel: *Wissenschaftler können sich irren, weil sie Menschen sind.*

Wie zwingend ein logischer Schluß ist, hängt von der Richtigkeit und Akzeptanz der zugrunde gelegten Bedingungen bzw. der Prämissen ab.
In der Wissenschaft und im Studium wird aber nicht immer deduktiv und logisch argumentiert. Deshalb geht es im folgenden allgemeiner ums Argumentieren, wie es im Studienbetrieb, aber auch anderswo im Alltag vorkommt.

Argumentieren, um zu überzeugen

Die beste Idee, Meinung oder Lösung nützt nichts, wenn man sie den anderen
nicht glaubhaft darlegen kann. Es geht dabei immer um die Sache. Voraussetzung dafür ist eine Beziehung zwischen den Gesprächspartnern, die auf zumindest minimaler gegenseitiger Akzeptanz und Vertrauen beruht.
Bei einer sachlichen Auseinandersetzung ringt man gemeinsam um die beste
Lösung. Man streitet sich nicht persönlich, sondern man streitet gemeinsam
um die Sache. Dazu braucht man Argumente, die andere nicht als Person angreifen, und man darf sich bei einem persönlichen Hieb nicht gleich selbst angegriffen fühlen. Vielmehr sollte man darüber stehen und es als *Ausrutscher*
der anderen werten. Dies gilt aber nur für Sachgespräche. *Persönliche Konflikte* kann man nur klären, wenn sie offen angesprochen werden und alle Beteiligten gemeinsam nach einer für alle akzeptablen zukünftigen Lösung suchen. Das ist aber keine normale Argumentationssituation mehr.

Gefühle oder Argumente?

Immer wenn Gefühle im Vordergrund stehen, greifen keine sachlichen Argumente mehr. Ein Kind, das z.B. Angst hat, in den dunklen Keller zu gehen, können Sie nicht mit Argumenten über die Sicherheit des Hauses etc. überzeugen. Trotz aller Argumente bleibt die Angst. Genauso können Sie nicht über den Kern von Glaubensfragen argumentieren. Entweder man glaubt ihn oder nicht. Reines Emotionalisieren (sich aufregen, schimpfen, aber auch den Tränen nahes Schweigen) dient zwar nicht der Argumentation, aber in einer umfassenden und gut aufgebauten Argumentation spielen neben den sachlichen immer auch emotionale Anteile eine wichtige Rolle. Man muß den Zuhörer so ansprechen, daß er sich für die Sache interessiert und sich auf eine Auseinandersetzung einläßt. Dazu kann man stellvertretend seine Gefühle verbalisieren oder als Redner seine eigenen Gefühle aussprechen.

5.1   Ist in der Überschrift *Gefühle oder Argumente?* die Verknüpfung mit *oder* logisch richtig?

Das Überzeugen ist auf zukünftiges Handeln oder auf eine Bewertung gerichtet. Deshalb kann eine Lösung nicht eindeutig wahr oder falsch, gut oder schlecht, bewiesen oder nicht bewiesen sein. Die Richtigkeit eines Lösungsvorschlages wird sich erst in der Zukunft erweisen, zu Fakten kann es unterschiedliche Standpunkte und Bewertungen geben. Mit Hilfe von Argumenten wird die Lösung nicht hundertprozentig sicher, sondern nur mehr oder weniger wahrscheinlich.

Die Wirkung von Argumenten wird ferner durch den Sprechausdruck (vgl. S. 91 ff.) und die Körpersprache (vgl. S. 101 ff.) beeinflußt.

Allgemeines Argumentationsschema

Aus Daten wird gemäß einer *Schlußregel* eine These aufgestellt. Schlußregel ist hier nicht nur im logischen Sinne zu verstehen, sondern es kann sich auch um einen anerkannten Erfahrungsgrundsatz handeln.

Daten   *Klaus, Peter, Jan, Stefan*
= Aussagen über   *u. a. Jungen sind in der 2 b*
Ereignisse   *und können schlecht rechnen.*

    Schlußregel   *Bei gutem Unterricht lernt*
    wegen/weil   *man richtig rechnen.*

These	*Der Mathematiklehrer*
= Behauptung,	*ist schlecht. (Oder: Jungen*
Schlußfolgerung	*rechnen nicht so gut wie Mädchen?)*

Dieses Grundmodell kann erweitert werden durch:
a) Einschränkungen: *vermutlich, wahrscheinlich, sicher;*
b) Ausnahmebedingungen, die die Umstände der Gültigkeit angeben;
c) Stützen für die Schlußregel.
Die Stützung der Schlußregel ist im Gespräch erst beim Nachfragen erforderlich. Durch das direkte – ungefragte – Aussprechen von Stützen erhöht man die Überzeugungswirkung.

Möglichkeiten der Stützung
1. faktische Argumente:
a) Tatsachen: Daten, Fakten, Zahlen, Statistiken
b) Sachnormen: Hinweise auf Gesetze, Paragraphen, Verträge, Vorschriften
c) Fallbeispiele
   – Je genauer, um so überzeugender (nicht: *etwa, circa, ungefähr*).
   – Schriftliche Belege überzeugen.
   – Anschaulicher Überblick in Tabellen, Grafiken etc.

2. Plausibilität:
Wie jeder weiß ... Niemand kann bestreiten ... Jeder hat schon die Erfahrung gemacht ... Wer rechnet, erkennt ... – also Gemeinplätze und Topoi wie Tradition, Gewohnheit, gesunder Menschenverstand, Mehrheitsmeinung, Theorie vs. Praxis, aber auch Beispiele und Vergleiche

3. Moralische Argumente:
a) Autoritäten: Zitate/Verhalten bekannter Persönlichkeiten, ethisch vorbildlicher Menschen, bekannter Fachvertreter
b) moralisch-normativ: überzeitliche Werte bzw. Werte der Zielgruppe wie *Verantwortungsbewußtsein, Angemessenheit, Gerechtigkeitsprinzip, Anständigkeit, Gesundheit, Umweltbewußtsein ...*

4. Taktiken:
a) Übertreibung
b) Ablenkung: durch andere Themenpunkte, Vielrederei etc.
c) unvollständiges Zitieren, Unterstellungen, Wort-im-Mund-Herumdrehen, falsche Behauptungen, Andeutungen
d) Isolierung: *Nur einige sogenannte Radikale meinen ...*

e) Scheinstützen: *Für Ihre Behauptung spricht auch noch x, y. Aber alle diese Argumente können mich nicht überzeugen ...*
f) persönliche Angriffe, Fouls usw. (vgl. Schopenhauer, siehe S. 70 f.)

Wirksamer Aufbau von Argumentfolgen

Wenn man mehrere Argumente hintereinander bringt, sollte man einen Aufbau wählen, der auf einen Höhepunkt zuläuft:
1. ein gutes Argument am Anfang, um die Aufmerksamkeit zu gewinnen;
2. schwächere Argumente in der Mitte zur Unterstützung;
3. das stärkste Argument zum Schluß, damit es hängen bleibt.

5.2 Mit welchen Argumentationsformen haben Sie es in Ihrem Fachgebiet vorrangig zu tun, deduktivem oder induktivem Schlußfolgern? Wie werden die Schlußregeln gestützt?

Formulieren Sie Argumentationen aus Ihrem Erfahrungsbereich. Von welchen Prämissen gehen Sie aus? Sammeln Sie für einige Thesen möglichst viele verschiedene Stützen (faktenbezogen, plausibel und moralisch).

Formulieren Sie zu jedem Beispiel mindestens eine mögliche Erwiderung.

Vermeiden Sie Denkfehler wie

a) **unzulässige Verallgemeinerungen**, die man z.B. in Vorurteilen findet (*wenn eines – dann alles*):

richtig:	falsch:
Elba ist von Wasser umgeben.	*Paul ist faul.*
Elba ist eine Insel.	*Paul ist Student.*
Also sind Inseln von Wasser umgeben.	*Also sind Studenten faul.*

b) **falsche Umkehrschlüsse** (*wenn eines, dann ein anderes, aber nicht umgekehrt*):

richtig:	falsch:
Wenn Wasser kocht, sprudelt es.	*Wenn es sprudelt, kocht's.*
	Vielleicht, aber es könnte auch Luft zugeführt werden!

c) **monokausales Denken**:
Wenn Sie jemanden mit rauher, belegter Stimme reden hören, der sich öfter

räuspert und leicht hüstelt, können Sie folgern: *Aha, die Person ist erkältet.* Das kann sein; es könnte sich aber auch um die Folge einer Allergie handeln, oder es könnte sein, daß durch einen falschen, unökonomischen Gebrauch (Hochatmung, gepreßtes Sprechen) die Stimme so rauh klingt. Dann wäre das die Ursache, und es handelt sich dann um eine funktionelle Stimmstörung, eine *Dysphonie* (vgl. das Baumdiagramm, S. 44).

d) **Kausalität aufgrund eines zeitlichen Zusammenhangs** (Symptom zur Ursache erklären):
Wenn Herz-Kreislauf-Erkrankungen u.a. mit Übergewicht erklärt werden, so ist dies nur das Symptom für Bewegungsmangel, falsche Eßgewohnheiten usw.

e) **Entweder-Oder-Logik:**
Die Logik kennt den Satz vom ausgeschlossenen Dritten (es gilt: P oder nicht P). Es gibt also nur zwei Möglichkeiten: *schwarz oder weiß, wahr oder falsch* ... Aber die Alternative *schwarz oder weiß* ist logisch falsch, denn die Alternative heißt: *schwarz oder nicht schwarz*, und das kann sein: *gelb, rot, grün, blau usw.*

f) **falsche Prämissen:**
Alle Vögel können fliegen. (falsch!)
Der Strauß ist ein Vogel. (richtig!)
Also kann der Strauß fliegen.

Wie wehrt man sich gegen Killerphrasen?

Vielleicht haben Sie auch schon erlebt, wie ein sinnvoller und guter Vorschlag in einer Diskussion vom Tisch gefegt wurde. Oft geschieht das mit sogenannten *Killerphrasen.* Solche Aussprüche töten oft die Gesprächsbereitschaft ab. Da es aber keine echten Argumente sind, sollte man sich von ihnen nicht verschrecken lassen, sondern nachfragen.
a) *Das war schon immer so.*
b) *Schon wieder Sie mit Ihren fixen Ideen.*
c) *Das schaffen wir nie.*
d) *Darüber reden wir ein anderes Mal.*
e) *Das ist nicht unsere Sache.*
f) *Darüber wird man sich nur aufregen.*
g) *Das paßt nicht in unser Konzept.*
h) *Sie stellen sich das so einfach vor.*

i) *Das klingt ja ganz nett, aber bringt nur Ärger.*
j) *Wir haben doch ohnedies viel zu viel zu tun.*
k) *Alles graue Theorie.*
l) *Dafür ist die Zeit noch nicht reif.*

Mit Fragen bringen Sie das Gespräch wieder in Gang. Ihr Gesprächspartner ist am Zug, Sie fordern ihn auf, Argumente zu nennen.

a) *Warum kann man nicht mal etwas verändern?*
b) *Wieso halten Sie diesen Vorschlag für eine fixe Idee?*
c) *Warum sollten wir das nicht schaffen können?*
d) *Wann? Können wir einen besonderen Termin dafür ansetzen? Bzw.: Warum möchten Sie die Angelegenheit vertagen?*

5.3   Formulieren Sie Fragen, mit denen man bei den Beispielen e) bis l) das Gespräch wieder in Gang setzen kann!

Glaubwürdigkeit statt Taktiken

Wer auf Dauer effektiv und überzeugend wirken will, verwendet nur Argumentationen, von denen er selbst ehrlich überzeugt ist. Wer als Taktiker oder Schwindler entlarvt wird, hat seine Glaubwürdigkeit verloren: Die anderen werden künftig überkritisch, skeptisch und abwehrend sein und auch hinter guten und ehrlich gemeinten Argumenten irgendwelche Fallen und Tricks argwöhnen.

Unfaire Taktiken sollte man kennen, um sich gegen sie wehren zu können, aber nicht, um sie selbst anzuwenden. Will man sich nicht auf einen taktischen Kampf einlassen, bei dem man selbst nicht umhinkommt, auch unfaire Tricks anzuwenden, bleibt zur Abwehr nur das Bloßlegen der Taktik des anderen. Indem man genau beschreibt, wie der andere taktiert, kann man die Wirkung der Tricks unterbinden und eine eigene Stärke und Glaubwürdigkeit entwickeln.

Eine Sammlung unfairer *Kunstgriffe* hat schon Arthur Schopenhauer in seiner *Eristik* (Kunst, auf jeden Fall Recht zu behalten) zusammengestellt:

... Die Behauptung des Gegners ist über ihre Grenze hinauszuführen, sie muß möglichst allgemein gedeutet werden und übertrieben werden. Denn je allgemeiner eine Behauptung wird, desto mehreren Angriffen wird sie ausgesetzt. ...

Den Gegner durch Schikane und Unverschämtheiten zum Zorn reizen, damit er außerstande ist, richtig zu urteilen und seinen Vorteil wahrzunehmen. ...

Will man, daß der Gegner einen Satz annimmt, muß man das Gegenteil des Satzes dazu geben und ihm die Wahl lassen. Dabei sollte man das Gegenteil aber so krass und negativ darstellen, daß er nur auf den beabsichtigten Satz eingehen kann. Der Gegner hat bereits mehrere Fragen zu Ungunsten des beabsichtigten Satzes beantwortet. Dennoch kann man frech plötzlich den Satz als dadurch bewiesen hinstellen und triumphieren. Dies gelingt aber nur bei dummen und schüchternen Gegnern. ...

Bemerkt man, daß der Gegner eine Argumentation beginnt, mit der er einen schlagen wird, kann man plötzlich mit etwas ganz anderem anfangen und so tun, als gehöre es zur Sache. Dies lenkt ab! ... Wo man gegen die dargelegten Gründe des Gegners nichts vorzubringen weiß, erkläre man sich in ironischer Weise für inkompetent und zu dumm. Dies signalisiert den Hörern, daß der andere Unsinn sagt! Eine Behauptung des Gegners kann man zumindest kurzzeitig verdächtig machen, indem man sie unter eine verhaßte Kategorie bringt, mit der sie gewisse Ähnlichkeit hat. ... Den Gegner durch sinnlosen Wortschwall verdutzen. Dies gelingt, da der Mensch, wenn er Worte hört, gewöhnlich glaubt, es müsse sich dabei auch etwas denken lassen. ...
Letzter Kunstgriff: Merkt man, daß man unterlegen sein wird, kann man nur noch die Person des Gegners persönlich, grob und beleidigend angreifen. Diese Argumentation ad personam verläßt die Sache des eigentlichen Streites.

Heute wird die *Kunst, auf jeden Fall recht zu behalten* in der sogenannten **Rabulistik** fortgesetzt, in der alle Spitzfindigkeiten und Wortklaubereien anzutreffen sind. Beabsichtigt wird eine suggestive Wirkung, *weil der Rabulist ständig bemüht sein muß, eine drohende Analyse zu verhindern. Wenn es dem Gegner erst gelingt, dem Rabulisten z.B. mit Gegenfragen, originellen Einwänden oder knallharten Fakten, in die Parade zu fahren, ist es meistens sehr schwer, beim Gegner oder den Zuhörern eine neue Überzeugung aufzubauen.* (Ruede-Wissmann 1989, S. 39)
Tröstlich, daß ein Rabulist sich hier selbst in die Karten schauen läßt und die Gegenstrategien benennt. Wer Argumentationen analysieren, Gegenfragen stellen und Einwände anbringen kann, ist gewappnet gegen Rabulisten jeder Art.

Sich gegen verbreitete Manipulationsstrategien wehren

Man sollte nicht manipulieren, sich aber auch nicht von anderen manipulieren lassen. Deshalb sollte man verbreitete Manipulationsstrategien kennen. In Verhandlungen kann man häufig beobachten (vgl. Bender, Gottwald 1987):
a) **Wie du mir, so ich dir**. (Reziprozität)
    Man tut einen kleinen Gefallen, um dann eine größere Gefälligkeit zu ergattern. Verbreitet ist die *Konzessionsfalle*: Konzession machen, um dafür größere Konzession zu erhalten. Oder es wird erst eine hohe Forderung auf-

gestellt, die zwar noch im vernünftigen Rahmen liegt, um dann als Zuge-
ständnis eine kleinere Forderung durchzusetzen, auf die es ankommt.

b) **Wer A sagt, muß auch B sagen.** (Konsistenz)
   – **Fuß-in-der-Tür-Technik**: Den anderen auf kleine Konzessionen festlegen und dann zu größeren veranlassen, z.b.: Erst Bitte um die Bestellung
   eines Buches in der Bibliothek, dann Bitte um kurze Vorstellung im Seminar, dann Fotokopie des – sowieso vorhandenen – Stichwortzettels ...
   und damit sind wir fast beim Referat!

   – **Ich-kann-nicht-anders-Technik**: Der andere legt sich selbst fest; durch
   widrige (von ihm nicht selbst zu verantwortende) Umstände ist der Ver-
   handlungsspielraum eingeengt: *Ich muß mir mein Studium selbst finan-
   zieren, deshalb muß ich jobben, und zwar gerade zu der Zeit, in der Sie Ihre Veranstaltung angesetzt haben. Ich kann also leider daran nicht
   teilnehmen ...*

   – **Erst-geben-dann-wieder-wegnehmen-Technik**: Man gewährt eine
   vorteilhafte Konzession und verstrickt die Partner dann in detaillierte Absprachen. Damit nimmt man die Vorteile zum Teil wieder weg oder
   schränkt sie doch erheblich ein: *Wenn Sie bei mir als Tutor eine Gruppe
   übernehmen, erhalten Sie dafür einen Leistungsnachweis. Und erst nach
   und nach kommt dann in dem Gespräch heraus, daß ferner die Teilnahme
   an einem Vorbereitungsseminar erforderlich ist, daß die selbständige Erarbeitung eines Teilbereiches erwartet wird, daß man einen Abschlußbe-
   richt verfassen soll usw.*

c) **Die Mehrheit hat immer recht.** (Konformität)
   Wir haben bisher alle vergleichbaren Fälle so behandelt.

d) **Die Fachleute wissen Bescheid.** (Autoritäten)
   Oft werden die herrschende Lehre und Rechtsprechung oder Empfehlungen
   bekannter Persönlichkeiten oder auch allgemeine Norm- und Wertvorstel-
   lungen zitiert.

e) **Was selten ist, ist auch wertvoll.** (Knappheit)
   Hohe Zahl von Interessenten, Zeitknappheit etc. werden angeführt, um den
   Wert des Verhandlungsangebotes zu steigern: *In meiner Veranstaltung sind
   nur noch wenige Plätze frei ...*

f) **Nette Menschen wollen auch mein Bestes.** (Sympathie)
   Mit Schmeicheleien oder Nett-Sein wird von Forderungen oder sachlichen

Gründen abgelenkt: *Wissen Sie, ich schätze Sie als Mitarbeiter sehr, ich kann mich stets auf Sie verlassen. Ihr Fleiß und Ihr Engagement sind wirklich toll ...*

5.4 Überlegen Sie: Wie wehrt man diese Strategien ab?

5.5 Argumentieren kann man gut in einer Debatte üben. Nehmen Sie ein kontroverses Thema und bilden zwei gleichstarke Parteien: Pro-und Contra-Fraktion.

Jede Partei bereitet sich intern vor: Argumente sammeln, auf Sprecher verteilen (wer sagt was?) und Reihenfolge festlegen; wie können die Gegenargumente entkräftet werden? – Je intensiver diese Vorbereitung, desto besser wird die Debatte. Deshalb sollte man sich dafür mindestens eine Stunde Zeit nehmen.

Bei der Debatte setzen sich die Fraktionen jeweils geschlossen an eine Seite des Tisches, so daß der erste Sprecher der Pro-Gruppe dem ersten Sprecher der Contra-Gruppe genau gegenüber sitzt usw. Die Redezeit wird z.B. auf ein oder zwei Minuten pro Statement begrenzt. Die Debatte kann in mehreren Runden ablaufen, man sollte mindestens zwei Runden vereinbaren.

In der ersten Runde werden die vorbereiteten Statements abgegeben: Es spricht immer abwechselnd ein Sprecher der Pro- und der Contra-Gruppe. In der zweiten Runde werden die Argumente des direkten Gegenübers aufgegriffen und entkräftet. Wird vor Publikum debattiert, so können die Zuhörer die Wirkung der Argumentationen einschätzen.

6. Referate für Zuhörer aufbauen

Der Begriff *Referat* kommt aus dem Lateinischen und bedeutet soviel wie *es möge berichten...* – Ein Referat ist also ein Bericht, eine Informationsrede mit mehr oder weniger ausführlicher Stellungnahme. Über den Umfang und die wissenschaftliche Grundlage entscheiden immer die einzelnen Fragestellungen eines Seminars. Es kann Aufgabe des Vortrags sein, nur den Ansatz eines Autors darzustellen oder über ein Problem mit verschiedenen Lösungsansätzen zu berichten oder zwei konkurrierende Konzeptionen zu vergleichen etc.

Referieren bedeutet: Denkarbeit leisten und sie den Zuhörern anbieten. Das Thema wird für Zuhörer aufbereitet und gegliedert, um ihnen die Sache zu vermitteln. In diesem Vermittlungsprozeß wirken sachlogische und psychologische Aspekte zusammen. Der Aufbau muß der Logik und Psycho-Logik folgen.

Bei der Logik geht man von der Sache aus und baut denkklare Argumentationen auf. Manchmal ergeben sich aus einem Sachthema bereits Hinweise für den Aufbau: Manche Themen müssen eine bestimmte zeitliche Abfolge berücksichtigen, sie werden im Hauptteil chronologisch aufgebaut. Bei anderen Themen ergibt sich aus der Sachstruktur selbst auch schon die Gliederung, wenn man z.B. über technische Geräte referiert.

Neben den sach-logischen Überlegungen zur Gliederung muß man sich aber immer auch die psycho-logischen Fragen stellen: Wie kann man die Zuhörer ansprechen? Was muß man tun, damit sie die Botschaft aufnehmen? Welchen Aufbau können sie am besten verstehen?

Thema und Ziel

Keine Sache spricht für sich. Als Sprecher muß man eine konkrete Zielsetzung entwickeln. Bei einem Referat werden in der Regel das Thema und das formale Ziel *Informieren, Vergleichen, Interpretieren* etc. vom Dozenten vorgegeben, aber die inhaltliche Botschaft bestimmt der Referent.

Thema und Ziel muß man immer voneinander trennen. Wenn man z.B. über das Thema *Umweltschutz* referieren soll, steht mit dem Thema noch nicht fest, in welche Richtung man sich äußert: *Was versteht man unter Umweltschutz? Was befürwortet man, was lehnt man ab? Aus welchen Gründen?*

Bevor man eine Gliederung erarbeiten kann, ist eine umfassende inhaltliche Auseinandersetzung mit dem Thema notwendig. Man muß sich einlesen, exzerpieren etc. Wenn man diese allgemeine Vorbereitung abgeschlossen hat, legt man fest, was man den Zuhörern vermitteln will. Welche Kerngedanken, Thesen sollen die Zuhörer von dem Referat mitnehmen? Sie sind das Ergebnis oder Ziel des Referates. Diese zentrale Botschaft sollte man sich kurz und prägnant aufschreiben. Denn beim Schreiben zwingt man sich selbst zum genauen Denken, man muß sich festlegen, bewerten und auswählen. Für die weitere Gliederung ist es wichtig, dieses Ziel *schwarz auf weiß* vor Augen zu haben. Will man den Zuhörern ein Thesenpapier an die Hand geben, kann man die formulierte Zielsetzung wieder gebrauchen. Vielleicht muß man das eine oder andere etwas umformulieren, ergänzen oder die Reihenfolge verändern, aber das Thesenpapier enthält die ausformulierte Zielsetzung des Referates.

Den Trichter von hinten planen

Dadurch, daß man als erstes sein Ziel festlegt, plant man das Referat von hinten. Das Ergebnis muß feststehen, wenn man das weitere Vorgehen plant. Grundsätzlich gilt, daß jede Rede, die gut auf Zuhörer (ein-)wirken soll, wie ein Trichter gebaut werden muß. Das Thema soll sich für den Zuhörer zuspitzen auf den beabsichtigten Teilaspekt. Man muß also auswählen. Nicht alles aus dem Themenbereich ist für das Ziel wichtig. Der Redner soll bewußt auswählen, er braucht einen *Mut zur Lücke.*

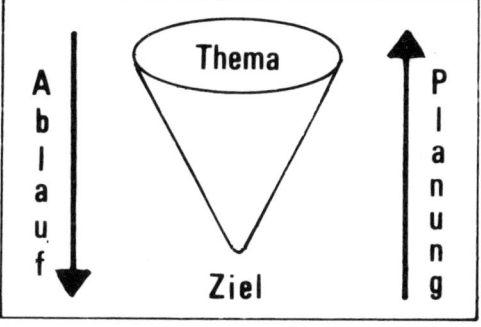

Sicherlich will man beim Referieren dem Dozenten auch Sachkenntnis und Belesenheit zeigen, aber ein Referat ist keine Anhäufung von Zitaten oder Fragmenten aus der wissenschaftlichen Literatur. Es darf nicht der Eindruck eines Sammelsuriums entstehen, bei dem sich die Zuhörer und der Dozent zum Schluß fragen, was das denn alles sollte. Ein Referat braucht eine klare Gestalt. Es muß sich zuspitzen auf das Ziel. Deshalb lieber etwas weglassen, was nicht hineinpaßt, auch wenn es gut klingt oder es sich um einen wichtigen Autor handelt.

In einem Referat kann man fast nie alles sagen, was man sich vorher über das Thema erarbeitet hat. Die umfassende inhaltliche Vorarbeit ist aber dennoch wichtig. Denn nur wer sich auskennt, kann bewußt auswählen und ist gut vorbereitet für die anschließende Aussprache.

Ein kommunikatives Grundmodell

Die einfachste Gliederung ist: Einleitung, Hauptteil, Schluß. Wichtig ist, welche kommunikative Funktion jeder Teil der Gliederung hat. Was muß im Hinblick auf die Zuhörer und das Thema jeweils geschehen?

A) Die **Einleitung** soll ins Thema einführen, den Kontakt mit den Zuhörern herstellen. Das Interesse und die Aufmerksamkeit müssen geweckt werden. Dazu kann man das Thema in die Perspektive der Zuhörer *übersetzen*: Welche Fragen haben die Zuhörer zum Thema? Das ist der Ist-Zustand, bei dem man als Redner immer einsetzen sollte. Spricht man stellvertretend die Probleme, aber auch Erfahrungen, Beispiele, Erlebnisse, Kenntnisse, Sorgen, Nöte, Bedürfnisse... der Zuhörer aus, so fühlen sie sich verstanden und ernstgenommen. Dieser Einleitung können sie zustimmen. Damit hat der Redner das Interesse geweckt.

B) Im **Hauptteil** stehen die wichtigen Aussagen des Redners im Vordergrund. Er gibt seine Antwort auf die Fragen der Zuhörer. Das ist sein Soll-Zustand. So wird die Rede zu einem stellvertretenden Dialog: Auf vorhandene Fragen wird geantwortet.

C) Der **Schluß** dient der Zusammenfassung für die Zuhörer.

Übrigens: Diese Ausführungen sind auch stichwortartig in dem Tafelbild auf S. 38 zusammengefaßt.

6.1   Formulieren Sie für Ihr nächstes oder ein mögliches Referat den Zielsatz!

A) Der Einstieg ins Thema

Jede Seminarsitzung wird vom Dozenten als offiziellem Gesprächsleiter eröffnet. Er begrüßt kurz die Teilnehmer, stellt die Referenten und das Thema vor. Nach dieser kurzen Einleitung erhalten die Referenten das Wort. Sie sollen zum Thema kommen und keine langweilige Vorrede halten, deshalb: Sofort die Zuhörer aufmerken lassen, neugierig machen, hineinziehen ins Thema. Nicht *Ich möchte heute über einige wichtige Aspekte zu unserer Thematik sprechen* ... Daß Sie sprechen wollen, wissen die Zuhörer, und daß Sie ihnen nicht mit Unwichtigem die Zeit stehlen wollen, davon gehen sie aus.

Also gleich die Sache selbst oder einen die Phantasie beflügelnden Einstieg: *„Heureka – ich habe es!" rief Archimedes vor mehr als zweitausend Jahren, als die Badewanne überlief und er bei der Beobachtung des überplätschernden Wassers das Gesetz der Verdrängung entdeckte. Und 'Heureka' rief auch ... bei seiner Entdeckung des ...*

Es gibt verschiedene Möglichkeiten, Zuhörer aufmerksam zu machen und sie für das Thema zu interessieren; hier einige erprobte Wege:

1. Den Zuhörer abholen, wo er steht, ihn aus seinem Umfeld, aus der Situation heraus auf sich selbst und auf das Referatthema lenken. Wird er im ersten Satz in seiner Situation angesprochen, so fühlt er sich einbezogen. Die Situation ist durch vielerlei Größen und Umstände bestimmt.

Hier einige Beispiele:

❑ Der **Seminarkontext**: Welchen Stellenwert hat das Thema für das Seminar? In welchem Zusammenhang steht es mit den anderen Referatsthemen? Was wissen die Teilnehmer bereits aus den vorhergehenden Referaten? Knüpfen Sie daran an: *In den letzten Sitzungen haben wir ... heute wird fortgesetzt mit einer Gegenposition/einem Anwendungsbezug ...* Oder: *Wir wissen bereits, daß .../haben schon ... kennengelernt ...*

❑ Der **Vorredner**: *Ihre Anregung greife ich sogleich auf, Frau ..., und ...*

❑ Der **Raum**: *Klein, aber fein, sagt der Volksmund, und er kann diesen Raum nicht gemeint haben ...*

❑ Die **Atmosphäre** im Raum: *In diesem Seminar für Nichtraucher – danke für das Löschen Ihrer Zigaretten – ...*

❑ Der **Anlaß**: *Heute ist ein besonderer Tag, ein historisches Datum, der ..., an dem wir uns hier zusammenfinden, um ...*

❑ Die **Anreise**: *Viele fahren täglich mit der überfüllten U-Bahn zur Universität ...*

❑ Das **Wetter**: *Die Sonne strahlt – jedenfalls über den Wolken, und wer schon einmal geflogen ist, weiß, wie tief oft die Wolken hängen ...*

❑ Die **Tagesereignisse**: *Unten im Foyer wird gerade eine Ausstellung über ...
aufgebaut.*

❑ Ein **aktuelles Thema** (in die Tageszeitung schauen), z.b.: *Gestern hat man
am Bahnhof bei Bauarbeiten wieder eine Bombe aus dem II. Weltkrieg gefunden, die sofort entschärft werden mußte ...*

❑ Das **generelle Seminarthema**: *Die Literatur der Gegenwart beschäftigt
uns ...*

❑ Unzweifelbare **gemeinsame Erlebnisse**, z.B.: *Die Sonne scheint... Heute ist
es sehr kalt ... Es ist mühsam, sich jeden Morgen mit dem Auto durch den Be-
rufsverkehr zu quälen ...*

❑ **Gemeinsame Probleme, Bedürfnisse oder Ziele,** z.B.: *Wir alle möchten in
Frieden leben ... oder etwas für unsere Gesundheit tun ... Wir wollen alle
Lehrer werden ...*

2. Die Zuhörer überraschen und neugierig machen:

❑ Mit wichtigen **Fragen,** die interessieren: *Was versteht man unter Hyperak-
tivität? Was kann man als Lehrer dagegen tun?*

❑ Mit einer aktuellen, wichtigen, die Zuhörer betreffenden **Mitteilung:** *Die
Vertreter der Schulen, mit denen wir unser Praktikum organisieren, haben
gestern beschlossen, ...*

❑ Mit einer **Pointe** (aber Vorsicht, sie muß sitzen): *Eine fliegende Untertasse
ist zwar heute nicht auf dem Dach unserer Hochschule gelandet, aber ...*

❑ Mit einem **Zitat** oder **Sprichwort:**
*„ Gestaltung, Umgestaltung,
Des ew'gen Sinnes ew'ge Unterhaltung. "
So hat schon Goethe den ständigen Wandel im Weltgeschehen auf den Punkt
gebracht, und auch wir ...*

❑ Mit einem mitgebrachten **Gegenstand,** den man hochhält und aufs Pult legt:
*Diese kleinen Glocken, mit denen ich Sie soeben um Ruhe gebeten habe,
stammen von einer Ziegenalm im Wallis. Nicht daß ich Sie mit Ziegen ...*

❑ Mit einem **Kernsatz** oder **Bild,** das mit dem Overhead-Projektor hinter dem
Redner an der Wand erscheint: Das Interesse der Zuhörer wird sofort auf
diesen optischen Reiz konzentriert, deshalb muß das Bild oder Motto
schnell verstanden werden, damit dann die Aufmerksamkeit wieder dem
Redner gilt. Und es muß verschwinden, wenn es nicht mehr zum Thema
gehört.

Der Anfang soll kurz und knapp sein, der Zuhörer will keine langen, umständlichen Vorreden. Er honoriert einen gelungenen Einstieg, will dann aber zur
Sache kommen. Erklären Sie zu Beginn nicht langatmig, welche Probleme Sie
bei der Vorbereitung hatten oder worauf Sie nicht eingehen.

> **6.2** Vergleichen Sie diese Beispiele mit Ihrem letzten Referat oder mit einem Referat, das Sie gehört haben. Wie hätten die Zuhörer besser abgeholt oder neugierig gemacht werden können?

B) Zum Thema kommen

Man sollte sich auf das Wichtigste konzentrieren und es präzise für die Zuhörer darlegen. Zuviel Stoff ermüdet, der Zuhörer kann ihn nicht verarbeiten. Selbst in geschriebenen Texten gehören ausführliche Beispiele in einen Anhang, genauere Erläuterungen in die Fußnoten und Anmerkungen. Eine längere Erörterung eines Punktes kann auch in einem *Exkurs*, wörtlich 'Ausflug', ausgegliedert werden. Der Leser weiß dann, daß er hier spezielle Informationen bekommt, und kann den Exkurs überblättern oder gesondert lesen.

Für den Zuhörer, der nicht wie der Leser vor- und zurückblättern kann, ist ständig die Orientierung über den Ablauf wichtig. Deshalb bei längeren Referaten: den Zuhörern *die Gliederung transparent machen*. Das kann man mit sogenannten *Gliederungsstützen*, sie machen dem Zuhörer den Ablauf klar und erhöhen die Verständlichkeit. Die wichtigsten sind:

❏ Zu Beginn einen Überblick über die wichtigsten Schritte geben;

❏ jeden neuen Punkt ankündigen;

❏ Gliederungspunkte mit aussagekräftigen oder interessanten Überschriften benennen, nicht nur formal ankündigen: *Nun kommen wir zum nächsten Punkt,* sondern besser: *'Radikale Abkehr vom Naturalismus' ist das 2. Kennzeichen dieser Richtung ...*;

❏ rhetorische Fragen als Zwischenüberschriften laden besonders zum Mitdenken ein: *Was kennzeichnet nun diese Dichtung? Als 1. wird hier immer die Schlüssellochperspektive genannt. Was versteht man darunter? ...*;

❏ nach mehreren Unterpunkten sind Zwischenzusammenfassungen angebracht.

Denken Sie daran: Sie dürfen über alles reden, nur nicht über 20, 30 oder 45 Minuten. (Die Dauer hängt von der Gesamtplanung ab.) Aber etwas Zeit benötigen Sie für Ihre Argumentation, denn ohne Fakten und anschauliche Beispiele, nur mit klugen Ideen, Begriffen und vagen Hinweisen kann man niemanden überzeugen.

> **6.3** Vergleichen Sie auch diese Hinweise mit dem letzten Referat, das Sie selbst gehalten oder gehört haben. Wie wurde sichergestellt, daß die Zuhörer die Gliederung durchschauen und nachvollziehen können?

C) Der Schluß schließt den Kreis und löst die Spannung

Probleme, Fälle, Pro und Contra etc. erzeugen Spannung, weshalb der Zuhörer zum Schluß immer auch das Bedürfnis nach einer runden Gestalt, nach Harmonie bzw. Verarbeitung hat. Dies muß der Schlußteil leisten. Ein guter Schluß ist pointiert, d.h. wörtlich 'zugespitzt', damit er wie ein Pfeil in das Gedächtnis dringt und dort nachwirkt. *Ich komme zum Schluß ...* – Es ist kein Fehler, den Schluß anzukündigen. Die Zuhörer werden noch einmal aufmerksam, sei es aus Erleichterung, daß das Referat ein Ende finden wird, sei es, weil sie nun in die Diskussion eingreifen oder schnell fort wollen. Der Redner muß die Spanne der Aufmerksamkeit nutzen. Aber er darf sie nicht verspielen, indem er nicht wirklich zum Schluß kommt. Der Schluß braucht sowohl einen prägnanten Inhalt als auch geschliffene Formulierungen. *Bewährte Schlußpunkte* sind:

❏ **Schlußfolgerungen** ziehen, überzeugt und ohne 'Wenn und Aber': *Nach allem, was gesagt wurde, bleibt nur eine sinnvolle Konsequenz: ...*

❏ **Zusammenfassen**, knapp, in einprägsamen Schlagworten: *Wir haben erstens gesehen, daß ... Zweitens widerlegt, daß ... Und drittens nachgewiesen, daß ... Also kommt nur in Frage, daß wir ...* Wenn man dabei anschauliche (neue) Begriffe wie *Nullrunde, Schlüssellochperspektive ...* prägt, werden die Zuhörer sie nicht so schnell vergessen.

❏ **Auf den Anfang zurückkommen**, den Zusammenhang der Rede deutlich machen, den Bogen schließen: *Meine Eingangsfrage war ... Es hat sich gezeigt, daß ...* – Dies ist unbedingt notwendig, wenn man von einem ungelösten Problem ausgegangen ist. Der Schluß zeigt dann die Lösung oder Richtung: *Die Antwort auf die Frage „Sollen wir ... oder nicht?" kann also nur lauten: Nein, so nicht!* Oder: *Eine Lösung für unser Ausgangsproblem haben wir bis jetzt nicht gefunden. Aber XY weist zumindest schon in die richtige Richtung. Hier wird man weiter forschen müssen.*

❏ **Erinnerung an ähnliche Handlungen** verstärkt die Aussage: *Wenn Sie sich erinnern: Bei dem Problem ... hatten wir eine ähnliche Situation. Wenn wir so damit umgehen, wie ich es eben vorgeschlagen habe, dann machen wir es wieder wie damals. Die damalige Lösung war gut. Hoffen wir, daß es auch diesmal gut funktioniert.*

❏ **Abschließendes Beispiel** für die Wirkung der Lösung: *Stellen Sie sich folgenden Fall vor: ... Wie müßte man ihn nach dem vorgestellten Lösungsansatz behandeln? Man würde ... und hätte dadurch ...*

❏ **Kompromisse definieren, vermitteln**: Der Referent stellt sich dar als derjenige, der souverän die kontroversen Positionen überblickt, abgewogen hat und nun den Vorschlag unterbreitet, dem alle – zumindest die Mehrheit – zustimmen können: *Wir haben kontrovers und offen diskutiert, wir haben das Für und Wider erwogen, wir verfolgen alle das gleiche Ziel. Und so können wir es erreichen: ...*

❏ **Anspornen, zum gemeinsamen Handeln aufrufen**: *Die Argumente sind ausgetauscht, die Entscheidung ist gefallen. Nun ist die Stunde des Handelns. Lassen Sie uns ...* Oder: *Überzeugen Sie sich selbst! Gehen Sie hin und lesen Sie selbst nach!*

❏ Mit einem **Gag oder Witz** schließen; damit sollte man vorsichtig sein, denn der Gag, Witz muß sitzen, und man muß Witze erzählen können, zugespitzt auf die Pointe, die sich selbst erklären muß, da darf man keine Nutzanwendung nachreichen müssen.

Kennen Sie das Erziehungsproblem des Clowns? Wenn er seine Kinder ausschimpfen wollte, lachten sie Tränen ...

Ich sitze, so schrieb ein Sänger einmal einem Kritiker, im kleinsten Raum meiner Wohnung und habe Ihre Kritik vor mir. Gleich werde ich sie hinter mir haben ...

❏ Mit einem **Zitat oder** einer **Anekdote;** dabei nimmt man zugleich die Autorität dessen in Anspruch, den man zitiert, über den man eine Anekdote erzählt.

„Gebt mir einen Platz, wo ich stehen kann, und ich werde die Erde bewegen", hat der berühmte Archimedes gesagt, und diesen Archimedischen Punkt haben wir gefunden: ...

Columbus löste das Problem, wie man ein Ei auf die Spitze stellen könne, auf einfache Weise: Er ließ sich ein hart gekochtes Ei bringen und stellte es mit Nachdruck, dabei die Schale zerbrechend, auf den Tisch. Und mit diesem Nachdruck ...

6.4 Welche Schlußpunkte haben Sie schon einmal bei Referaten erlebt oder ausprobiert? Mit welchem Erfolg?

Fünf Schritte

Bei der Gesamtgliederung haben sich Einteilungen in fünf Schritte als wirksam erwiesen. Nach der Einleitung (1) entfaltet man das Thema in bis zu drei Schritten, die sich ergänzen, gegensätzliche Positionen zeigen, bewerten oder zusammenführen. Nach dem Hauptteil (2-3-4) kommt der pointierte Schluß (5).

Der Fünfschritt war schon in der Antike bekannt, denken Sie nur an die fünf Akte des aristotelischen Dramas. Es mag etwas mit den fünf Fingern zu tun haben, an denen man sich und dem Zuhörer die Gliederung deutlich machen kann. Man darf nicht vergessen, daß die Redekunst zu einer Zeit entwickelt wurde, als man sich nicht schnell einen Notizzettel schreiben konnte, weil mit Griffeln auf Tafeln oder mühsam auf Pergament geschrieben wurde. Die Rede mußte man im Kopf haben, und da war eine klare Gliederung notwendig, die man sich selbst an den fünf Fingern merken konnte. Die Fünfzahl liegt auch deutlich unterhalb der Sieben, die in der Gedächtnispsychologie als Grenzwert der Merkfähigkeit gilt. Bis zu sieben Einheiten kann man sich als geordnetes Ganzes merken und vorstellen. Über sieben hinaus merkt man sich Reihenfolgen, lernt Abfolgen auswendig wie z.b. das ABC, aber man hat kein 'Gefühl' mehr dafür, daß es sich um ein geordnetes Ganzes handelt.

Wie baut man den einfachen Dreischritt „A: Einleitung - B: Hauptteil - C: Schluß" zu einem Fünfer-Schema aus?

Allgemeines Schema für ein Referat oder einen Kommentar

1)	A1	Überleitung, Einstieg, Aufhänger für die Hörer
	A2	Nennen des Themas/Problems, These, Zielvorstellung, eventuell kurzer Hinweis auf die Gliederung des Beitrags
2)	B1	Darlegung, Begründung
3)	B2	Beispiel, Beleg
4)	B3	Anwendung
5)	C	Schlußfolgerung, Appell, Zielvorstellung

Sie können sich beim Aufbau eines Referates auch an den *Fünf-Schritten der Argumentation* (vgl. die Modelle auf S. 158 f.) oder an dem psycho-logischen Überzeugungsschema (siehe unten) orientieren. Welches Schema man im Einzelfall auswählt, hängt vor allem vom Thema und vom Ziel ab. Aber man sollte keines mechanisch übernehmen.

Das Überzeugungsschema ist zu empfehlen, wenn die Zuhörer für das Thema wenig motiviert sind oder wenn es sich um ein problemorientiertes Referat mit mehreren Lösungsansätzen handelt.

Psycho-logisches Überzeugungsschema

Eine Garantie für Überzeugungskraft gibt es nicht. Seit der Antike weiß man aber, daß nicht nur die Sache an sich bzw. die Anzahl der Argumente überzeugt, sondern immer auch die Art der Vermittlung. Für den gedanklichen Aufbau hat sich heute folgendes Prozeßschema in der praktischen Rhetorik bewährt (vgl. Bartsch 1990):

1. Motivation
2. Sachliche Problemstellung
3. Versuch und Irrtum
4. Lösung
5. Verstärkung

Dieses lernpsychologische Vermittlungsschema entspricht allgemeinen Schemata für den Unterricht (vgl. Meyer 1990, I, S. 184 ff.). Die Nähe zwischen Rhetorik und Didaktik ist nicht verwunderlich, denn jemanden von etwas überzeugen bedeutet: ihm etwas beibringen.

Zur Motivation

Emotionale Ansprache durch Situationsbezug, Mitgefühl und Verständnis, stellvertretendes Verbalisieren von emotionalen Spannungen oder Bedürfnissen (Grundbedürfnisse, Sicherheitsstreben, Gruppenzugehörigkeit, Anerkennung, Selbstverwirklichung); Gemeinsamkeit schaffen durch Gemeinplätze oder nicht widersprüchliche Aussagen (Ziel: innerer „Nickeffekt" der anderen). Die Ansatzpunkte für das Entwickeln einer gemeinsamen Perspektive sind die Abholer (vgl. S.77 ff.). Wenn man zeigen kann, daß die Hörer keine befriedigenden Lösungen für ihre Probleme, Bedürfnisse und Ziele im eigenen Handeln bisher gefunden haben, entsteht eine emotionale Unzufriedenheit (ein sogenannter Homöostase-Verlust), den der Redner aufgreifen und dazu ein Angebot machen kann.

Zur sachlichen Problemstellung

Das Problem auf den Punkt bringen, klare Begriffe, Fragen, Alternativen aufwerfen; häufig als rhetorische Fragen, damit das Mitgehen und Mitdenken der Zuhörer gefördert wird; Gliederungspunkte für die anderen benennen, damit das weitere Vorgehen transparent wird.

Zu Versuch und Irrtum

Mehrere Lösungsmodelle (besonders die, die Hörer im Kopf haben!) ernsthaft aufgreifen, durchspielen: Pro und Contra abwägen; dafür Verständnis zeigen, aber sie auch klar als Irrtum herausstellen; argumentieren, Einwände vorwegnehmen.

Wer von Anfang an zu der vertretenen Meinung neigt, wird von einer einseitigen Darbietung (ohne Versuch und Irrtum!) eher überzeugt. Wer aber in Opposition zur vertretenen Meinung steht, wird von einer Argumentation, die sich mit beiden bzw. mehreren Standpunkten auseinandersetzt, eher überzeugt.

Zur Lösung

Die Lösung als These klar und verständlich herausstellen, mit Argumenten
schlüssig präsentieren.

Zur Verstärkung

Direkter Handlungsvollzug, wenn möglich, z.B. durch Demonstration, Proben
... Sammlung, Unterschriftenliste.

Menschen neigen dazu, ihr Handeln im nachhinein immer vor sich selbst zu
rechtfertigen, d.h., sie suchen selbst dafür weitere Argumente. Die kognitive
Dissonanz zwischen bisheriger Meinung und realen Handlungen, die nicht
mehr geändert werden können, begünstigt einen Einstellungswandel (nach
Festinger).

Verbal kann aber immer auch ein emotionaler Ersatzvollzug der Lösung für
die Hörer angeboten werden. Dazu dienen viele bewährte Schlußpunkte (vgl.
S. 80f).

Auch Appelle dienen der Verstärkung. Aber Vorsicht: Dick aufgetragene Appelle, die Furcht einflößen, sind wenig wirksam. Denn Furcht ruft immer eine
starke Abwehr hervor.

Überzeugende Darstellungen sollen anschaulich, kreativ und phantasievoll
sein. Das wird auch im Neurolinguistischen Programmieren (NLP) betont. Bei
dieser Richtung, die von dem Computer-Experten Bandler und dem Lingui-
sten Grinder in den 70er Jahren begründet worden ist, geht es um die Zusammenhänge zwischen äußerer Sprache (Wortwahl genauso wie Körperhaltung,
Augenbewegungen und Stimmklang) und innerer Repräsentation. Aus der
Verhaltensbeobachtung und der Innenschau wird die vorherrschende Verarbeitung eines Menschen erschlossen. Wie repräsentiert jemand Inhalte und Erfahrungen? Eher visuell, auditiv oder kinästhetisch? Das gibt Hinweise darauf, wie diese Person am leichtesten und erfolgreichsten lernen kann.

Ziel des NLP ist die Verbesserung der Kommunikation mit sich und anderen,
dazu werden verschiedene Techniken verwendet, die aber eigentlich nicht neu
sind, sondern schon vorher von vielen erfolgreich eingesetzt worden sind. So
gilt z.B. die klare Zielsetzung, auf die in der Rhetorik seit langem Wert gelegt
wird, auch als ein Grundsatz im NLP. Der ursprüngliche Ansatzpunkt des NLP
lag in der Therapie: *Warum sind Therapeuten wie Milton Erickson, Virginia Sa-
tir und Frederic Perls so erfolgreich?* war eine der zentralen Anfangsfragen.
Heute findet das NLP zunehmend mehr Eingang in die allgemeine Weiterbil-
dung von Firmen und Institutionen und wird oft mit allgemeinen rhetorischen
Überlegungen verbunden (vgl. z.B. Ulsamer 1994). Die Erfolge des NLP sprechen auch für die hier vorgeschlagene Art des psycho-logischen und indukti-
ven Vorgehens.

Ausnahme: Kurzbericht

In Projektseminaren oder Arbeitsgruppen gibt es des öfteren Situationen, in denen über den aktuellen Stand berichtet wird. Alle sind motiviert und wissen, worum es geht. Dann heißt es: Kurz informieren, keine Einleitung, sondern direkt zur Sache.

Werden bei solchen Gelegenheiten lange Vorreden gehalten, zu viele Details hineingepackt oder der gesamte Ablauf bis zum aktuellen Stand breit nacherzählt, langweilt das die anderen. Hier kann man sich an der aktuellen Berichterstattung in den Medien orientieren.

Die Nachrichten werden heute fast durchgängig im Lead-Stil nach folgendem Schema aufgebaut:

1. **Hauptinformation** als Überblick über den aktuellen Stand: *Wer, was, wann, wo?*

2. **Einzelheiten** über Umstände: *Wie?*

3. **Hintergründe** als logische oder zeitliche Vergangenheit: *Warum oder wie ist es dazu gekommen?*

4. **Folgen** für die nähere Zukunft: *Wozu führt das bald?*

5. Weitere **Aussichten**: *Wozu führt es in weiterer Zukunft?*

Bei dieser Gliederung steht das Wichtigste am Anfang. Die weiteren Punkte kann man gut kürzen. Das kann auch bei Besprechungen wichtig sein: Wenn man z.B. als einer der letzten berichten soll, weiß man nicht, wieviel Zeit einem noch zur Verfügung steht.

| 6.5 | Wenn Sie die Gelegenheit haben, sich Gastvorträge aus verschiedenen Fachbereichen anzuhören, tun Sie es. Denn je mehr Redner Sie über die unterschiedlichsten Themen gehört haben, um so anschaulicher erfahren Sie, wie man Vorträge aufbauen kann. Versuchen Sie, beim Zuhören die Gliederung des Vortragenden zu rekonstruieren. Das übt. |

7. Medien gezielt einsetzen

Mit Hilfsmitteln kann man die Wirkung des gesprochenen Wortes unterstützen. Je mehr Sinne angesprochen werden, um so besser können sich die Zuhörer die Inhalte eines Vortrages merken. Aber ein Referat ist keine Multi-Media-Show. Alles muß sorgfältig ausgewählt und richtig eingesetzt werden. Genau wie beim Rede-Inhalt gilt: Weniger ist oft mehr! Optisch präsentieren muß man: Zahlenbeispiele, technische Aufbauten, Erklärungen, die die Zuhörer sich ohne die Anschauung nur schwer vorstellen können. Einfache Inhalte, die die Zuhörer mit ihrer Alltagserfahrung nachvollziehen können, können bei der visuellen Darstellung ausgespart werden.

Für die Hand des Zuhörers: Thesenpapiere, Muster, Proben

Das Thesenpapier ist das traditionelle Medium des Referats. Es vermittelt den Zuhörern das Gefühl, daß sie die wichtigsten Inhalte in der Hand haben und mit nach Hause nehmen können. Thesenpapiere sind aber nicht die einzig mögliche Form von Unterlagen für die Hand der Zuhörer. Man kann auch Proben oder Muster praktischer Arbeiten verteilen.

Grundsätzlich sollte man sich überlegen, zu welchem Zeitpunkt Thesenpapiere oder Proben/Muster verteilt werden sollen. Direkt zu Beginn des Referats besteht immer die Gefahr, daß einzelne Zuhörer bereits vorauslesen oder sich mit den Proben beschäftigen und dadurch nicht mehr so aufmerksam zuhören.

Verteilt man ein Thesenpapier erst im nachhinein, sind vielleicht manche Zuhörer verärgert, weil sie ihre eigenen Notizen nicht direkt darauf festhalten konnten bzw. überhaupt erst selbst mitgeschrieben haben. Geht man aber davon aus, daß es für manche Lerntypen hilfreich ist, viel selbst mitzuschreiben, ist dies nur ein geringer Nachteil.

Man kann ein Thesenpapier z.B. auch zu Beginn ankündigen und erst später verteilen, etwa wenn man die ersten Punkte behandelt hat und ein erstes Resümee zieht. So kann das Thesenpapier dem Referenten bei der Zwischenzusammenfassung helfen, und die Zuhörer erhalten gleichzeitig eine Orientierung auf dem Blatt.

Das Richtige aufs Thesenpapier

Ein Thesenpapier muß mehr oder weniger für sich selbst sprechen. Jedenfalls muß der Zuhörer auch später zu Hause noch wissen, was in welchem Zusammenhang und wie gemeint ist. Dazu reicht meistens der Abdruck der Gliederung nicht. Zwar schafft ein Gliederungsüberblick bereits eine gewisse Transparenz über das Vorgehen, aber einzelne inhaltliche Aussagen bleiben ausgespart. Bei einem richtigen Thesenpapier geht es dagegen gerade um Thesen, also um aufgestellte Sätze, Behauptungen über bestimmte Zusammenhänge. Besteht die Aufgabe des Referenten darin, über die Arbeit oder ein Werk eines Autors zu berichten, tritt an die Stelle des Thesenpapiers ein pointiert formuliertes Exzerpt.

Die Thesen werden im Referat mit Argumenten belegt. Nach einem gelungenen Referat erlangen sie für den Zuhörer den Status von Schlußfolgerungen, die er nachvollziehen kann. Die Fakten und Beispiele, die die Thesen begründen, werden mündlich vorgetragen, einzelne Punkte wie etwa Zahlenbeispiele o.ä. können zusätzlich auf Folie präsentiert werden. Am besten formuliert man also für das Thesenpapier die Kerngedanken des Referates kurz und prägnant, nachdem man die allgemeine Vorbereitung abgeschlossen hat. Man kann das Thesenpapier als das Ergebnis oder Ziel des Referates betrachten. Deshalb kann man es auch bereits formulieren, ehe man sich im einzelnen überlegt hat, wie man das Referat aufbaut, was man z.B. zur Einleitung und Hinführung aufs Thema anführt oder mit welchen einzelnen Fakten und Beispielen man die verschiedenen Thesen belegen kann. Aber die Abfolge der Thesen auf dem Papier sollte auf jeden Fall mit der Reihenfolge übereinstimmen, in der die Punkte vorgetragen werden. Denn nur dann bietet man den Zuhörern eine gute schriftliche Erinnerungsstütze und erspart ihnen unnötiges Suchen.

Eine vollständige oder weitgehende Übereinstimmung zwischen schriftlicher Unterlage für die Zuhörer und vorgetragenem Referat ist nicht zu empfehlen.

Denn dann entsteht bei den Zuhörern der Eindruck, daß der Vortrag ihnen
nichts bringt, sie könnten alles auch zu Hause nachlesen. Die Redundanzen erzeugen Langweile.
Über die sprachlichen Formulierungen auf dem Thesenpapier sollten die
Zuhörer nicht rätselraten müssen, denn das würde sie vom Vortrag ablenken.
Deshalb sollten keine ungebräuchlichen Abkürzungen oder Zeichen verwendet werden. Zusätzlich sollten im Kopf jedes Thesenpapiers der Name des Referenten, das Thema, der Titel der Veranstaltung, der Name des Dozenten, das
Datum und der Ort vermerkt sein.

Wichtige Schritte visualisieren

Wichtige Teile des Referates sollte man optisch unterstützen. Aber nicht Zeile
für Zeile anschreiben, sondern die Möglichkeiten der optischen Medien aus-
nutzen: einige Zeichnungen und Bilder zeigen, übersichtliche Tabellen, Diagramme entwickeln, anschauliche bildhafte Zeichen verwenden, Verbindungen herstellen durch Striche, räumliche Anordnung oder Farben usw.
Man sollte nicht nur fertige Darstellungen zeigen, sondern sie, wenn möglich,
gemeinsam mit den Zuhörern schrittweise entwickeln. Dazu muß man sich gut
überlegen, was man in welcher Reihenfolge hinzufügen möchte. Die Grund-
züge der Darstellung werden vorbereitet; einzelne Zahlen, Punkte, Linien etc.
werden erst beim Vortrag ergänzt. Das können die Zuhörer gut verfolgen (vgl.
z.B. wie die drei Seiten der Redepyramide nach und nach dargestellt und erläutert werden, S. 23 ff.). Gut geeignet sind dazu vorbereitete Folien für den
Overhead-Projektor, die man auch übereinanderlegen kann. (So kann man z.B.
die Redepyramide als *Rede-Zeichen* in das Kommunikationsmodell von S. 21
einfügen, wenn man das Modell entsprechend vergrößert!)
Mit Farben kann man eine optische Präsentation lebendig gestalten. Verwenden Sie aber zusätzlich zu dem normalen Schwarzweiß nicht mehr als drei verschiedene Farben. Zusammengehörige Aussagen, Bereiche oder Aspekte erhalten immer die gleiche Farbe.
Den Farben werden unterschiedliche Symbolbedeutungen und Wirkungen zugeschrieben. Das sollte man beachten. Allerdings sind diese Zuordnungen
nicht eindeutig, es gibt immer mehrere Assoziationen und Wirkungen:

| **Gelb** | kann bedeuten: | Sonne, Helligkeit, Reife, Ernte; aber auch: Wüste, Trockenheit, Krieg, Mißtrauen,Neid |
| | wirkt: | sanft reizend, expansiv, aktiv, kommunikativ, beweglich, kreativ |

Orange	kann bedeuten:	Schutz, Fülle, Wärme, Saft
	wirkt:	gesellig, reizend, aktiv, verströmend, mächtig
Rot	kann bedeuten:	Liebe, Erregung, Hitze, Blut; auch: Gefahr, Verbot, Kommunismus
	wirkt:	stark aktivierend, belebend, spannend, leidenschaftlich, dynamisch, kraftvoll
Blau	kann bedeuten:	Treue, Frieden, Göttlichkeit, Himmel, Sauberkeit, Sehnsucht, Entspannung; auch: (Gefühls-)Kälte
	wirkt:	konzentriert, wahrhaftig, seriös, leidenschaftslos, kühl, nüchtern, kalt, passiv
Grün	kann bedeuten:	Ruhe, Ausgeglichenheit, Erholung, Wald, Gesundheit, Irland, Klee, Frische; aber auch: Unreife
	wirkt:	ausgleichend, passiv, neutral, beruhigend, sichernd, mitfühlend
Schwarz	kann bedeuten:	Tod, Angst, Gefahr, Haß, Individualität, Exzentrik
	wirkt:	schwer, statisch, unbeweglich, bedrückend, bedeutungsvoll
Weiß	kann bedeuten:	Unschuld, Licht, Stille, Leere, Wahrheit, Langeweile, Kapitulation, Winter, Kälte
	wirkt:	einfach, neu, leer, nicht vital, nicht anregend, klar, nüchtern.

(nach Neuland: Moderationskatalog und Maro 1994)

Verschiedene Medien

Neben der altbekannten *Kreidetafel*, die es in fast jedem Unterrichtsraum gibt, hat sich in den letzten Jahren die Papiertafel, *Flip Chart*, immer mehr durchgesetzt. Will man während des Vortrags etwas anschreiben, muß man schnell und sauber schreiben können. Man kann den Zuhörern nicht zu lange den Rücken zukehren.

Zur Illustration kann man auch einzelne Bilder oder *Poster* im Raum aufhängen. Sie sollten aber immer so groß sein, daß jeder im Raum noch etwas darauf erkennen kann. Man sollte auf gute technische Qualität achten; die Bilder sollten wirklich das zeigen, was man veranschaulichen will.

Der *Overhead-Projektor* (Tageslichtschreiber) gehört heute zur Einrichtung der meisten Seminarräume an den Universitäten. Man kann darauf wie an Tafeln alles farbig gestalten. Die Grundfarben zum Schreiben sind schwarz oder blau, man kann sie am besten lesen. Overhead-Projektoren bieten den Vorteil, daß der Redner den Blick nicht von den Zuhörern abwenden muß. Die Folien sind handlich zu transportieren, wiederverwendbar und lassen sich leicht vorbereiten; man kann mit wasserlöslichen oder permanenten, wischfesten Stiften schreiben oder Kopien auf Folien anfertigen lassen. Damit die Schrift bis zur letzten Reihe gut lesbar ist, muß man große Drucktypen auswählen oder beim Kopieren vergrößern lassen. Einziger Nachteil: Die Geräte summen. Deshalb nur anschalten, wenn man etwas zeigt, zwischendurch immer wieder ausschalten.

Alle Bilder, Grafiken, Texte usw. werden nur so lange gezeigt, wie sie die Rede unmittelbar unterstützen, damit die Zuhörer nicht abgelenkt werden. Folien kann man auch teilweise abdecken. Mit einer Bleistiftspitze, die man auf den Projektor legt, kann man den Blick auf die entscheidende Passage lenken. Auf keinen Fall sollte man mit dem Rücken zu den Zuhörern und den Händen auf der Leinwand das Folienschaubild erläutern.

Bilder, Grafiken usw. können auch mit einem *Diaprojektor oder Episkop* an die Wand geworfen werden. Bei ungünstigen Lichtverhältnissen kann man es aber schlechter erkennen, oder der Raum muß etwas abgedunkelt werden.

Bei Referaten kann man natürlich auch etwas an *konkreten Gegenständen, Modellen oder mit Versuchen* zeigen. Diese Präsentationen, die im naturwissenschaftlich-technischen Bereich verbreitet sind, sind anschaulich, wenn die Zuhörer sie gut sehen oder wenn sie am Modell selbst bestimmte Funktionen ausprobieren können.

Mit *Tonaufnahmen und Videoclips* kann man manches anschaulicher und schneller vermitteln als nur mit einer Rede. Aber Vorsicht: Machen Sie aus Ihrem Referat keine Multi-Media-Show, bei der man Sie als Referenten gar nicht mehr wahrnimmt. Und immer erst die Technik ausprobieren! Zwar hilft der Hinweis, man sei ein technisch unbedarfter Medienlaie, aus der Patsche, aber kompetent wirkt das nicht, und man sollte Patzer nicht vorprogrammieren.

8.   Den Sprechausdruck verbessern

Vielleicht ist es dem einen oder anderen auch schon einmal so gegangen: Man sitzt an einem ruhigen Ort, z.B. in der Bibliothek, und hört ein lautes Gespräch mit. Im ersten Moment denkt man vielleicht: *Müssen die sich hier so streiten?* Doch dann hört man genauer hin und stellt fest, die zwei streiten sich gar nicht, sondern ein Student bittet eine Bibliothekskraft um eine Auskunft. Aber weil diese recht schnell, übertrieben laut und mit harter Stimme spricht, drängt sich dem Außenstehenden der Eindruck der Streiterei auf, und vermutlich wird sich der Fragende auch von oben herab angeraunzt vorkommen, obwohl er doch leise und nett gefragt hat.

Der Ton macht die Musik! wird man sagen, denn bei jeder Äußerung spielt immer die Art und Weise, wie etwas gesagt wird, eine wichtige Rolle. Diese verschiedenen akustischen Elemente kann man unter dem Begriff des Sprechausdrucks zusammenfassen.

Der Sprechausdruck kommentiert als *Metamitteilung* die Worte und gibt an, wie sie zu verstehen sind. Denn über den Sprechausdruck vermitteln wir uns ständig unbewußt persönliche Informationen, die über die Worte hinausgehen und die Beziehung charakterisieren. Wir zeigen, wie wir uns verstehen, ob wir uns ärgern, uns mit jemandem freuen oder gelangweilt sind etc. Das, was wir als *Sinn* einer Botschaft verstehen, wird wesentlich mit vom Sprechausdruck bestimmt.

Durch unterschiedliche Gewohnheiten im Sprechausdruck und Gesprächsverhalten kommt es häufig zu Mißverständnissen, weil jeder davon ausgeht, daß die anderen die gleichen Gewohnheiten haben und ihnen die gleiche Bedeutung beimessen (vgl. den direkten und indirekten Redestil, S. 13 f.). Der Mensch ist zwar ein Gewohnheitswesen, aber man sollte sich sprecherisch auf verschiedene Situationen einstellen können, wenn man hörerorientiert, ziel- und sachbezogen kommunizieren möchte.

Kompetent, locker und überzeugend

Diesen Eindruck möchte wohl jeder, der ein Referat hält, beim Dozenten und auch bei seinen Kommilitonen hinterlassen. Solche Einschätzungen entstehen durch das Zusammenspiel von Inhalt und Form der Präsentation. Im Idealfall unterstützen sich beide gegenseitig. Aber die Präsentation im Sprechausdruck (und in der Körpersprache!) kann auch dem Inhalt zuwiderlaufen. Bei widersprüchlichen Botschaften überzeugen uns Sprechausdruck und Körpersprache mehr als die Formulierung. Sagt jemand z.B. mit leiser, zittriger Stimme, daß er von etwas fest überzeugt sei, so daß diese Äußerung wie eine schüchterne Frage klingt, glaubt keiner den Worten. Mit dem Sprechausdruck kann man die Bedeutung der Worte ins Gegenteil verkehren. An solchen Beispielen erkennt man, wie wichtig der Sprechausdruck für überzeugende Wirkung ist. Die Metamitteilungen des Sprechausdrucks haben für uns, genauso wie die Körpersprache, immer eine höhere Glaubwürdigkeit, weil sie unser ursprüngliches Ausdrucks- und Verständigungssystem sind (vgl. ihren Stellenwert in der Redepyramide, S. 23 f.). Wenn also ein Referent überzeugen will, muß er mit seinem Sprechausdruck den Sinn der Worte unterstützen. Er sollte die interessanten Inhalte und wichtigen Stellungnahmen, die er sich erarbeitet hat, nicht langweilig, desinteressiert oder mit akustischen Zeichen der Unsicherheit vortragen. Sicher wirkt ein nicht zu schnelles, deutliches, betontes Sprechen mit sinnbezogenen Pausen und natürlichem Stimmklang.

Persönlicher Stimmklang

Die meisten Menschen erkennen ihre eigene Stimme nicht, wenn sie sich vom Tonband hören. Man hört sich selbst immer anders. Aber die eigene Wahrnehmung täuscht. Jeder hat von seiner eigenen Stimme einen verkehrten Eindruck. Die Stimme entsteht in dem Raum oberhalb der Stimmbänder im Kehlkopf bis hin zu den Mundlippen. Da das Gehör mit diesem Raum verbunden ist, hören wir unsere eigene Stimme falsch. Das klingt so verkehrt, als würde man beim Gitarrenspiel das Ohr unten an den Gitarrenboden anlegen.
Der Stimmklang ist *wie ein Fingerabdruck*. Jeder Mensch ist an seiner Stimme eindeutig zu identifizieren. In der Regel klingt keine Stimme unangenehm,

wenn sie gesund gebildet wird. Gesund ist immer der normale Gebrauch der Organe. Unangenehm wirkt falscher Stimmeinsatz wie beim gepreßten oder zu stark gehauchten Sprechen oder wenn jemand nicht in seiner normalen Tonlage spricht. Hat sich jemand einen falschen Stimmgebrauch angewöhnt, spricht man von einer Stimmkrankheit, die man behandeln kann. Mit regelmäßigen Übungen kann man viele Fehler beheben.

In der Stimme hört man die *Stimmung*. Man hört, ob jemand lächelt, sich freut oder ob er traurig ist, ob jemand müde oder munter ist, ob es ihm gleichgültig ist oder ob er sich dafür engagiert usw. Die Stimme ist die hörbare Folge der Körpersprache, denn der gesamte Körper ist ständig in Bewegung. Die Atmung und auch die Muskelanspannung bis in den Kehlkopf verändern sich, je nachdem, was wir tun und wie wir uns fühlen. Deshalb kann man Stimmungen und Gefühle am Klang der Stimme erkennen. Besonders wichtig ist das, wenn man den Gesprächspartner nicht sieht; am Telefon oder im Rundfunk achtet man besonders auf diese Stimm(ungs)-Anzeichen.

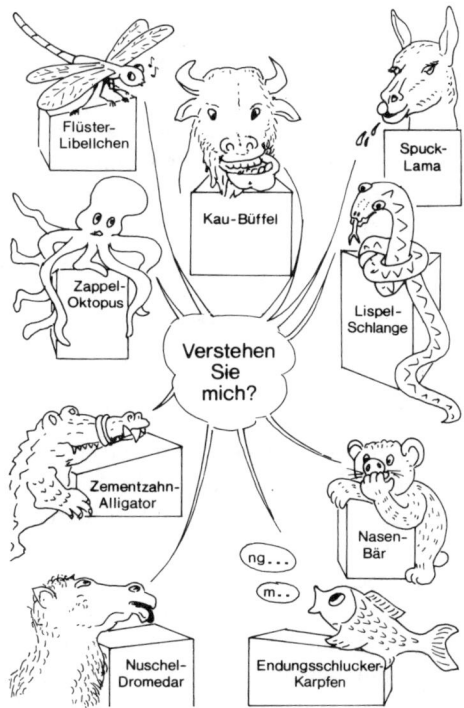

(Abgewandelt nach einer Idee von Ader und Bünting 1987, S. 38; Erstillustration von Scharff-Kniemeyer).

Deutlich sprechen

Jede Rede muß vom Publikum verstanden werden können. Die Zuhörer sollten nicht durch eine besonders auffällige Aussprache vom Inhalt abgelenkt werden. Wer kennt sie nicht, die Flüster-Libellchen, die Endungsschlucker-Karpfen, die Lispel-Schlangen, die Zappel-Oktopusse, die Nuschel-Dromedare, Kau-Büffel, Nasen-Bärchen, Zementzahn-Krokodile und Spuck-Lamas?

Solche schlechten Sprechweisen sind zumeist nicht angeboren, sondern anerzogen. Deshalb kann man sie sich auch wieder abgewöhnen. Das geht zwar nicht von heute auf morgen, aber es geht. Manche gelten sogar als Krankheiten, die von einem Logopäden oder Sprachtherapeuten auf Rezept behandelt werden.

Wohlgemerkt, diese Sprechauffälligkeiten sind *nicht* mit *Dialektanklängen* auf eine Stufe zu setzen. Ob ein Redner mehr oder weniger mundartlich oder umgangssprachlich redet, ist Ausdruck seiner Persönlichkeit. Versucht jemand, der sonst immer mehr mundartlich gefärbt spricht, in einer Rede alles korrekt hochdeutsch zu artikulieren, wirkt es künstlich, unecht und nicht mehr glaubwürdig. Er sollte besser reden, *wie ihm der Schnabel gewachsen ist.*

Grundsätzlich gilt: Je *offizieller* die Rede und je größer der Zuhörerkreis ist, um so mehr wird man sich automatisch der allgemein üblichen *Standardaussprache* annähern. Undeutlich wird die Aussprache, wenn der Redner nuschelt, Silben verschluckt und die Zähne nicht auseinanderkriegt. Deutlich sprechen heißt also nicht lauter sprechen, sondern kräftiger den Mund öffnen und bewegen. Bei den Schauspielern heißt es: *möglichst weit vorne sprechen.* Dies trägt auch zu einer lebendigen Mimik bei.

Aussprache-Standards

Die Anforderungen an die Aussprache sind in verschiedenen Studiengängen unterschiedlich. Es liegt auf der Hand, daß an die Aussprache eines zukünftigen Deutschlehrers oder Journalisten höhere Anforderungen gestellt werden als z.B. an die eines Elektrotechnikers. Wer bei Funk oder Fernsehen arbeiten will, sollte die deutsche Standardaussprache sicher beherrschen. Zukünftige Deutschlehrer sollten darüber hinaus nicht nur in der Lage sein, selbst Standardsprache zu sprechen, sondern von ihnen wird auch erwartet, daß sie über die Lautbildung, also die Phonetik und Phonologie, theoretische Kenntnisse besitzen. Übrigens kann jeder, der mehr über die richtige Aussprache wissen will, in den sogenannten Aussprachewörterbüchern nachschlagen. Die wichtigsten Standardwerke sind heute:

1. Der traditionelle Siebs: Das, was Konrad Duden für die Rechtschreibung geleistet hat, hat *Theodor Siebs* für die Recht- oder Hochlautung (Orthoepie) geschaffen. Siebs hat als erster 1898 die deutsche Hochlautung in einem Regelwerk zusammengefaßt. Die Bestrebungen zur Vereinheitlichung der Lautbildung gingen damals vom Theater aus, denn dort bestand Bedarf nach einer überregionalen Lautung. Es gab einen Beraterausschuß der führenden Fachvertreter, der im Laufe der Jahre immer mehr erweitert wurde, so daß das ursprüngliche Werk – auch nach Siebs' Tod – immer wieder überarbeitet und aktualisiert worden ist. Heute liegt es in der 19. Auflage von 1969 vor.

2. In der ehemaligen DDR wurde seit den 60er Jahren ein eigenes **Wörterbuch der deutschen Aussprache** erarbeitet, das 1974 zum ersten Mal erschien. Das Autorenkollektiv um den Begründer *Hans Krech* hat versucht, sowohl an die Siebssche Tradition anzuknüpfen, als auch den aktuellen öffentlichen Sprachgebrauch zu erfassen und zu beschreiben. Dementsprechend findet man in den phonetischen Beschreibungen dort auch einige Verschleifungen in der Aussprache, wie sie sich im Alltag beobachten lassen. Sie werden alternativ neben die traditionellen Normen gestellt. Inzwischen liegt dieses Aussprachewörterbuch in einer Neubearbeitung von 1982 vor.

3. Auch in der DUDEN-Wörterbuchreihe gibt es seit den 60er Jahren einen eigenen Band, der sich mit der deutschen Aussprache beschäftigt. *Max Mangold,* der Bearbeiter, hat 1990 die 3., völlig neu bearbeitete Auflage vorgelegt, in der er sich zum Teil noch am *Siebs*, zum Teil aber auch an dem *Großen Wörterbuch der deutschen Aussprache* aus Leipzig orientiert.

Lautstärke und Betonung

Je größer der Raum, desto lauter wird gesprochen. Das versteht sich von selbst. Denn alle Zuhörer sollen die Rede gut verstehen können. Aber vor einem gleichbleibenden überlauten Sprechen muß man warnen. Der Sprecher hat dann keine Steigerungsmöglichkeit mehr für die Betonung wichtiger Passagen. Der Wechsel zu leiserem Sprechen wirkt eindringlich und bindet auch die Aufmerksamkeit der Zuhörer. Gegen leichte Unruhe im Saal sollte man nicht ständig mit Lautstärke ansprechen. Wirkungsvoller ist hier oft eine kurze Pause mit intensivem Blickkontakt.

Das, was einem wichtig ist, muß man deutlich betonen. Betont wird in der deutschen Sprache mit Lautstärke. Die Stammsilbe des wichtigsten Wortes in einer Äußerung erhält die Hauptbetonung. Wichtig ist immer das, was neu oder anders ist als bisher. Über die richtige Betonung kann man also nicht losgelöst vom Redezusammenhang entscheiden. In einem Satz wie *Peter steht heute im Tor*. kann jedes Wort betont werden. Steht sonst jemand anderes im

Tor, ist die Neuigkeit, daß _Peter_ aufgestellt worden ist. Dann muß _Peter_ betont
werden. Hat Peter aber sonst die Angewohnheit, im Tor zu liegen, muß die Besonderheit, daß er heute _steht_, hervorgehoben werden. War Peter ursprünglich
erst für nächste Woche aufgestellt, wird aber nun doch schon _heute_ eingesetzt,
muß diese neue Zeitangabe betont werden. Steht Peter gewöhnlich neben dem
Tor, muß das Wörtchen _im_ betont werden, denn das ist für die Zuhörer die Neuigkeit. Wenn Peter aber sonst immer im Garten wartet und heute ausnahms-
weise im _Tor_ steht, erhält dieses Wort die Hauptbetonung.
An solchen Beispielen merkt man ganz deutlich: Wer nicht genau Bescheid
weiß oder den Zusammenhang nicht kennt, kann auch nicht richtig betonen.
Man darf den Sprechausdruck nie unabhängig vom Inhalt betrachten. Die
wichtigste Grundvoraussetzung für guten Sprechausdruck ist also die inhaltliche Vorbereitung.
Ein häufiger Betonungsfehler ist, immer gleichförmig das letzte Wort einer
Äußerung zu betonen. An dieser Position _kann_ das wichtige Sinnwort stehen,
muß es aber nicht immer. Ungünstig ist es auch, alles zu stark zu betonen. Die
Zuhörer hören dann keine Unterschiede mehr zwischen Wichtigem und weniger Wichtigem. Sie schalten ab, wenn ein Vortrag in immer gleicher Weise ein-
hämmert.

Nicht zu schnell und mit Pausen

Viele Redner sprechen zu schnell. Sie wollen ihre Rede rasch hinter sich bringen. Der Zuhörer empfindet diese Hetze oft als Zeichen von Unsicherheit, und
er hat Mühe, überhaupt alles mitzubekommen. Deshalb schalten viele ab,
wenn zu schnell gesprochen wird. Bemüht sich dagegen ein Redner, alles deutlich auszusprechen, wird er meistens nicht zu schnell sprechen. Bei normalem
Sprechtempo werden ungefähr 250 Silben in der Minute gesprochen. Besonders wichtige oder auch feierliche Gedanken werden langsamer gesprochen;
Nebensächliches kann schneller gesprochen werden.
Immer wenn ein neuer Abschnitt beginnt, legt man eine längere Pause ein. In
dieser Zeit kann sich der Redner seine Notizen zum nächsten Punkt anschau-
en. Zwischen einzelnen Sätzen wird geatmet. Auch dazu braucht man als Sprecher eine kurze Pause. Aber auch innerhalb eines Satzes entstehen kleine Pausen. _Normalerweise ' spricht ' man ' nicht ' Wort ' für ' Wort ' einzeln ' aus, '
sondern ' manziehtimmer ' mehrereWörterzueinem ' Blockzusammen._ Nur
ganz kurze Sätze werden ohne jede Pause durchgesprochen.
Grundsätzlich gilt: Je langsamer gesprochen wird, desto mehr kleine Pausen
entstehen in einem Satz. Das Sprechtempo, das man sich angewöhnt hat, hängt
mit dem persönlichen Redefluß beim Sprechdenken zusammen. Manche

(sprech-)denken schneller, manche langsamer. Die Pausen gliedern den Sprechfluß. Störend wirkt es, wenn die Pausen mit *äh ööö hhmm* oder anderen Füllwörtern vollgestopft werden. Denn die Zuhörer brauchen Pausen, um das Gesagte zu verarbeiten.

Wenn man ganze Sätze abliest, muß man darauf achten, daß man die Pausen *nicht nur nach den Satzzeichen* setzt. Das klingt immer abgelesen. Beim freien Sprechen macht man nicht bei jedem Komma eine Pause, über viele spricht man hinweg und macht dafür mittendrin, wo kein Satzzeichen steht, eine kleine Pause. Die Sprechpausen stimmen nicht mit der Zeichensetzung beim Schreiben überein, deshalb haben manche auch Probleme mit der Zeichensetzung.

8.1   Erzeugen Sie durch unterschiedliche Betonung und/oder Pausensetzung jeweils einen anderen Sinn: /*haltdeineTasche*/ /*heutesomorgenso*/ /*derklugeManndenktansichselbstzuletzt*/ /*dasBuchgehörtmir*/

Der akustische Punkt

Wodurch weiß der Zuhörer, daß ein Gedanke zu Ende formuliert ist, daß es sich um eine Aussage oder Frage handelt? Beim Schreiben setzen wir einen Punkt oder ein Fragezeichen. Dies wird beim Sprechen durch das Ende des Melodieverlaufes, die sogenannten *Kadenzen,* ausgedrückt. Bei einer Aussage fällt die Stimme deutlich ab, es entsteht ein Tiefschluß. Bei Fragen dagegen geht die Stimme nach oben, es kommt zu einem Hochschluß. Mit der Melodieführung kennzeichnet man also beim Sprechen die Satzlänge und Aussageabsicht. Wird in der Formulierung bereits die Frageabsicht deutlich durch ein Fragewort (*wer? was?* usw.) ausgedrückt, muß kein Hochschluß verwendet werden. Wird bei einer Aussage die Stimme nicht deutlich abgesenkt, entsteht oft ein fragender Unterton. Das wirkt unsicher. Die Zuhörer haben das Gefühl, daß der Redner sich seiner Sache selbst nicht sicher ist. Kurze Sätze, häufige Tiefschlüsse wirken sicher.

Bei zu langen Sätzen oder Aufzählungen bleibt die Stimme zu lange in der Schwebe, die Zuhörer steigen aus, können nicht mehr zuhören, weil sie den Überblick über den Satzzusammenhang verlieren – denn der Schall ist ja vergänglich, und die Aufnahmefähigkeit des Zuhörers begrenzt, selbst bei Interesse an der Sache können sich die Zuhörer nur ungefähr 12 Sekunden lang ununterbrochen konzentrieren, so daß sie bei so langen Sätzen (wie diesem hier) nur noch den Wunsch haben, daß der Redner möglichst bald aufhört und ...

Die Wirkung der Rede ist hin! Deshalb: kurze Sätze, klare Pausen und viele Tiefschlüsse.

Viele sprechen auch mit steigender Melodie, um besonders nett zu sein, was aber häufig als Unsicherheit ausgelegt wird. Antwortet z.B. ein Student auf die Frage eines Professors *Welchen Lösungsansatz würden Sie vorschlagen?* mit *Eine Computersimulation* und hebt dabei freundlich die Stimme (was soviel heißen soll wie: *Wenn es Ihnen recht ist!*), wird ihm diese Freundlichkeit möglicherweise als Unsicherheit ausgelegt. Der Professor versteht dann: *Vielleicht ist hier eine Computersimulation angebracht, aber ich bin mir da nicht so sicher!*

Melodiös, aber nicht schrill

Melodiöses Sprechen wirkt lebendig. Die Stimme geht höher hinauf und fällt tief ab. Wenn man Menschen beobachtet, die streiten, stellt man fest: Je erregter, desto höher, schriller und auch schneller wird gesprochen. Die Stimme klingt dann oft unangenehm. Grundsätzlich sind die Tonhöhenunterschiede bei gefühlsbezogenem Sprechen viel größer, bei sachlich-ruhigem Sprechen geht die Stimme weit weniger stark nach oben. Auch die Aufregung bei einer Rede kann dazu führen, daß man zu hoch und zu schnell spricht. Dann sollte man erst einmal *Luft ablassen*. Nach dem Ausatmen kann man ruhiger sprechen.

8.2 1. Blättern Sie noch einmal zurück zur allerersten Übung in diesem Buch. Dort haben Sie einen guten und schlechten Redner benannt. Vergleichen Sie Ihre ersten persönlichen Kriterien mit denen, die Sie in diesem Kapitel kennengelernt haben.
2. Wenn Sie überwiegend allgemeine Wirkungseindrücke wie selbstbewußt, gehemmt, überzeugend, unglaubwürdig, kompetent, unsicher, desinteressiert, hektisch, fahrig etc. benannt haben, überlegen Sie bitte: Welche sprecherischen Mittel begünstigen solche Wirkungen? Ordnen Sie zu! Das kann man auch gemeinsam in einer Gruppe überlegen.

8.3 Stellen Sie sich vor: Sie haben eine Klausur bestanden und wollen Ihren Schein abholen. Leider kommen Sie etwas später, der Dozent ist schon weg. Sie gehen ins Sekretariat und erklären einer Hilfskraft Ihre Verspätung und Ihr Anliegen. Wenn sie Ihnen den Schein heraussuchen kann, wird sie vermutlich antworten: „Sagen Sie mir bitte Ihren Namen!" – Sprechen Sie diesen Satz auf verschiedene Weise. Welche Wirkungen erzeugt das?

Kein Satz klingt wie der andere

Beim lebendigen Sprechen wechseln die Lautstärke, die Betonung, das Tempo, die Pausensetzung und die Melodie ständig, je nach dem beabsichtigten Sinn. Ein gleichförmiger Sprechausdruck dagegen wirkt auf Dauer immer monoton. Die Folge: Die Zuhörer nehmen die Inhalte nicht mehr so gut auf.

Das Verständnis an der Sprache ist nicht das Wort selber, sondern Ton, Stärke, Modulation, Tempo, mit denen eine Reihe von Worten gesprochen wird, kurz die Musik hinter den Worten, die Leidenschaft hinter der Musik, die Person hinter dieser Leidenschaft. Alles das also, was nicht geschrieben werden kann. (Nietzsche)

8.4 Wichtige Betonungen, Pausen und Melodieschlüsse kann man mit *einfachen Zeichen* im Text ergänzen. Für den Vortrag kann das eine gute Hilfe sein:
Hauptbetonungen werden unterstrichen: _____
Kleine Pausen im Satz ' kennzeichnet man ' mit einem kleinen Haken: '
Atempausen zwischen zwei Gedanken werden durch einen Längsstrich markiert: /
Absatzpausen werden mit einem doppelten Längsstrich eingezeichnet: //
Soll die Stimme nach oben gehen? (↑)
Wenn die Stimme in der Schwebe bleiben soll, markiert man dies mit einem Pfeil, der nach rechts zeigt (→), eine deutliche Absenkung mit einem Pfeil nach unten (↓).
Wenn man eine Rede oder ein Gespräch vom Tonband abgeschrieben hat, kann man mit diesen Zeichen auch einen Teil des Sprechausdrucks festhalten. Probieren Sie es an dem Beispiel aus, das Sie in Aufgabe 4.2 abgeschrieben haben.

8.5 Den Sprechausdruck kann man gut üben beim Textvortrag:
❏ Lesen Sie z.B. Tucholskys *Ratschläge für einen schlechten bzw. guten Redner* so vor, daß es wie eine Rede klingt. Stellen Sie sich vorher die Sprechsituation vor: Wer spricht zu wem, was und wie, worüber, warum und wozu? Versuchen Sie auch, eine zur Situation passende Haltung einzunehmen, also hier: Rede, vielleicht von einem Pult aus, Blickkontakt, Gestik, Vorstellung eines großen Saales ...

❏ Wenn man langsam und laut, mit richtigen Pausen, Betonungen und Tiefschlüssen spricht, hat man den Eindruck, daß der Sprecher weiß, wovon er redet. So klingt selbst ein Text aus Floskeln und Verbindungswörtern noch sinnträchtig. Probieren Sie es mit dem Text von S. 57 aus.

❏ Karikierende Texte eignen sich gut für Sprechübungen, weil man dabei den Sprechausdruck etwas übertreiben kann. Tragen Sie z.B. Loriots Literaturkritik vor:

Die Frankfurter Buchmesse liegt nun drei Monate zurück, aber diese Zeit war erforderlich, das Angebot zu sichten, Wesentliches von Überflüssigem zu trennen, Bedeutendes von Unbedeutendem zu scheiden.

Lassen Sie mich aus der Fülle der wichtigen Neuerscheinungen ein Werk herausgreifen. Hier werden Dinge in einer Eindringlichkeit und Präzision beschrieben, die bisher in der schöngeistigen Literatur nicht zu finden waren. Der Autor zieht es vor, anonym zu bleiben. Das überrascht, denn bei aller Offenheit zeigt das Werk eine ungewöhnliche Reinheit der Sprache, und man sollte nicht zögern, es gerade der heranreifenden Jugend in die Hände zu legen, um sie mit den ganz natürlichen Vorgängen des Lebens vertraut zu machen.

Keine deutsche Fernsehanstalt hat es bisher gewagt, eine Leseprobe der zu Unrecht umstrittenen Stellen zuzulassen. Aber bitte urteilen Sie selbst. Ich beginne auf Seite 294:

Germersheim ab	12.36 Uhr
Westheim	12.42 Uhr
Lustadt an	12.46 Uhr

Schon diese Stelle ist ein kleines Meisterwerk. Ein nur scheinbar harmloses Zeugnis für die bestürzende Sachkenntnis des Verfassers. Und kurz darauf steigert sich das Werk zu einem seiner vielen dramatischen Höhepunkte:

Landau ab	12.32 Uhr
Anweiler	12.46 Uhr
Pirmasens an	13.13 Uhr

Das ist fein beobachtet. Jedermann weiß, wie peinlich solche Stellen gerade bei Literaten minderer Qualität wirken können.

Mit den Worten „in Saarbrücken Hauptbahnhof kann mit Anschluß nicht gerechnet werden" schließt das Werk. Es sollte in keinem Bücherschrank fehlen.

(aus: Loriots Heile Welt, © 1983 by Diogenes Verlag AG, Zürich).

9. Körpersprache einsetzen

Noch ehe man einen Redner hört, sieht man ihn. Und man sieht ihn auch während seines gesamten Vortrags. Seine Körpersprache unterstreicht das Gesagte optisch, sie ist wie der Sprechausdruck Teil der Metamitteilung und leitet unser Verständnis.

9.1 Starten Sie in einer Gruppe mit vier bis sieben Teilnehmern das folgende Experiment, am besten direkt am Anfang einer Sitzung (vgl. Meyer 1987, II, S. 372):
Setzen Sie sich bitte alle so hin, daß Sie keinen Blickkontakt zu Ihren Gesprächspartnern haben, also Rücken gegen Rücken oder Rücken zur Tischkante, mit dem Blick zur Wand. Beginnen Sie nun ein Gespräch über ein beliebiges Thema, z.B.: *Wie gehen wir weiter vor bei der Vorbereitung unseres Referates?* Oder: *Welche Grundlagen aus der Statistik müssen wir sicher für das Hauptstudium beherrschen?* Führen Sie das Gespräch ungefähr zehn Minuten so. Wie geht es Ihnen dabei?

Blickkontakt – und man sieht, wie was gemeint ist

Durch die Körpersprache schätzen wir Gesprächspartner ein: Wir machen uns ein Bild der Person, stellen eine bestimmte Art von Beziehung zu ihr her und verstehen in diesem Rahmen ihre Worte. Auch wenn der Redner spricht, erhält er ständig durch die Körpersprache der Zuhörer eine direkte Rückmeldung zu seiner Äußerung. Deshalb sollte der Redner seine Zuhörer im Blick behalten. Mit Blicken schafft man auch Kontakt zu den Zuhörern. Man sollte weder ständig nach unten auf das Manuskript noch nach oben in eine Raumecke gucken, sondern den Blick ruhig zwischen den Zuhörern hin und her wandern lassen. Jeder soll sich angesprochen fühlen.

Kleider machen Leute

Die gesamte äußere Erscheinung hinterläßt einen Eindruck. Hier sollen keine Modetips gegeben werden. Aber auch die Äußerlichkeiten werden wahrgenommen. Je nachdem, ob man sich lässig, sportlich oder elegant kleidet, das bestimmt den Gesamteindruck des Vortrags mit. In manchen Situationen haben Zuhörer auch bestimmte Erwartungen an die äußere Hülle des Redners, obwohl sich die Kleidervorschriften in den letzten Jahrzehnten sehr gelockert haben. Wichtig für einen guten Vortrag ist das eigene Wohlbefinden. Fühlt man sich in seiner Kleidung nicht wohl, ist man immer mehr mit sich (und dem zu engen Hemdkragen oder den Stöckeln, auf denen man nur mühsam das Gleichgewicht halten kann) beschäftigt, und darunter leidet die Konzentration auf die Zuhörer und die Rede. Gleiches gilt auch für die Frisur und die Aufmachung überhaupt. Fallen einem ständig die Haare ins Gesicht, weil man es nicht mehr geschafft hat, rechtzeitig zum Friseur zu gehen, stört das das eigene Wohlempfinden, sieht nicht gut aus und kann zu unangemessenen Gesten verleiten.

Im Raum entsteht ein Klima

Wenn man den Raum oder seine Gestaltung mitbestimmen kann, sollte man dies tun. Leider herrscht heute an allen Hochschulen Raumnot, oft haben nicht einmal alle Seminarteilnehmer einen Sitzplatz. Dies stört natürlich die Konzentration und die Wirkung jedes Vortrags. Solche Äußerlichkeiten hat der Referent nicht zu verantworten. Dennoch muß er mit diesen Störfaktoren rechnen und sollte sich, so gut es geht, darauf einstellen. Dazu gehört auch, daß er vielleicht nicht alle körpersprachlichen Reaktionen der Zuhörer auf sich bezieht, sondern die Unbequemlichkeit des Raumes oder ähnliche widrige Umstände berücksichtigt.

Damit man sich mit dem Raum und der neuen Perspektive vom Referentenplatz aus vertraut machen kann, sollte man immer etwas früher den Raum aufsuchen. Vielleicht kann man vorher noch einmal durchlüften, Tische zurechtrücken, die Medien ausprobieren etc. Wenn ein Bild oder Plakat vom

Vortrag ablenkt, sollte man es vielleicht vorher besser abnehmen. Als Referent sollte man sich einen Platz aussuchen, zu dem möglichst alle einen guten Blick haben. Man sollte sich also einige Gedanken über den Raum machen: Wo hält man sich beim Vortrag auf? Versteckt man sich hinter einem riesigen Pult, oder bewegt man sich frei im Raum? Hat man alle Medien griffbereit? Geht man mit seiner Position auf Abstand zu den Zuhörern, oder zeigt man Nähe?

Fest stehen und natürlich gestikulieren

Grundsätzlich ist es empfehlenswert, einen längeren Vortrag im Stehen zu halten. Nur in ganz kleinen Seminargruppen wird man auch während eines Referates sitzen bleiben können. Wenn man vorne steht, sollte man bedenken, daß zuviel Bewegung leicht Unruhe schafft. Deshalb sollte der Redner sich eine feste Position hinter oder neben einem Tisch oder Overheadprojektor auswählen. Auch wenn er nicht wie eine Salzsäule dastehen soll, ist ein fester Stand als Grundposition vorzuziehen. Redner, die während eines Vortrages Kilometer vor dem Publikum ablaufen, genügen zwar ihrem eigenen Bewegungsdrang, denken aber zu wenig an die Wirkung auf ihre Zuhörer. Manche bevorzugen es auch, sich halb auf einen Tisch zu setzen. Das ist oft locker und lässig gemeint, kann aber auch schnell verkrampft wirken.

Wohin mit den Händen? ist für viele Redner ein Problem. Sie halten sich gerne an etwas fest, z.B. an einem Zettel oder Stift, oder eine Hand umklammert die andere Hand oder den Arm, oder die Hände verschwinden in den Hosentaschen oder hinter dem Rücken. Solche geschlossenen Haltungen blockieren aber eine natürliche Gestik. Ein Pult kann für die Hände eine Stütze sein, es kann aber auch zum Festklammern verführen. Bei einer geschlossenen Haltung entstehen oft sogenannte *Ableitungsbewegungen*; das sind Bewegungen, die inhaltlich nicht zum Gesagten passen und unruhig oder verlegen wirken. Mit ihnen wird nur der Bewegungsdrang ausgelebt, darum wirken sie oft störend.

Hält man sich nicht mit den Händen an etwas fest, nimmt man eine offene Haltung ein. Diese offene Haltung ist Voraussetzung für natürliche Gestik: Die Hände können sich passend zum Inhalt bewegen. An wichtigen Stellen wird der Finger erhoben, es wird abgezählt, etwas hervorgehoben usw. Solche Gesten entstehen spontan, man vollzieht sie automatisch. Deshalb kann man sie nicht genau planen und kontrollieren. Beobachtet man sich zu stark, kann man nicht mehr weiterreden.

Ein Referat ist *keine Pantomime*. Deshalb sollte man Gesten nicht übertreiben. Man sollte sie nicht vor dem Spiegel einstudieren. Das wirkt aufgesetzt, unecht und theatralisch, weil einstudierte Gesten einen Sekundenbruchteil später als spontane Gesten kommen. Deshalb: Nicht bewußt gestikulieren, sondern nur auf eine offene Haltung achten, dann stellt sich die passende Gestik von selbst ein.

Weil die Körpersprache eine ursprüngliche Ausdrucksform des Menschen ist (vgl. die Redepyramide, S. 23 f.), braucht man sie auch beim Sprechdenken. Man kann beobachten, daß eine Geste immer einen Bruchteil einer Sekunde vor dem ihr zugehörigen Wort entsteht. Sie stellt quasi einen *Vorentwurf* der nächsten Formulierung dar. Auf diese Ausdruckshilfe ist man besonders bei Formulierungsschwierigkeiten angewiesen. Verkrampft sich ein Redner und unterdrückt seine Körpersprache, entstehen längere Pausen oder störende *ähs*; im Extremfall kommt es zu einer Denkblockade.

> **9.2**   Üben Sie das lockere Stehen: Stellen Sie sich mit beiden Füßen fest auf den Boden. Die Füße sollen auf gleicher Höhe stehen, also keine Schrittstellung, sondern eine leichte Grätsche. Ein-, zweimal in den Knien wippen und gerade hinstellen, Arme locker hängenlassen. Bleiben Sie so einige Minuten stehen!

Die Körpersprache ist nicht eindeutig. Die gleiche Bewegung kann in verschiedenen Situationen durchaus Unterschiedliches bedeuten. Insofern ist es schwierig, ein *Lexikon der Körpersprache* aufzustellen.

> **9.3**   Wenn Sie sich im Fernsehen eine Diskussionssendung anschauen und dabei den Ton abdrehen, können Sie genau die Körpersprache der einzelnen Personen beobachten. Bitte machen Sie sich Notizen: Welche Bewegung löst bei Ihnen welche Wirkung aus?

Bei der Körpersprache gibt es kulturelle Unterschiede. In Europa kann man ein *Nord-Süd-Gefälle* feststellen: Ein Sizilianer redet viel mehr und mit viel größeren Bewegungen als ein Brite. In asiatischen Kulturen gelten ganz andere Regeln: Ein direkter Blick in die Augen wirkt dort schon aggressiv, und in arabischen Kulturen wird beim Reden mehr Körperkontakt hergestellt.

> **9.4**   Sprechen Sie mit ausländischen Kommilitonen darüber. Welche Unterschiede oder Gemeinsamkeiten stellen Sie fest?

Unnötige Verkrampfungen beim Reden kann man ablegen. Mit zunehmender Übung gewinnt man Sicherheit. Man kann auf guten Blickkontakt, festen Stand und offene Haltung achten, aber sein *Temperament* kann man nicht ver-

leugnen. Kein Redner kann vor dem Zuhörerkreis etwas anderes aus sich machen, als er ist. Also: Keinem falschen Redner-Ideal nacheifern, sondern die
eigene Persönlichkeit zeigen!
Aber weg von verkrampften Haltungen wie

10. Lampenfieber überwinden

Nicht nur ungeübte Redner empfinden vor einem Referat mehr oder weniger starkes Lampenfieber. Dies ist nichts Ungewöhnliches. Denn alles Neue erhöht die Anspannung. Hat man die ersten Sätze hinter sich gebracht, läßt die Spannung allmählich nach, man spricht sich frei. Auch mit zunehmender Routine bekommt man die Aufregung besser in den Griff.

Wenn man sich mit Kommilitonen darüber unterhält, wird man oft hören, daß es den anderen genauso ergeht. Auch sie fühlen sich nervös, angespannt und etwas unsicher, obwohl man es ihnen vielleicht gar nicht oder kaum ansieht. Das innere Erleben und das sichtbare Verhalten sind in der Intensität nicht gleichzusetzen: Vieles erlebt man innerlich stärker, als es äußerlich sichtbar ist. Das kann man gut bei Video-Aufnahmen von sich selbst beobachten. Auch diese Erkenntnis hilft, Lampenfieber zu überwinden.

Aber das Ziel ist nicht, sich beim Reden vollkommen ruhigzustellen. So wie kein Schauspieler vor einer Aufführung völlig ruhig ist, so kann sich auch der Redner vor einem Referat nicht ganz entspannen. Eine leichte Anspannung steigert sogar die Konzentration und Leistungsbereitschaft. Übermäßige Anspannung und Verkrampfung kann man mit richtiger Atmung verhindern. Wer ruhig atmet, kann besser reden.

| **10.1** | Beobachten Sie einmal Ihre Atmung in verschiedenen Situationen! Geht Ihre Bauchdecke beim Einatmen rein oder raus? Vorsicht: Nie zu schnell atmen, sonst wird Ihnen schwindelig (Hyperventilation)! |

Ruhig atmen

Das vegetative Nervensystem sorgt dafür, daß der Blutkreislauf genügend Sauerstoff erhält. Wir atmen automatisch und brauchen normalerweise nicht auf die Atmung zu achten. Wenn man sich körperlich anstrengt, hat man einen höheren Sauerstoffbedarf; dann atmen die meisten automatisch schneller. Das passiert auch bei Aufregung oder Angst. Bei einem plötzlichen Schreck verschlägt es uns den Atem, wir halten die Luft an. Um die Anspannung vor einer Rede nicht zu stark werden zu lassen, muß man zunächst gut ausatmen. Atmet man dann zwei- bis dreimal nicht zu schnell hintereinander tief durch, fühlt man sich schon ruhiger. Wichtig ist dabei, daß man mit dem Zwerchfell die Lunge ausdehnt und nicht oben die Muskeln des Schultergürtels bewegt. Atmet jemand vorwiegend oben, empfindet er alles viel anstrengender; er ist ständig gestreßt. Solche Verspannungen führen zu Haltungsschäden und schlagen auch auf die Stimme, die dann höher und weniger voll tönt.

Die *Atemfrequenz* ist vom Alter und von der physischen sowie psychischen Belastung abhängig: Neugeborene atmen ungefähr 40 mal in der Minute, Erwachsene bei Entspannung sechs bis zwanzig mal, bei schwerer Arbeit zwischen 30 und etwa 60 mal. Es ist ökonomischer, bei Anstrengung nicht zu schnell zu atmen. Besser ist, pro Atemzug mehr Luft einzuatmen.

Der *Luftverbrauch* richtet sich immer nach dem, was man tut: Bei völliger Ruhe braucht ein Erwachsener etwa sechs Liter in der Minute, beim Sprechen oder langsamen Gehen etwa 15 bis 25 Liter und bei sportlichen Höchstleistungen bis etwa 120 Liter. Bei einem ruhigen Atemzug wird ungefähr ein halber Liter Luft ausgetauscht, man kann aber mit einem Zug bis ca. zweieinhalb Liter einatmen. Für normales Sprechen reicht etwa ein Liter pro Atemzug aus. Denn man braucht – auch für lautes Sprechen – gar nicht so viel Luft und kann in den Pausen immer wieder schnell nachatmen.

Von Beruhigungsmitteln oder alkoholischen Drinks ist abzuraten. Besser ist es, eine Kleinigkeit zu essen, denn die Verdauungsvorgänge wirken beruhigend auf das vegetative Nervensystem. Für nervöse Menschen sind Entspannungstechniken wie Yoga oder Autogenes Training zu empfehlen.

Meditation zur Ruheatmung

Durch Meditation kann man zur Ruheatmung gelangen. Solche Anleitungen findet man auch beim Autogenen Training. Meditationstexte wirken beruhigend, wenn sie mit ruhiger, nicht zu lauter Stimme, langsam und mit genügend Pausen gesprochen werden. Denn man braucht Zeit, sich die Situation vorzustellen.

10.2 Überprüfen Sie den Luftverbrauch beim Sprechen: Halten Sie sich einmal eine brennende Kerze vor den Mund, etwa im Abstand von zehn Zentimetern. Sprechen Sie einen beliebigen Text in normaler Lautstärke. – Die Flamme flackert, geht aber bei richtiger Stimmgebung nicht aus. Bei Plosivlauten wie P/B flackert sie stärker, weil der (Lippen-)Verschluß den Ausatemstrom vor der geräuschhaften Sprengung staut. Spricht man dagegen ein lautes A, bei dem der Mund weit geöffnet ist, bewegt sich die Flamme (fast) gar nicht. Probieren Sie es aus!

10.3 Versuchen Sie z.B. mit folgendem Text zu meditieren. Wenn Sie keinen Partner zum Üben haben, können Sie sich den Text auch selbst vorher auf Kassette aufnehmen.

Sie liegen auf dem Rücken.
Sie haben alle Glieder von sich gestreckt. Kein Körperteil liegt auf einem anderen.
Sie liegen ganz bequem.
Schließen Sie nun die Augen. Stellen Sie sich vor, Sie liegen am Meer.
Der Himmel ist blau, die Sonne scheint warm auf Ihren Körper.
(längere Pause)
Sie hören das Rauschen der Brandung aus der Ferne:
sssssch ... sssssch ... sssssch ... sssssch ... sssssch ...
(Diese Laute ahmen das Brandungsgeräusch nach. Sie sollten langsam im Ruhe-Atmungsrhythmus gesprochen werden.)
Eine leichte Brise weht. Sie spüren den frischen Wind auf Ihrer Stirn.
Die Sonnenstrahlen durchfluten Sie.
Es ist angenehm warm.
Sie fühlen sich wohl und völlig entspannt.

Sie können auch eine schöne Entspannungsmusik hören. Liebhabern der Barockmusik wird das Largo empfohlen, weil der Largo-Rhythmus das Herz in einen Schlagrhythmus versetzt, den es bei Ruhe und Entspannung hat.

10.4 Die folgenden *Atemübungen* sollten Sie immer erst im Stehen durchführen, denn im Sitzen sind sie schwieriger, weil das Zwerchfell sich nicht so frei bewegen kann. Erleben Sie

❏ bewußtes Einatmen, z.B. wenn Sie sich vorstellen, etwas Wohlriechendes zu schnüffeln. Wenn Sie dabei eine Hand auf die Bauchdecke legen, spüren Sie die Atembewegungen.

❏ Entspannung bei Atempausen, z.B. wenn Sie mit einem leichten Seufzer ausatmen und dann etwas warten, bis Sie den nächsten Einatmungsimpuls spüren. Nach dem Einatmen sofort wieder ausatmen und Pause, bis der nächste Einatmungsimpuls kommt ...

❏ unwillkürliches schnelles Einatmen beim Abspannen, z.B. wenn Sie husten, lachen oder mehrmals hintereinander *ttt-ttt-ttt* sagen. Nach dem Ausstoßen der Luft federt die Bauchdecke zurück, und neue Luft kommt in die Lungen. So atmet man beim Sprechen: In jeder Pause spannt man ab und ergänzt so die Luft, die man gerade verbraucht hat. Zählen Sie langsam von eins bis 20, indem Sie nach jeder Zahl abspannen.

Es geht los

Wenn der große Auftritt naht, ist es für eine sorgfältige Vorbereitung zu spät. Krempeln Sie nicht in letzter Minute das Konzept völlig um. Sicherlich kann man in der Einleitung einen Bezug auf den Vorredner oder die Situation einfügen, aber im wesentlichen sollte man das referieren, was man sich vorher gut überlegt hat. Je besser die *Vorbereitung*, desto sicherer dürfen Sie sich fühlen. Verunsichern Sie sich nicht durch Selbstzweifel. Atmen Sie ruhig durch. Eine Sprechprobe vorher rundet die Vorbereitung ab.

Lockere Haltung, offene Gestik und die Zuhörer ansprechen. Die Anfangsnervosität schwindet mit den ersten Sätzen. Sie gewinnen *Sicherheit*. Konzentrieren Sie sich auf das Thema und Ihr Ziel. Wer sich beim Reden selbst zu stark beobachtet, verspricht sich und kommt schnell ins Stocken.

Wenn Sie mit anderen zusammen etwas vortragen, stimmen Sie sich gemeinsam positiv ein. Auch jedes Sportteam bespricht sich noch kurz vorher, man baut sich gegenseitig auf.

11. Kooperation – Die richtige Einstellung zum Reden

Kommunikative Einstellungen werden wie Verhaltensweisen von Kindheit an gelernt. Als Erwachsene können wir darüber nachdenken und bewußte Entscheidungen treffen. Dabei folgt man nicht rein rationalen Kriterien, sondern immer auch dem Gefühl. Das Konzept von Selbstsicherheit bzw. Unsicherheit bestimmt immer mit: Einerseits erwerben wir unsere Sicherheit aus den uns prägenden kommunikativen Erfahrungen, andererseits aber bestimmt das Selbstsicherheitskonzept, wie wir neue Situationen erleben und bewerten.

Gelernt ist gelernt – Zur Kommunikationsbiographie

Sprechweisen und Einstellungen übernehmen Kinder von ihren Vorbildern: den Eltern, Erziehern, Lehrern, Freunden und Idolen. Aber auch die Umstände von Gesprächssituationen prägen: Wenn ein Kind z.B. immer schnell oder besonders laut reden muß, um überhaupt zu Wort zu kommen, wird es später als Erwachsener diese Sprechweise als *normal* empfinden.

Besonders nachhaltig wirken bewußt erlebte Erfolge und Mißerfolge. Wer sich z.B. früher in der Schule bei einem Gedichtvortrag verhaspelt hat und deshalb vom Lehrer vor der Klasse lächerlich gemacht worden ist, wird sich auch später noch an diese unangenehmen Gefühle erinnern und ähnliche Vortragssituationen als belastender empfinden als jemand, der bei Vorträgen immer Erfolgserlebnisse hatte.

Jeder Mensch entwickelt seine persönlichen Einstellungen. Ein wesentlicher Unterschied besteht darin, ob Miteinandersprechen eher als Konkurrenz oder als Kooperation erlebt wird.

11.1	Welche Sprechsituation ist Ihnen aus frühester Kindheit gut in Erinnerung, welche aus den ersten Schuljahren? Gibt es Ähnlichkeiten, Verbindungen, vielleicht auch zu der Art, wie Sie heute mit anderen reden?

Kooperation als Grundidee

Der Mensch ist ein soziales Wesen, er ist in der Gesellschaft auf Kommunikation angewiesen: Beim Zusammenleben muß man sich ständig gemeinsam über Sachen, aber auch über Personen und Beziehungen verständigen: Handlungen werden geplant und bewertet, auftretende Probleme müssen festgestellt und gelöst, Abläufe festgelegt oder verändert werden usw.; bei der Arbeit genauso wie in der Familie und Freizeit kommen wir nicht ohne Kommunikation aus. Der Mensch ist in der Lage, die Perspektive seiner Gesprächspartner zu übernehmen und sich vorzustellen, wie sie ein Thema und das Gespräch einschätzen. Diese Fähigkeit zur Übernahme einer anderen Perspektive gehört zu den kognitiven Grundfähigkeiten des Menschen und ermöglicht Kooperation: Man macht *gemeinsame Sache mit anderen*, sieht und sucht nicht nur den eigenen Vorteil, sondern berücksichtigt auch die Interessen anderer und kann so vorgehen, daß die anderen den Gedankenaufbau nachvollziehen und verstehen können. Das ist Voraussetzung für gemeinsame, akzeptable (Kompromiß-)Lösungen. Es geht also nicht darum, andere zu manipulieren, um sich oder seine Meinung autoritär, mit Macht durchzusetzen. Wer kooperiert, wird ein Nachgeben oder Sich-überzeugen-Lassen nicht als Niederlage erleben, sondern als eine Bereicherung: Man hat etwas dazugelernt.

Soll Kommunikation gelingen, muß man auch in hierarchischen Strukturen Symmetrie unterstellen und im anderen einen gleichwertigen Partner sehen. Das passiert, wenn man Sprechen nicht als Konkurrenzsituation auffaßt, sondern eine kooperative Einstellung vertritt.

Idealtypisch kann man Kennzeichen für eine kooperative und eine Konkurrenz-Einstellung gegenüberstellen.

Kennzeichen für

kooperative Einstellung:	Konkurrenz-Einstellung:
Symmetrie in der Beziehung, auch bei komplementären Rollen: gleichwertige Partner	Hierarchie in der Beziehung Gegner/Kontrahent/Feindbild
Dialog mit Konsens, Kompromiß, aber auch Dissens	Monolog bzw. Sieg-Niederlagen-Spiel
Perspektive-Übernahme mit Toleranz gegenüber anderen Positionen, Konfrontationsmut	Ichbezogenheit und (erzwungenes) Harmoniestreben
hörerbezogener Aufbau	persönlich motivierte, assoziative bzw. übernommene systematische Struktur
Pro-Contra-Abwägen (Versuch und Irrtum): mit Argumenten überzeugen	einseitige Bewertungen (rabulistisch): will überreden manipulieren
kann „Fehler" zugeben, Neues annehmen	perfektionistischer Anspruch an sich und andere
konstruktive Kritik	destruktiv: andere „fertigmachen"; Tadel, Appelle, „kluge" Ratschläge
kann Person und Sache trennen	sachliche Kritik wird immer persönlich genommen
Störungen der Beziehung werden offen angesprochen und geklärt	persönliche Streitereien unter dem Deckmantel sachlicher Auseinandersetzung

kann sich zurücknehmen, zuhören	dominiert, geht nicht auf Beiträge anderer ein
wirkt integrativ	wirkt autoritär
ist selbstsicher	ist unsicher
angemessenes Selbstwertgefühl	geringes Selbstwertgefühl

Kooperation ist nicht nur ein ethisches Postulat, sondern eine Notwendigkeit. Denn Kommunikation funktioniert immer nur kooperativ: Wenn der Zuhörer nicht will, kann der Redner sein Ziel nicht erreichen.

Unter rhetorischem Aspekt geht es immer um die Wirkung, man könnte auch sagen: *Der Hörer hat immer recht.* Das bedeutet aber nicht, daß man sich überanpassen und sein Fähnlein nach dem Wind ausrichten sollte. Aber wenn der Zuhörer etwas nicht versteht, interessiert nicht, was der Redner eigentlich aussagen wollte. Entscheidend ist immer die Wirkung, die er bei den Zuhörern ausgelöst hat. Ob beabsichtigt oder nicht, diese Wirkung ist vorhanden. Sie wirkt auch, wenn der Sprecher sie ablehnt und nicht wahrhaben will.

Drückt ein Sprecher den Zuhörern mit Macht seine Position auf, so daß diese ohne Einsicht oder widerwillig zustimmen müssen, mag er kurzfristig einen Sieg errungen haben. Aber langfristig werden besiegte Zuhörer, wenn sie sich ihrer unterlegenen Position bewußt werden, sich distanzieren und z.B. die Umsetzung verzögern oder blockieren und möglicherweise auf Revanche sinnen. So schaukeln sich Gespräche allmählich emotional auf, und schließlich findet unter dem Deckmäntelchen einer sachlichen Auseinandersetzung nur noch ein persönlicher Machtkampf statt. Die Sache wird dabei zur Nebensache, zum Mittel zum Zweck.

Keine Sache spricht für sich, es sind immer Menschen, die gemeinsam über etwas reden. Die zwischenmenschliche Beziehung beeinflußt die sachliche Auseinandersetzung. Deshalb sollte man sich vorstellen, was andere zu dem Thema denken könnten. Spricht man das mutig aus und setzt sich damit auseinander, kann man andere besser überzeugen. Dazu gehört ein Mindestmaß an *Selbstsicherheit*. Wer selbst sehr unsicher ist, traut sich oft nicht, andere Positionen anzusprechen und in Erwägung zu ziehen. Menschen mit einem geringen Selbstwertgefühl können sich häufig nicht durch andere Meinungen in der eigenen Position verunsichern lassen; sie müssen, um ihr Minimum an Sicherheit aufrechtzuerhalten, recht behalten, sich durchsetzen und andere im Gespräch dominieren.

Es geht also darum, sich gegenseitig mit Argumenten zu überzeugen. Manipulative Tricks schaffen keine Überzeugungskraft, sie zerstören die Glaubwürdigkeit des Sprechers. Wer andere überredet, baut Skepsis und Vorbehalte gegen sich auf. Wenn jemand persönlich angegriffen und attackiert wird, muß er nachgeben, klein beigeben und verliert dabei in der Öffentlichkeit sein Gesicht. Eine solche Niederlage und Blamage überzeugt ihn aber nicht. Zielorientierter ist es immer, den anderen als Person zu achten, ihn fair zu behandeln und gemeinsame Kompromisse auszuhandeln, die für beide Seiten akzeptabel sind. Eine niederlagenlose Kommunikation ist also nicht nur aus moralischen Gründen besser, sie hat sich auch von der Erziehung und Psychologie bis zu geschäftlichen und politischen Verhandlungen als die effektivste Form erwiesen. Dieser „Kommunikationsphilosophie" entsprechen z.B. auch bekannte und weit verbreitete Ansätze wie die *Themenzentrierte Interaktion* nach Ruth Cohn, das *Harvard-Verhandlungskonzept* oder die *Konferenzmethode* von Thomas Gordon.

Themenzentrierte Interaktion (TZI)

Nach Ruth Cohn, einer bekannten Psychologin, ist jedes Gespräch ein dynamischer Prozeß, in dem eine Balance zwischen Ich-Thema-Wir hergestellt werden muß. Ihre Regeln helfen, das Gleichgewicht herzustellen:

A) Eigenverantwortlich handeln:
Sei dein eigener Chef. Handele so, wie du es für dich selbst und andere verantworten kannst. Jede Situation ist ein Angebot für deine Entscheidungen.

B) Den Prozeß ernst nehmen:
1. Fühlt sich jemand gestört oder persönlich betroffen? Das soll Vorrang haben. Wird es nämlich beiseite geschoben, leiden Energie und Lebendigkeit.
2. Nicht vorschnell verallgemeinern.
3. Immer für sich selbst sprechen.
4. Fragen begründen: Warum frage ich das? Was bedeutet die Frage für dich? Denn Fragen sind oft Vermeidungsspiele, eigene Erfahrungen herzugeben, oder dienen als Werkzeug für Machtkämpfe.
5. Authentisch und selektiv handeln: Was denkst, fühlst und glaubst du? Überdenke vorher, was du sagst und tust; wähle bewußt aus. Glaubwürdiges Handeln in einer Situation bedarf der Vorbereitung: Im mentalen Probehandeln wird die Situation analysiert und das Gespräch antizipiert.
6. Sich mit Interpretationen anderer zurückhalten.
7. Signale der Körpersprache beobachten und ernst nehmen.

Grundlage der TZI ist die Humanistische Psychologie, in der der Mensch als eine psycho-biologische Einheit und als ein Teil des Universums gesehen wird.

Er ist gleichermaßen autonom und interdependent. Je mehr er sich seiner Interdependenzen bewußt wird, um so autonomer ist der Mensch. Ferner kennzeichnet diese Richtung der Psychologie die ethische Grundeinstellung: *Ehrfurcht gebührt allem Lebendigen und seinem Wachstum. – Das Humane ist wertvoll, Inhumanes ist wertbedrohend.* (Cohn 1991, S. 357)

Verhandeln ohne K.O. – Das Harvard-Konzept

Fisher und Ury, zwei Wissenschaftler von der Harvard-University, haben eine Methode *sachbezogenen Verhandelns* erarbeitet. Sie gehen davon aus, daß man beim erfolgreichen Verhandeln immer die Person des Verhandlungspartners achten und stets eine tragfähige Beziehung herstellen und pflegen muß. Nur auf dieser Basis können sachlich Kompromisse ausgehandelt werden.
Empfehlungen aus dem Harvard-Konzept (vgl. Fisher, Ury 1984, S. 207 ff.):
Grundsätzlich: Nicht um Positionen feilschen!
Positionsgerangel ist ineffizient, es provoziert unkluge Einigungen und gefährdet künftige Beziehungen. Aber: Nettsein ist auch keine Lösung. Man muß sachgerecht verhandeln!

1. Menschen und Probleme getrennt voneinander behandeln.
Denn: Verhandlungspartner sind zuallererst Menschen. Jeder Verhandlungspartner hat zwei Grundinteressen: Das eine bezieht sich auf den Verhandlungsgegenstand, das andere auf die persönlichen Beziehungen. Trennen Sie also persönliche Beziehungen von der Sachfrage.
❑ Kümmern Sie sich unmittelbar um das „Problem Mensch".
   Versetzen Sie sich in die Lage der anderen. Leiten Sie die Absichten anderer nicht aus Ihren eigenen Befürchtungen ab. Schieben Sie die Schuld an Ihren Problemen nicht der Gegenseite zu. Beteiligen Sie die Gegenseite am Ergebnis: Sorgen Sie dafür, daß sie sich am Verhandlungsprozeß beteiligt. Jeder muß das Gesicht wahren können: Stimmen Sie ihre Vorschläge auf das Wertsystem der anderen ab.
❑ Emotionen sind immer im Spiel.
   Artikulieren Sie Emotionen. Gestatten Sie der Gegenseite, Dampf abzulassen. Reagieren Sie auf emotionale Ausbrüche nicht persönlich.
❑ Hören Sie aufmerksam zu, und geben Sie Rückmeldungen über das, was gesagt wurde. Sprechen Sie so, daß man Sie auch versteht. Reden Sie über sich, nicht über die Gegenseite.
❑ Vorausdenken ist wichtig.
   Persönliche Beziehungen aufbauen. Gehen Sie das Problem an, nicht die Menschen.

2. Auf Interessen konzentrieren, nicht auf Positionen.
Um vernünftige Ergebnisse zu erzielen, muß man die Interessen, nicht die Positionen in Einklang bringen. Hinter gegensätzlichen Positionen liegen sowohl gemeinsame und ausgleichbare Interessen als auch sich widersprechende.
❏ Also: Interessen herausfinden!
Fragen Sie: „Warum?/ Warum nicht?" Denken Sie dabei an die Wahlmöglichkeiten der Gegenseite. Erkennen Sie, daß beide Seiten vielfältige Interessen haben; die wichtigsten sind die menschlichen Grundbedürfnisse.
❏ Machen Sie Ihre Interessen konkret deutlich; erkennen Sie die der anderen als Teil des Problems an. Stellen Sie erst das Problem dar, bevor Sie antworten. Schauen Sie nach vorne, nicht rückwärts. Seien Sie bestimmt, aber flexibel. Seien Sie hart in der Sache, aber sanft zu den beteiligten Menschen.

3. Entwickeln Sie Entscheidungsmöglichkeiten (Optionen) zum beiderseitigen Vorteil.
Haupthindernisse für Optionen zum beiderseitigen Vorteil sind: vorschnelles Urteilen; die Suche nach „der" richtigen Lösung; die Annahme, daß der „Kuchen" begrenzt sei; die Vorstellung, daß die anderen die Probleme selbst lösen sollen.
❏ Bei der Entwicklung von Vorstellungen auf die Beurteilung verzichten.
❏ Verbreitern Sie die Basis Ihrer Wahlmöglichkeiten.
Zwischen Besonderem und Allgemeinem pendeln. Betrachten Sie die Sache vom Standpunkt verschiedener Experten. Suchen Sie nach Problemlösungen mit unterschiedlichem Wirkungsgrad. Verändern Sie die Reichweite der vorgeschlagenen Übereinkunft.
❏ Suchen Sie nach Vorteilen für beide Seiten.
Finden Sie die gemeinsamen Interessen heraus. Verschmelzen Sie unterschiedliche Interessen. Erkunden Sie das Hauptziel der Gegenseite.
❏ Erleichtern Sie der Gegenseite die Entscheidung.

4. Bestehen Sie auf der Anwendung objektiver Kriterien.
❏ Funktionieren Sie jeden Streitfall zur gemeinsamen Suche nach objektiven Kriterien um.
❏ Einigen Sie sich immer zuerst über die Prinzipien.
❏ Argumentieren Sie vernünftig, und seien Sie solcher Argumentation gegenüber selbst offen.
❏ Geben Sie niemals irgendwelchem Druck nach.
Je attraktiver Ihre 'beste Alternative' ist, um so größer ist Ihr Einfluß. Verteidigen Sie nicht Ihre Vorstellungen, laden Sie die Gegenseite zu Kritik und Ratschlag ein. Gestalten Sie persönliche Angriffe zu sachbezogenen Aus-

einandersetzungen um. In schwierigen Verhandlungssituationen hilft ein ausgleichender Vermittlungsvorschlag von unbeteiligter Seite. Wenn Verhandlungstricks verwendet werden: Lassen Sie sich nicht zum Opfer machen, verhandeln Sie über Spielregeln!

Gordons Konferenzmethode

Vergleichbar dem Harvard-Konzept hat auch Thomas Gordon ein Konzept niederlagenloser Gesprächsführung entwickelt und auf verschiedene Lebensbereiche bezogen: Familie, Schule, Wirtschaftsunternehmen. Denn Entscheidungen, die in Sieg-Niederlagen-Gesprächen gefällt werden, stellen nicht die *beste Lösung* dar. Sie haben wenig Bestand, da sich die unterlegenen Gesprächsteilnehmer nicht mit der Lösung identifizieren und oftmals die Realisierung behindern.

Gordon richtet das Hauptaugenmerk auf Konfliktsituationen. Gerade bei Konflikten ist die Beziehung bereits belastet, und eine Verbesserung kann nie mit einer Sieg-Niederlagen-Methode erzielt werden. In jeder Konfliktsituation ist zuerst zu klären, wer das Problem hat. Wenn den einen z.B. etwas stört, muß dies den anderen noch längst nicht stören. Hat der andere das Problem, spricht es seinerseits aber nicht selbst aus (aus welchen Gründen auch immer), muß man aktiv zuhören (vgl. auch hier den Kontrollierten Dialog, S. 130). Wenn ich selbst ein Problem habe und mir dessen bewußt bin, sollte ich es selbst möglichst direkt in Form einer Ich-Botschaft äußern. Ich-Botschaften schaffen Offenheit, greifen den anderen nicht an, da sie ihn nicht für das Problem verantwortlich machen, ihm also keine Schuld zuweisen.

Problem-Lösungs-Gespräche, aber auch allgemein sachbezogene Entscheidungsgespräche laufen nach Gordon optimal als Prozeß in sechs Stufen ab:
1. Definition des Problems/Konflikts (Aktives Zuhören bzw. Ich-Botschaften)
2. Sammlung möglicher Lösungen
3. Wertung der Lösungsvorschläge
4. Entscheidung für die beste Lösung (ohne Abstimmung, also: Ausdiskutieren bis zur Einigung!)
5. Richtlinien für die Realisierung der Entscheidung
6. Bewertung der Effektivität der Lösung
Die Einstellung, von der Cohn, Fisher/Ury und Gordon ausgehen, ist auch wichtig für jede Rede und jedes Referat: Nicht gegen die Zuhörer kämpfen, sondern mit ihnen gemeinsame Sache machen! Das heißt aber nicht, um jeden Preis nach Harmonie und Einklang zu streben. Man kann es nie allen recht machen. Die eigene Position unterscheidet sich oft von der der anderen. Meinungsunterschiede und auch Konflikte zwischen Menschen sind normal. Der

Dissens ist die Voraussetzung des Überzeugen-Wollens. Wenn nämlich alle schon die gleiche Position verträten, bräuchte man den Mund gar nicht mehr aufzumachen. Seine eigene Meinung vertreten, andere überzeugen wollen, erfordert also immer einen gewissen *Konfrontationsmut*. Aber die Auseinandersetzung sollte fair, kooperativ und selbstbewußt geführt werden.

11.2   In welchen Situationen reden Sie selbstbewußt? In welchen Situationen möchten Sie gern selbstbewußter reden? Ordnen Sie diese danach, welche Situation Ihnen am leichtesten (Nummer 1) bzw. am schwersten fällt (letzte Nummer).

Keine Angst vor dem Reden

Eine gute Vorbereitung gibt Sicherheit. Aber zum selbstsicheren Reden braucht man auch Routine. Je häufiger man referiert hat, desto leichter fällt es einem, denn Übung macht den Meister. Je eher man sich daran wagt, desto größere Chancen hat man, sich zu üben und Erfolgserlebnisse zu sammeln. Die Erfahrung lehrt: Wer in der ersten Seminarsitzung etwas sagt, dem fällt es leichter, sich auch in den folgenden Sitzungen an der Diskussion zu beteiligen. Dabei ist es unerheblich, ob man sich mit einem klugen Beitrag zu Wort meldet, ob man eine einfache Frage stellt oder ob man etwas zur Organisation sagt. Wichtig ist, daß man aktiv wird. Wenn man sich in der ersten Sitzung nicht überwindet, fällt es von Sitzung zu Sitzung schwerer, aus der (großen) schweigenden Masse hervorzutreten.

Beim *learning by doing* entwickelt man durch die Rückmeldungen und konstruktive Kritik allmählich eine realistische Selbsteinschätzung. Dabei ist es wichtig, positiv zu denken, sich positiv zu verstärken und keiner Vermeidungsstrategie zu folgen.

11.3   Wie gehen Sie selbst mit Fehlern und Ablehnung um? Wie bewerten sie diese innerlich? Wenn Sie etwas bewerten, sagen Sie eher *gar nicht schlecht* und *nicht übel* oder *prima, das ist gut, ausgezeichnet*?

Prophezeien Sie sich nur Gutes!

Denn die Erwartung, mit der man an eine Situation herangeht, beeinflußt die Wirkung und das Ergebnis. Unbewußt steuert sie die Wahrnehmung und das eigene Verhalten. Das nennt Watzlawick *Sich-selbst-erfüllende-Prophezeiungen,* man spricht auch vom *Pygmalion-Effekt*. Wer z.B. erwartet, bei einer Prüfung schlecht abzuschneiden, tut unbewußt alles dafür, daß es so sein wird, und ... schneidet in der Regel auch schlecht ab. Wer als Lehrer meint, gute Schüler zu haben, hat schließlich auch welche, denn durch die positive Voreinstellung wird die Zuwendung intensiver und das Lernangebot reichhaltiger, so daß die Schüler tatsächlich besser und mehr lernen als Schüler, die zwar gleich intelligent sind, aber für unbegabt gehalten werden (vgl. Meyer 1994, II, S. 199 f.). *Noboby is perfect!* Irren ist menschlich. Wer immer perfekt sein will, setzt sich selbst unter starken Leistungsdruck. Das erzeugt Streß. Man verkrampft sich, und es stellen sich Fehler ein, die in lockerer Haltung nicht passieren: Man verspricht sich, bleibt hängen, vergißt etwas, läßt etwas aus etc.

Man sollte sich beim Sprechen auch Fehler zugestehen, damit man sich nicht verkrampft. Wer alles immer besonders gut machen will, steht beim Reden wie das *eigene schlechte Gewissen* neben sich. Das kann zu einem Blackout führen: Der Faden reißt, *äh*, man weiß nicht weiter. Perfektionismus führt also oft sogar dazu, daß man schlechter redet.

Voraussetzung für das Akzeptieren eigener Fehler ist ein Mindestmaß an Selbstsicherheit. Denn wer sehr unsicher ist, erlebt jeden kleinen Fehler als totales Versagen. Dagegen ist es wichtig, positive Rückmeldungen ernst zu nehmen und sie nicht geringer zu schätzen als das eigene Gefühl. Konstruktive Kritik und positives Denken helfen, sich allmählich von perfektionistischen Zwängen zu lösen.

12. Die Aussprache nach dem Referat

Nach einem längeren Vortrag haben die Zuhörer oft das Bedürfnis, selbst etwas zu sagen, ihre Meinung zum Thema zu äußern. Denn die vom Referenten vorgetragenen Überlegungen lösen im Kopf der Zuhörer eigene Gedanken aus: Zustimmung, Ergänzung oder Widerspruch. Wenn die Reaktionen stark emotional sind oder der Zuhörer sehr impulsiv ist, können sie oft gar nicht zurückgehalten werden. Dann denken Zuhörer schon während des Referates (halb)laut mit, d.h., sie reden dazwischen.

Passiert dies nur gelegentlich, kann man darüber hinwegsehen. Reden manche aber oft dazwischen, entsteht in einer Gruppe ein ständiges Gemurmel im Hintergrund, das das gemeinsame Gespräch stört. Solche Störungen sollten vom Dozenten, der die Seminarsitzung leitet, angesprochen werden. Gegebenenfalls können auslösende Faktoren geklärt werden, seien es unangenehme Raumverhältnisse (Licht, Luft, Sitzordnung), schlechte Akustik, andere Vorstellungen über den Ablauf oder inhaltliche Kritik. Selbst wenn man an den Verhältnissen nichts ändern kann, beruhigen sich die Gemüter, wenn man wenigstens gemeinsam darüber redet. Das Aussprechen entlastet und verhindert, daß sich Emotionen anstauen, die vielleicht später sonst zu heftigeren Reaktionen führen könnten.

Grundsätzlich ist bei der Beteiligung an Diskussionen immer eine gewisse *Selbstkontrolle* jedes Teilnehmers nötig. Drängen eigene Gedanken zur Rede, sollte man soviel Disziplin aufbringen, mit dem Aussprechen zu warten, bis man an der Reihe ist. Damit man seine Gedanken nicht vergißt, notiert man sie stichwortartig. Dann kann man in aller Ruhe den weiteren Ausführungen oder den Vorrednern zuhören.

Verständnisfragen direkt stellen

Reine Verständnisfragen sollte man als Zuhörer direkt während des Referates stellen, weil man sonst den weiteren Ausführungen nicht richtig folgen kann. Ist das im Seminar nicht üblich oder achtet der Dozent nicht darauf, kann man als Referent darauf hinweisen. Denn es fällt den Zuhörern leichter, Fragen zu stellen, wenn der Referent diese Möglichkeit ausdrücklich einräumt. Allerdings kann es sein, daß man als Referent dann manchmal unterbrochen wird und vielleicht die Zuhörer auch vertrösten muß, weil man auf die gefragten Aspekte erst etwas später eingehen möchte. Aber auch solche Erklärungen verbessern den direkten Kontakt zwischen den Zuhörern und dem Referenten und dienen der sachlichen Orientierung.

Lernen durch selbständiges Erarbeiten

Durch die inhaltliche Vorbereitung, das Referieren und die anschließende Aussprache entsteht eine umfassende selbständige Erarbeitung des Themas. Dabei lernen alle Beteiligten mehr, als wenn sie sich nur eine Vorlesung anhören oder allein entsprechende Bücher lesen. Denn
❏ durch Hören behält der Mensch 20%,
❏ durch Sehen behält er 30%,
❏ durch Sehen und Hören 50% und
❏ durch Sehen, Hören und eigene Erarbeitung 90%.

Es gibt zwar unterschiedliche Lerntypen, die Informationen vorrangig durch einen Eingangskanal verarbeiten (vgl. Vester 1975), aber kein Mensch ist ein reiner Typus wie
❏ der abstrakt/verbale Typ, der durch Hören lernt;
❏ der visuell/optische Typ, der durch Sehen lernt;
❏ der haptische Typ, der durch Anfassen, Fühlen und Tun lernt, oder
❏ der auditive Typ, der durch Hören und Sprechen lernt.

Es tragen vielmehr alle menschlichen Sinne zum Lernprozeß bei. Deswegen ist es wichtig, beim Referat gut zu visualisieren, mit einem Thesenpapier die wichtigsten Punkte zusammenzufassen und auf eine umfassende Aussprache mit den Zuhörern Wert zu legen. Durch eine pointierte und provokante Formulierung von Thesen kann man die Diskussion gut anregen. Je nach Thema

kann man sich auch Versuche, Übungen, Arbeitsaufträge ausdenken, die die
Zuhörer noch stärker an der gemeinsamen Erarbeitung beteiligen.

Werden im Seminar verschiedene Richtungen und Vertreter behandelt, wird
die Diskussion sicherlich kontroverser geführt, als wenn nur eine Richtung zu
Wort kommt. Denn die anderen Seminarteilnehmer, die sich zuvor oder in folgenden Sitzungen noch mit konträren Positionen beschäftigen, vertreten vermutlich die von ihnen zu referierende Position. So entsteht im Seminar ein *wissenschaftlicher Diskurs,* von dem alle Beteiligten profitieren. Die Referenten
haben zwar nicht die Positionen selbst entwickelt, aber durch die intensive Be-
schäftigung reproduzieren sie die Gedanken. Im klärenden Seminar-Gespräch
wird eine differenzierte Betrachtung erarbeitet, und man lernt, verschiedene
Lösungen einzuordnen und zu bewerten.

Gut zuhören – richtig antworten

Wenn die Zuhörer reden wollen, muß der Referent gut zuhören. Das fällt
manchmal schwer, wenn man selbst sehr viel zum Thema zu sagen hat oder
sich durch Fragen schnell verunsichert fühlt. In der Diskussion nach dem Referat sollte man sich die Beiträge und Fragen der Zuhörer ruhig anhören und
stichwortartig mitschreiben. Es empfiehlt sich, in größeren Runden immer
erst mehrere Fragen und Beiträge zu sammeln, zu bündeln und zusammenzu-
fassend zu beantworten.

Geht man als Referent oder Gesprächsleiter auf jede Frage, Kritik oder Stellungnahme direkt ein, entsteht eine Interaktion, bei der der Referent oder Gesprächsleiter dominant wirkt. Dadurch, daß er jeden zweiten Beitrag selbst lie-
fert, rückt er in den Mittelpunkt. Jede Interaktion läuft über ihn. Die anderen
Gesprächsteilnehmer fühlen sich dann schnell bevormundet und gegängelt,
weil sie nicht untereinander ins Gespräch kommen. Wenn man über längere
Zeit direkt auf jede Frage oder Stellungnahme antwortet, kann auch der Eindruck entstehen, daß man viel erklären oder rechtfertigen muß.

Besser ist es, sich erst mehrere Beiträge anzuhören und dann darauf einzugehen. Dabei kann man wie in einem Kontrollierten Dialog (vgl. S. 130) diese
Beiträge erst kurz zusammenfassen, bevor man antwortet. So stellt man sicher,
daß man alles richtig verstanden hat. Wenn man sich nicht sicher ist, was jemand meint, sollte man vor der eigenen Antwort noch einmal nachfragen: *Wie
meinen Sie das? Warum betonen Sie das so?* etc.

Melden sich viele Teilnehmer zu Wort, sollte man eine *Rednerliste* führen oder
führen lassen. Wenn die Rednerliste länger wird, kann man sie kurz bekannt-
geben, damit jeder weiß, wann er dran ist, und damit andere wissen, ob sie
selbst sich noch zu Wort melden wollen.

Auf Fragen kann man immer in unterschiedlichem Umfang antworten, es gibt immer einen *Antwortspielraum*. Eine gute Beziehung und ein intensiver inhaltlicher Austausch entstehen, wenn man im gefragten Umfang antwortet. Aber es gibt auch Situationen, in denen man nur ganz kurz (Minimal-Antwort), mit einer zusätzlichen Mitteilung oder mit einem Kommentar über die gestellte Frage (Meta-Kommentar) antworten kann.

Minimal-Antworten erfolgen normalerweise bei geschlossenen Fragen, Antworten im gefragten Umfang bei offenen Fragen. Antworten mit zusätzlicher Mitteilung sind erforderlich, wenn der Fragesteller etwas Wichtiges übersehen hat. Ein Meta-Kommentar ist notwendig, wenn die Frage falsch oder unverständlich gestellt ist, etwas unterstellt oder wenn man eine bestimmte Frageabsicht vermutet, die man nicht akzeptieren kann, also bei provokativen Fragen, Suggestivfragen, falsch konstruierten Alternativen etc. Es erzeugt jeweils eine andere Wirkung, ob man seine Antworten im Umfang flexibel gibt und variiert, oder ob man gewohnheitsmäßig zu einem bestimmten Antwortumfang neigt.

	Wirkung bei vereinzeltem	häufigem Gebrauch
Minimal-Antwort	klare Linie, eindeutige Position	Einsilbigkeit, Verschlossenheit, auch Inkompetenz
Antwort im gefragten Umfang	Kooperation intensives Gespräch	
Antwort mit zusätzlicher Mitteilung	Überblick, Informiertheit, wenn es in den Kontext paßt	Provokation und intellektuelles Unterlegenheitsgefühl beim Frager
Antwort mit Meta-Kommentar	Orientierung, klärt Sicht des Fragers, auch Zurückweisen von Taktiken des Fragestellers	Dominanz des Antworters, Flucht vor konkreten Anworten

(Nach Bartsch, Lüschow, Jaskolski, Pabst 1982)

Natürlich kann man eine Antwort immer auch verweigern oder passen. Geschieht dies vereinzelt, wird ein Gesprächspartner dies hinnehmen. Aber wenn dies zu oft passiert, leidet bei persönlichen Frage-Inhalten der Kontakt, und bei sachbezogenen Fragen entsteht der Eindruck mangelnder Vorbereitung und Kompetenz.

12.1   Erproben Sie in Gesprächen verschiedene Antwortmuster. Achten Sie auf eine gute Mischung!

Vorweggenommene Behandlung von Einwänden

Manche Einwände kann man bereits im voraus entkräften. Wenn man sie selbst ausspricht, hat man die Chance, direkt etwas zu entgegnen, ohne daß andere erst auf diesen kritischen Punkt hinweisen müssen. Damit zeigt man, daß man gut vorbereitet ist und den Diskussionsstand im Kopf hat:

Ich weiß, daß der Ansatz von XY, den ich hier referiert habe, hinter dem Stand unserer Diskussion hier im Seminar zurückfällt. In der letzten Sitzung hatten wir bereits die Punkte ... als unverzichtbar erkannt, aber XY geht auf sie nicht ein. Er erwähnt sie nur beiläufig ...

Oder: Wenn man die Schülerorientierung sehr wichtig nimmt, könnte man vielleicht den Eindruck haben, der hier vorgestellte Unterrichtsversuch sei zu lehrerzentriert. Aber gerade das ist meines Erachtens in dieser Phase sinnvoll und notwendig ...

12.2   Blättern Sie zurück zum Vorwort. In welcher Passage wird dort ein Einwand im voraus entkräftet?

Als Referent in einer Seminarsitzung sollte man keine überhebliche Show abziehen, aber sein Licht auch nicht unter den Scheffel stellen. Wichtig ist eine umfassende inhaltliche Vorbereitung, eine durchdachte Struktur und eine gute Präsentation, bei der man von den Zuhörern ausgeht, Medien einsetzt und sich natürlich gibt.

Als Referent ist man Experte für das Teilthema. Deshalb braucht man Hintergrundwissen. Es ist gut, etwas mehr zu wissen, als man referiert. Dann kann man auch weiterführende Fragen (zumindest teilweise) beantworten oder Aspekte in größere Zusammenhänge einordnen. Dazu muß man auch den aktuellen Diskussionsstand des Seminars kennen. Man muß wissen, worum es in den Vorwochen ging, um Bezüge herstellen zu können.

13. Besser diskutieren

Wenn man diskutiert, soll eine *Sache* geklärt oder entschieden werden. Deshalb ist es wichtig, daß Diskussionen geordnet ablaufen. Man muß bei der Sache bleiben und zu einem Ergebnis kommen. Je größer die Teilnehmergruppe ist, desto strenger muß der Ablauf geregelt werden, damit jeder sich beteiligen und eine gemeinsame Entscheidung zustande kommen kann. Dafür sorgt der Diskussionsleiter, aber auch jeder einzelne Teilnehmer, der sich mitverantwortlich fühlt.

In geselliger Runde ist das anders: Man diskutiert zwar, aber dort steht die *Unterhaltung* im Vordergrund. Deshalb werden Themen nicht ausdiskutiert, man kann beliebig die Themen wechseln, weil man keine gemeinsamen Entscheidungen treffen muß. Die *Probleme* der großen Politik, die oft am Stammtisch diskutiert werden, liegen nicht in der Entscheidung der Diskutierenden. Dennoch kann man sich damit beschäftigen, Positionen aufgreifen und versuchen, andere zu überzeugen. Das gibt Denkanstöße und macht Spaß. Dabei gibt es aber keinen offiziellen Diskussionsleiter. Gute Unterhaltungen laufen locker und zwanglos ab.

Die Ping-Pong-Regel und andere Grundsätze

Gute Dialoge kann man mit einem Tischtennis-Spiel oder anderen Ballspielen vergleichen: Das Gespräch wird um so besser, je öfter und schneller der Ball hin- und hergeht. Das gleiche gilt auch für größere Diskussionsrunden: den Ball immer wieder schnell abspielen. Solokünstler, die lange Monologe halten, stören das Gespräch genauso wie eingefahrene Spielzüge, bei denen nur wenige mitspielen können. Die anderen werden ungeduldig, und das Klima wird schlecht. In einer guten Diskussion sollte man sich also gegenseitig den Ball immer wieder schnell zuspielen. Das ist die Ping-Pong-Regel.

Zu einem *fairen* Zusammenspiel trägt bei:

❏ zur Sache zu sprechen,

❏ sich kurz und verständlich auszudrücken,

❏ auf die Vorredner einzugehen,

❏ auf den gemeinsamen Gesprächsablauf zu achten,

❏ sich selbst zu kontrollieren, nicht ständig laut zu denken und damit anderen ins Wort zu fallen,

❏ die Argumente der anderen zur Kenntnis zu nehmen,

❏ den Standpunkt anderer nicht zu verniedlichen, zu überspitzen oder lächerlich zu machen,

❏ andere nicht persönlich anzugreifen

❏ und sich an allgemeine Spielregeln zu halten, wie sie z.B. in einer Geschäftsordnung (vgl. S. 131 ff.) festgehalten sind.

In jedem Gespräch ist *Abwechslung* wichtig. Wer sich immer wieder gleich verhält, erstarrt zu einem *unliebsamen Gesprächstyp* (vgl. die Karikatur, S. 134) und ist nicht mehr flexibel. Man sollte aber in der Lage sein, je nach Thema, Situation und Umständen, unterschiedlich zu agieren. Auch wenn grundsätzlich ein kooperatives Verhalten positiv ist, ist es doch manchmal erforderlich, andere viel zu fragen oder sogar zu unterbrechen. Obwohl man in der Regel andere ausreden lassen sollte, kann es z.B. notwendig sein, jemandem einmal ins Wort zu fallen, etwa wenn er sich in Nebensächlichkeiten verrennt, Unnötiges wiederholt oder nicht auf die aktuelle Frage eingeht.

Mit Fragen bringen Sie das Gespräch wieder in Gang. Ihr Gesprächspartner ist am Zug. Sie fordern ihn auf, Argumente zu nennen. Damit leiten Sie das Gespräch. Denn: *Wer fragt, der führt.* Diesen bekannten Grundsatz sollte man beherzigen. Man muß nicht immer auf den Beitrag des Gesprächspartners mit einer eigenen Meinungsäußerung antworten, sondern man kann auch mit den richtigen Fragen viel bewirken. Allerdings führt die Taktik der Verhör-Fragen, die den anderen zum Ja-Sagen zwingen, um ihn anschließend mit einer Schlußfolgerung zu konfrontieren, oft nicht zum Ziel. Wer den anderen so in die Enge treibt, stört die Beziehung und das Gesprächsklima. Deshalb sollte man die Wirkungen der verschiedenen Fragesorten kennen. Eine Übersicht finden Sie auf der nächsten Seite.

13.1 Das richtige Fragen-Stellen muß man üben. Wenn Sie sich z.B. in ein neues Thema einlesen, stellen Sie bestimmte Fragen an das Buch bzw. den Autor und suchen nach den Antworten. Wenn Sie sich mit einem Autor und seinem Ansatz intensiv beschäftigt haben, können Sie einen Gastvortrag, eine Diskussionsrunde oder Pressekonferenz mit dieser Persönlichkeit nachspielen. Einer übernimmt die Rolle, die anderen hören zu und befragen ihn ... z.B.

❏ Was würde Marx zur sozialen Marktwirtschaft sagen?
❏ Was Newton zur Chaos-Theorie?
❏ Wie fände Maria Montessori die heutigen Lehrpläne?

Wirkung von Fragen

	bei vereinzeltem Gebrauch	bei häufigem Gebrauch
offene Fragen (W-Fragen: *wer, was, worüber, wann, wo, wie, warum, weshalb, wozu, wogegen ...*)	großer Antwortspielraum, halten Gespräche in Gang	Gefahr der Informationsflut, Verlust eines roten Fadens, aber auch Abblocken, sich ausgefragt fühlen
geschlossene Fragen (Entscheidungsfragen, mit *ja* oder *nein* zu beantworten), z.B. *Können Sie das bis zum 15. erledigen?*	enger Antwortspielraum, fördern klare Entscheidungen/Positionen	stockendes Gespräch, eingeengte Problemsicht, oder Partner muß kreativ zusätzliche Mitteilungen geben
resümierende Fragen (Teilergebnisse in Frageform festhalten), z.B. *Könnten wir also sagen, daß in dem Punkt a) Übereinstimmung besteht über ...?*	schaffen und sichern Gemeinsamkeiten, strukturieren das Gespräch	Vereinnahmung, vorschnelles Beenden der Klärung, Dringen auf Entscheidung

verständnissicherndes Nachfragen (Wiederholen der inhaltlichen Aussage wie im Kontrollierten Dialog), z.B. *Sie sagen, daß im Moment Ihre Kapazitäten zu 80 % ausgelastet sind?*	sichern das Verständnis, Signal der Aufmerksamkeit, motivieren zu weiteren Erläuterungen	Gefühl des Ausgehorcht-Werdens, Info-Blockade, da der Frager nicht einmal mehr durch das Aufwerfen neuer Fragen in Erscheinung tritt
Alternativfragen, z.B. *Möchten Sie Kaffee oder Tee?*	bei richtig gestellter Alternative: Verdeutlichung von Standpunkten	unerwünschtes Festlegen, Schwarz-Weiß-Malerei
Aufforderungsfragen (als höfliche Frage), z.B. *Können Sie dazu genauere Daten geben?*	Aktivierung, freundlich und höflich, tragen zur Präzisierung bei	fordernd, indirekt, unterschwellig, verschleiert Weisungsbefugnis
Suggestivfragen (Antwort in den Mund legen), z.B. *Sie sind doch sicher auch der Meinung, daß ...?*	Zustimmung, wenn als Hilfe aufgefaßt; Aggression beim Verdacht der Manipulation	unfaire Taktik, plumpes Vereinnahmen oder Provozieren
direkte Gegenfragen, z.B. *Wie sehen Sie das denn?*	beleben das Gespräch, gegenseitiges Interesse	fehlende Bereitschaft, sich in das Gespräch einzubringen
zurückleitende Fragen (mit Verstärkung), z.B. *Das ist wirklich eine wichtige Frage. Welche Erfahrungen haben Sie damit?*	Verstärkung, Aktivierung des anderen (eigener Zeitgewinn zum Überlegen/Abwägen)	mangelnde Gesprächsbereitschaft, ggf. Inkompetenz

Sokrates-Fragen

Daß man durch Fragen ein Gespräch steuern kann, hat uns schon Platon vorgeführt. In seinen Dialogen läßt er z.b. Sokrates als Lehrmeister auftreten. Sokrates fragt, weil er seinen Schüler Gorgias zu einer Erkenntnis führen will. Auch wenn Fragen das Sprechdenken anregen und für Schüler die Möglichkeit zum Widerspruch besteht, engen zu viele Fragen hintereinander ein. Man fühlt sich ausgefragt und hat wenig Lust, weiter zu antworten.

Sokrates-Fragen galten lange Zeit als Vorbild für Unterrichtsgespräche, obwohl sie den Schülern wenig Raum für eigene Aktivität lassen. Erst seit der Reformpädagogik (um 1900) wird immer wieder gefordert: An die Stelle der Lehrerfragen sollen echte Fragen der Schüler treten. Aber auch die sogenannte *Impulstechnik* (Arbeitsaufträge, die die Aktivität der Schüler steuern) hat bis heute nicht viel an der Einbahnstraßen-Kommunikation im lehrerzentrierten Frontalunterricht geändert (vgl. z.b. Meyer 1987, II, S. 288).

Vertrauen ist gut, Kontrolle besser

Auch wenn ein vertrauensvolles Klima Grundlage jedes erfolgreichen Gesprächs ist, sollte man nicht blind vertrauen, sondern Gesprächsabläufe kontrollieren. Wenn man die Äußerung des Gesprächspartners zusammenfaßt und wiederholt, hat man eine gute Kontrolle über das Gespräch. Solche Zusammenfassungen haben mehrere *Vorteile*:

1. Sie stellen einen guten Kontakt zum Gesprächspartner her, weil man ihm zeigt, daß man ihm gut zuhört; dadurch fühlt er sich akzeptiert und ernstgenommen.
2. Sie bauen Mißverständnisse ab und beugen ihnen vor, weil man das, was man verstanden hat, ausspricht.
3. Man geht besser aufeinander ein: Dadurch, daß die eigenen Gedanken jeweils durch die Wiederholung unterbrochen werden, berücksichtigt man stärker die Sichtweise des Partners.
4. Sie ermöglichen eine zielgerichtete Argumentation: Wenn man bei den Gedanken des Partners ansetzt, findet man besser die Argumente, mit denen man den Partner überzeugen kann.
5. Man verliert den gemeinsamen roten Faden nicht so leicht.

Die Gesprächskontrolle setzt voraus, daß man gut zuhört. Damit man bei Diskussionen alles mitbekommt, sollte jeder Teilnehmer stichwortartig die

Beiträge der anderen mitschreiben. So erhält man einen guten Überblick und kann sich besser auf andere beziehen. Zuhören kann und sollte man trainieren, denn: *Am besten überzeugt man andere mit den Ohren, indem man ihnen zuhört* (D. Rusk).

13.2 Üben Sie einen *Kontrollierten Dialog* (vgl. Antons 1975, S. 87): Bitte wählen Sie sich zu zweit ein Thema, bei dem Sie nicht einer Meinung sind. Bevor Sie dem anderen antworten, fassen Sie immer erst mit eigenen Worten kurz zusammen, was er gesagt hat. Ein Dritter kann beobachten und Ihnen Rückmeldungen geben.

Allgemeines Prozeßschema für Sachgespräche

Sachgespräche sollen geordnet verlaufen. Das folgende Prozeßschema hat sich in der Praxis bewährt. Diskussionen, in denen ein Thema geklärt, aber keine gemeinsamen Beschlüsse gefaßt werden, enden in der Regel mit dem dritten Punkt.

0. Vorbereitung
Jeder Teilnehmer klärt für sich Thema und Ziel: Worum geht es? Was will ich?
1. Kontakt herstellen
Begrüßen; wie geht's den anderen? Gemeinsamkeiten betonen
2. Anlaß und Thema problematisieren
Welche Fragen, Punkte sollen geklärt und/oder entschieden werden?
3. Klärung: Beiträge sammeln und strukturieren
Alle Beiträge (Pro und Contra) sammeln, zum Verständnis nachfragen, zusammenfassen und in eine übersichtliche Struktur bringen
4. Entscheidung: Ergebnis finden
Zusammenfassung oder einzelne Vorschläge mit Argumenten bewerten, abstimmen oder Kompromisse aushandeln
5. Ausblick
Wie geht es weiter? Nächstes Treffen? Weitere Aufgaben? Wer kümmert sich um was?

13.3 Wenden Sie dieses Prozeßschema bei Ihren nächsten Besprechungen an. Wenn Sie es sich auf Tonpapier schreiben, haben Sie ein Lesezeichen, das Sie auch in andere Bücher oder Unterlagen legen können.

Diskussionsleitung

Damit Diskussionen im größeren Kreis geordnet ablaufen können, braucht man einen Leiter. Er ordnet das Gespräch inhaltlich, diskutiert aber selbst nicht mit. Seine *inhaltsbezogenen Aufgaben* sind:

❏ Probleme benennen, Fragen stellen: In das Thema einführen und die Teilnehmer um ihre Meinung fragen. Wenn eine Frage ausdiskutiert ist, zur nächsten Frage übergehen. Manchmal auch mit Zusatzfragen die Diskussion wieder in Gang setzen.

❏ Ergebnisse zusammenfassen, bevor die nächste Frage behandelt wird.

Darüber hinaus muß der Diskussionsleiter auf *formale Spielregeln* achten. In Gremien oder Vereinen liegt die Diskussionsleitung in der Regel beim Vorsitzenden. Er sorgt dafür, daß sich jeder an die Regeln hält, die in der Satzung und *Geschäftsordnung* verbindlich festgeschrieben sind. In den wesentlichen Punkten geht es immer nach der Geschäftsordung des Deutschen Bundestages:

❏ Rednerliste führen und das Wort erteilen;

❏ die Tagesordnungspunkte (TOPs) aufrufen;

❏ Wort entziehen (bei Überschreitung der Redezeit oder wenn jemand vom Thema abschweift);

❏ die Mitglieder der Versammlung zur Ordnung rufen, rügen und notfalls ausschließen, wenn sie stören oder andere beschimpfen und beleidigen.

Nach dem Versammlungsgesetz, das bindend für öffentliche Versammlungen ist, aber sinngemäß auch auf nicht-öffentliche Versammlungen angewendet wird, hat der Leiter das Ordnungsrecht. Im Bereich der Hochschule ist der Dozent jeweils auch Leiter seiner Veranstaltungen im Sinne des Versammlungsgesetzes. Die Teilnehmer sind „verpflichtet, Weisungen des Leiters zu befolgen" (§ 10). Gewohnheitsrechtlich haben sich gewisse Einschränkungen ergeben: So darf der Leiter einem Redner nicht bereits beim ersten Abweichen vom Thema das Wort entziehen, und er darf ihn auch nicht schon bei einer ersten Störung des Saales verweisen. Vielmehr sollte der Leiter zunächst zweimal verwarnen und erst nach dem dritten Verstoß die Konsequenz ziehen (Wortentzug/Saalverweis), nachdem er auf diese Folgen bei der zweiten Verwarnung bereits hingewiesen hat.

So formal geführte Diskussionen nennt man auch *Debatten*. Das allgemeine Prozeßschema für Sachgespräche kann auch hier zur Orientierung dienen; allerdings wird man die Punkte 2. bis 5. bei jedem einzelnen TOP durchgehen; einzelne Schritte können auch vertagt oder an Ausschüsse delegiert werden. In

Debatten wird auch die Entscheidungsfindung formalisiert: Es werden Anträge gestellt und nach bestimmten Regeln abgestimmt.

Anträge zur Sache

❏ Anträge können vor der Sitzung eingereicht werden. Sie werden ein Tagesordnungspunkt (TOP). Alle wichtigen Anträge, die schon absehbar sind, sollte man in aller Ruhe vorformulieren und als sogenannte *Tischvorlage* jedem Teilnehmer schriftlich präsentieren. Denn bei wichtigen Entscheidungen kommt es oft auch auf treffende Formulierungen an. Da sollte man es nicht dem Zufall überlassen, ob einem in der Sitzung unter Zeitdruck und bei Ablenkungen auch spontan die beste Formulierung einfällt. Allerdings ist die Verhandlungsposition damit auch eindeutig festgelegt.
❏ Anträge zur Sache können aber immer auch während der Debatte über einen TOP gestellt werden.

Anträge zur Geschäftsordnung (GO-Anträge)

GO-Anträge beziehen sich nur auf Verlauf und Form der Debatte, nicht auf den Inhalt. Sie können an jeder Stelle der Diskussion ohne Rücksicht auf die Rednerliste eingebracht werden. Sie werden angezeigt, indem man beide Hände hebt. Solche Wortmeldungen haben immer Vorrang. Sie ermöglichen jedem Teilnehmer, den Ablauf der Debatte mitzubestimmen. Hier einige Beispiele:
❏ Schluß der Rednerliste
   Dieser Antrag wird als Manipulationsversuch gewertet, wenn eine Gruppe Gleichgesinnter sich zu Wort gemeldet hat und der letzte von ihnen diesen Antrag stellt. – Wird ein solcher Fall erkannt, bleibt als Gegenmaßnahme nur die Möglichkeit, den Schluß der Debatte zu beantragen!
❏ Schluß der Debatte
   Das kann nur von jemandem beantragt werden, der vorher nicht zur Sache geredet hat; danach erfolgt sofortige Abstimmung, d.h., auch der Leiter darf nichts mehr zur Sache sagen!
❏ Redezeitbegrenzung
❏ Vertagung
❏ Annahme der Tagesordnung

Wird bei einer vorgeschlagenen Tagesordnung Widerspruch angemeldet, so findet bereits eine GO-Debatte statt.
Alle GO-Anträge sollten – genauso wie der mögliche Widerspruch dazu – vom Antragsteller jeweils begründet werden. Nach einem GO-Antrag muß über

diesen sofort entschieden werden. Erfolgt auf den GO-Antrag keine Gegenrede, gilt er als angenommen, sonst wird abgestimmt. Auch GO-Anträge können mißbraucht werden, z.b. wenn verkappte Sachanträge als angebliche GO-Anträge ausgegeben werden. Es gehört zu den Aufgaben des Leiters, die Unterscheidung von Sach- und GO-Anträgen sorgfältig zu überwachen und Mißbrauch zu verhindern.

Abstimmungsweisen

In kleineren Gremien wird oft nur mit Handzeichen abgestimmt. Aber eine geheime, schriftliche Abstimmung muß durchgeführt werden, wenn ein Mitglied sie fordert. Für manche Abstimmungen, z.b. viele Wahlen, ist sie grundsätzlich vorgesehen. Während Abstimmungen und Wahlhandlungen sind Wortmeldungen unzulässig. Die Frage, mit welcher Mehrheit eine Abstimmung entschieden wird, muß vorher geklärt sein. Das steht in der GO oder Satzung. Die *einfache Mehrheit* (mindestens eine Ja-Stimme mehr als Nein-Stimmen) ist immer bezogen auf die Gesamtzahl der abgegebenen Stimmen. Im Extremfall kann sie zu einem absurden Ergebnis führen: Ein Antrag gilt als angenommen bei einer Ja-Stimme, keiner Nein-Stimme und 30 oder beliebig vielen Enthaltungen. Um solche Fälle zu vermeiden, werden oft stabilere Mehrheiten festgelegt, z.b.
❑ *absolute Mehrheit* (die Hälfte + 1 Stimme) oder
❑ *qualifizierte Mehrheit* wie 2/3 oder 3/4.

Dabei muß man aber stets wissen, was die *Bezugsgröße* ist: die Gesamtzahl der Anwesenden oder die Mitgliederzahl. Man folgt dem Grundsatz: Je wichtiger und folgenreicher eine Entscheidung ist, desto stabiler sollte der Mehrheitsbeschluß sein. Dazu trägt auch die Feststellung einer Beschlußfähigkeit bzw. -unfähigkeit bei. Der Auszug ganzer Gruppen aus Sitzungen z.b. kann eine Beschlußunfähigkeit herbeiführen; demokratische Entscheidungen werden so verzögert oder unmöglich gemacht.
Mündig ist der, der für sich selber spricht, weil er für sich selbst gedacht hat und nicht bloß nachredet, der nicht bevormundet wird hat der Philosoph Adorno (1971, S. 10) gesagt und damit darauf hingewiesen, wie wichtig das Redenkönnen für das Teilnehmen an demokratischen Entscheidungsprozessen ist. Rhetorik soll eben kein Herrschaftswissen sein. Wenn Sie mitbestimmen wollen, was in Ihrem Seminar, Fachbereich und Ihrer Hochschule geschieht, müssen Sie mitreden können. Auch wenn für die Sitzungen einer Seminarveranstaltung an der Hochschule keine eigene Satzung gemacht wird, gelten in diesem Bereich ebenfalls die demokratischen Spielregeln. Denn die Hoch-

schule ist eine öffentliche Institution. Allerdings ist eine Lehrveranstaltung in der Regel kein Entscheidungsgremium, sondern ein Forum für wissenschaftliche Auseinandersetzung. Deshalb werden in den traditionellen Seminarveranstaltungen klärende Gespräche vorherrschen, zu Abstimmungen wird es nur im Ausnahmefall kommen.

Anders sieht es in *Projektseminaren* aus. Wenn ein Dozent mit Studierenden ein Projekt plant, organisiert und durchführt, werden ständig auch gemeinsame Entscheidungen gefällt. Hält man sich dabei an die demokratischen Spielregeln, schafft man die Voraussetzung für einen reibungslosen Ablauf.

13.4 Vielleicht besorgen Sie sich einmal die Satzungen und Geschäftsordnungen, die sich die Organe der studentischen Selbstverwaltung oder andere Gremien an Ihrer Hochschule gegeben haben, oder schauen Sie einmal in das Schulmitwirkungsgesetz. Vergleichen Sie diese mit den allgemeinen Spielregeln hier.

Der Blick in die Diskussionsrunde

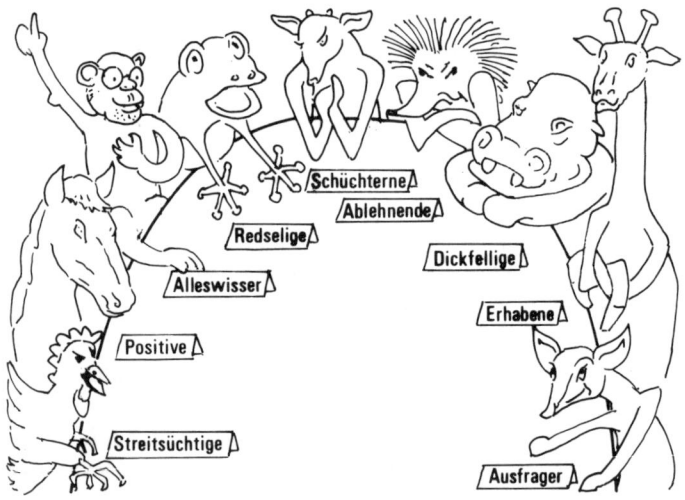

(Abgewandelt nach einer anonymen Idee aus: Wir machen mit, Arbeitsgemeinschaft der deutschen Schülervertretungen, Koblenz, Nr. 4, S. 4, o. J., vgl. Kelber 1977, S. 139)

Der Blick in die Diskussionsrunde zeigt unterschiedliche Gesprächstypen. Manche haben sich ein für andere unangenehmes Verhalten angewöhnt. Der

Leiter hat die Aufgabe, auf alle einzugehen und sie in das Gespräch zu integrieren. Dabei helfen formale Spielregeln, aber darüber hinaus sollte jeder Diskussionsleiter auch verbindlich und ausgleichend wirken.

13.5 Wie kann der Diskussionsleiter einen Streitsüchtigen integrieren, einen Positiven bestärken, einen Alleswisser nicht zu dominant werden lassen, einen Redseligen einbremsen, einen Schüchternen zur aktiven Beteiligung motivieren, einen Ablehnenden zur Mitarbeit auffordern, einen Dickfelligen interessieren, einen Erhabenen zur Kooperation bewegen oder einen Ausfrager zur konstruktiven Mitarbeit anregen? – Beobachten Sie Dozenten oder Moderatoren im Fernsehen, tauschen Sie sich darüber mit Studienkollegen aus!

Beziehungen herstellen und pflegen

Viele gehen *mit gutem Beispiel voran* und erwarten, daß der andere nacheifert. Leider führen diese Versuche nicht immer zum gewünschten Erfolg. Denn bei Gesprächspartnern mit unterschiedlichem Redestil (vgl. S. 13 f.) kann eine absurde Interaktion entstehen:

Eva und Thomas gehen zusammen in die Mensa. Sie haben sich gerade in einer Veranstaltung kennengelernt. Thomas bombardiert Eva mit Geschichten über sich selbst. Nach einer Zeit protestiert Eva erschöpft: „Warum erzählst du mir das alles?" Seine Antwort „Ich möchte dich besser kennenlernen" klingt für Eva schwachsinnig, weil Thomas nur von sich erzählt hat. Aber er will mit seinen persönlichen Enthüllungen Eva veranlassen, es ihm gleichzutun. Da sie es nicht sofort tut, verdoppelt er seine Anstrengungen und erzählt noch mehr von sich, um ihr zu zeigen, wie nett persönliche Geschichten sein können. Er gibt sich alle Mühe, ein gutes Vorbild zu sein.

Normalerweise gleichen sich die Partner in einem Gespräch allmählich an, sowohl in der Körpersprache als auch im Sprechausdruck und Gesprächsverhalten. Bei gleichem Redestil führt häufiges Miteinanderreden zu wachsendem gegenseitigem Verständnis durch immer weniger Worte. Aber unterschiedliche Redestile stören die Kommunikation: Man ist enttäuscht über die sich häufenden Mißverständnisse. Es entsteht eine *komplementäre Schismogenese* (Bateson, nach Tannen 1992): Durch immer extremere Formen eines Verhaltens löst man immer stärkere Reaktionen des unerwünschten Verhaltens beim anderen aus. Man stachelt sich gegenseitig hoch wie in einer Spirale: A spricht laut, B leise. Weil B leise spricht, spricht A als gutes Beispiel noch ein bißchen lauter. Weil A so unangenehm laut spricht, wird B noch etwas leiser (als gutes

Beispiel für A!). Bei dem Versuch, die Situation zu retten, wird A immer lauter, B immer leiser, bis schließlich A brüllt und B nur noch flüstert.

Auf der Beziehungsebene laufen viele interessante Interaktionen ab, z.B. das Pro-forma-Angebot, die Pro-forma-Entschuldigung oder das Klagen. Bei neuen Bekanntschaften werden oft *Pro-forma-Einladungen* ausgesprochen, die guten Willen zeigen sollen, aber in der Regel nicht wörtlich gemeint sind. Wenn der andere wirklich kommt, ist man oft entsetzt, weil man überhaupt nicht damit gerechnet hat.

Auch *Entschuldigungen* werden oft pro forma ausgesprochen: *Tut mir leid, war nicht so gemeint. Ich brüll' halt manchmal etwas lauter.* Wird die Entschuldigung akzeptiert und vom Partner auch Verantwortung übernommen: *Mir tut es auch leid. Ich drücke mich wohl manchmal unklar aus,* ist es gut. Aber hakt der Partner bei einer solchen Pro-forma-Entschuldigung nach und bestätigt sie *Ja, du brüllst wirklich oft laut!*, dann ist der Zwist nicht beigelegt, sondern beginnt erst richtig. Die Schuld wird einem zugeschrieben, und der verteidigt sich bzw. greift den anderen an.

Auch beim *Umgang mit Klagen* kommt es immer wieder zu Mißstimmungen, selbst bei guten Bekannten: X und Y kennen sich bereits seit der Schulzeit. X erlaubt sich eines Tages, vor anderen Kommilitonen scherzhaft zu erzählen, daß Y immer fürchterlich über die Statistikaufgaben stöhne, sich aber partout nicht helfen lassen wolle. Y findet das aber gar nicht witzig, sondern ist gekränkt und sagt ernst: *Bei dir werde ich mich nie mehr beklagen,* worauf X entsetzt ist. X und Y haben unterschiedliche Klage-Gewohnheiten. Wenn X von Ys Stöhnen erzählt, hebt er damit ihre Freundschaft hervor, vor Dritten ist es eine Neckerei und soll Solidarität beim gemeinsamen Stöhnen über Statistik auslösen. Aber Y empfindet es als Vertrauensbruch.

Klagen sind oft rituell: So jammern viele oft gemeinsam über andere, ihnen nahestehende Personen oder auch Dozenten. Das schafft Solidarität, ist aber nur ein indirekter Ausdruck für den Wunsch nach Nähe, Trost oder Hilfe. Jemand, der immer direkt seine Wünsche äußert, empfindet das oft als Schlechtmachen und setzt eigene positive Erfahrungen dagegen. Aber darum geht es bei diesen Klagen gar nicht.

Für jedes Gespräch ist es wichtig, eine gute gemeinsame Beziehung in der Situation herzustellen und den Partner zu verstehen: Welche Wünsche und Absichten verfolgt er? Wie empfindet und deutet er mein Gesprächsverhalten? Haben wir vielleicht unterschiedliche Vorstellungen über das Ziel oder den Ablauf? Liegen unterschiedliche Auffassungen vor, muß man sie klären und zumindest einige wichtige Punkte gemeinsam ausdrücklich vereinbaren. Nur wenn man auf einen gemeinsamen Nenner kommt, kann man Sachen erfolgreich diskutieren.

14. Prüfungsgespräche optimal vorbereiten

Ein erfolgreiches Studium wird mit der Abschlußprüfung beendet. Sie dokumentiert die Leistung. Aber auch bereits während des Studiums gibt es Prüfungssituationen, die man bestehen muß. Jedes Prüfungsgespräch erfordert rhetorische Fähigkeiten, und man sollte sich inhaltlich gut darauf vorbereiten. Mit Rhetorik kann man fehlende Kenntnisse, Grundlagenwissen, Methodenüberblick etc. nicht ersetzen. Es heißt nicht: Rhetorik statt Fachwissen, sondern Rhetorik *und* Fachwissen. Dann kann man sich sicher fühlen und ist gut auf jede Prüfung vorbereitet.

Die Prüfer kennenlernen

Damit man die Situation besser einschätzen kann, ist es wichtig, seine Prüfer vorher kennenzulernen. Je besser man die Prüfer kennt, um so leichter fällt es, ihre Perspektive zu übernehmen: Man weiß dann schon vorher, worauf sie besonderen Wert legen, wo ihre Arbeitsschwerpunkte liegen, welche Fragen sie eventuell stellen und wie man sie beantworten könnte.

Da man in Gesprächen von Angesicht zu Angesicht immer viele zusätzliche Informationen allein durch die Sprechweise erhält, sollten Sie das Gespräch mit Ihren Dozenten suchen: Vieles läßt sich leichter klären, Mißverständnisse können schnell ausgeräumt werden.

14.1 *Ein Professor korrigiert Seminararbeiten. Als absolutes Limit hat er deutlich auf den Umfang von 12 Seiten hingewiesen. Er will keine Arbeit akzeptieren, die länger ist. Ein begabter Student, der zu dem Professor ein gutes Verhältnis hat, hat sich formal zwar an die vorgegebene maximale Seitenzahl gehalten, aber dennoch viel mehr geschrieben als die anderen: Er hat am Computer gearbeitet und seinen Text in einer winzigen Schrifttype formatiert. Da der Student sich einerseits clever an die formale Vorgabe gehalten, aber andererseits sie auch unterlaufen hat, gerät der Professor in eine Zwickmühle: Soll er die Arbeit akzeptieren? Da der Inhalt gut ist und der Professor dem Studenten wohlwollend gegenübersteht, schreibt er unter die Arbeit den neckischen Kommentar: „Wer Computer benutzt, schummelt." – Daraufhin verbringt der Student eine schlaflose Nacht, weil er sich ernsthaft des Betrugs beschuldigt fühlt.*

Worin besteht hier das Mißverständnis? Warum wäre es bei mündlicher Kommentierung nicht entstanden?

In der Sprechstunde des Dozenten

Sich gegenseitig kennenlernen kann man in der Sprechstunde, in der man sich zumeist auch für die Prüfung anmelden muß. Damit wird sichergestellt, daß zumindest ein Kontakt zwischen Studierenden und Prüfer vor dem eigentlichen Prüfungstermin stattgefunden hat. Besser ist es natürlich, wenn man zuvor schon einmal ein Referat bei dem Dozenten gehalten hat, von dem man sich gerne prüfen lassen möchte. Denn bei der Vor- und Nachbesprechung des Referates und im Seminar lernt man sich natürlich besser kennen als nur bei einem Gespräch in der Sprechstunde.

Dabei ist der *erste Eindruck* wichtig. Geben Sie sich natürlich. Versuchen Sie nicht, etwas anderes aus sich zu machen, denn sonst iritieren Sie Ihren zukünftigen Prüfer. Wenn er sich falsche Vorstellungen von Ihnen macht, wird er Ihnen vielleicht Fragen stellen, mit denen Sie nichts anfangen können. Also: nicht mehr Wissen, Erfahrungen etc. vortäuschen, aber auch nicht mit etwas hinter dem Berg halten. Versuchen Sie immer, offen Ihre Fragen und Probleme anzusprechen. Nur wer fragt, dem kann geholfen werden. Wenn sie etwas nicht verstanden haben, sagen Sie es. Ein Mißverständnis kann schwerwiegende Folgen haben. Deshalb ist es immer wichtig, *klare Absprachen* zu treffen. Kontrollieren Sie gelegentlich auch den Dialog mit Ihrem Dozenten. Besonders bei den Ergebnissen sollte man sich gegenseitig seines Verständnisses sicher sein. Stellen Sie sich nur einmal vor, welche Folgen es für eine Prüfung haben kann, wenn Sie meinen, Sie sollen z.B. nur zu einem bestimmten Kapitel eines Buches Stellung nehmen, Ihr Prüfer aber erwartet, daß Sie das ganze Buch kennen und kritisch kommentieren können. Fragen Sie lieber einmal mehr als zu wenig.

Wichtige Hinweise und Antworten schreibt man sich am besten stichwortartig auf. Es macht auch einen gut vorbereiteten Eindruck, wenn Sie sich vorher Ihre Punkte und Fragen notieren und sie im Gespräch – Punkt für Punkt – mit Ihrem Dozenten durchgehen. So stellen Sie sicher, daß Sie nichts Wichtiges vergessen.

Rollenverteilung beachten: Fragerecht und Antwortpflicht

In der Prüfung geht es darum, Fähig- und Fertigkeiten zu beweisen. Obwohl das Reden eine Schlüsselqualifikation darstellt, sind die rhetorischen Möglichkeiten in einer Prüfung eingeschränkt, weil es eine *feste* Rollenverteilung gibt. Die Rollen *Prüfer* und *Kandidat* verteilen das Fragerecht und die Antwortpflicht. Der Prüfer ist der Situationsmächtige, er entscheidet über das Ergebnis der Prüfung, der Kandidat hat keine Entscheidungsbefugnis. Dennoch sollte man sich als Prüfungskandidat nicht eingeschüchtert oder eingeschränkt fühlen. Schöpfen Sie besser alle rhetorischen Möglichkeiten aus, die sich Ihnen bieten. Sie wissen: Am besten wirkt ein abwechslungsreiches Sprechen. Also keine stereotypen Sprechhandlungsmuster. Wenn Sie die verschiedenen Kapitel dieses Buches durchgearbeitet und nicht nur rasch überflogen haben, haben Sie sich schon eine gute Redesicherheit aufgebaut.

14.2 Wenn Sie sich mit anderen gemeinsam auf eine Prüfung vorbereiten, können Sie auch gemeinsam das Prüfungsgespräch trainieren. Wenn sich alle gleichermaßen gut im Thema auskennen, geht es am besten. Machen Sie ein richtiges *Rollenspiel,* simulieren Sie die Prüfungssituation: Einer spielt die Rolle des Prüfers, so wie er ihn kennt, und der andere wird in die Prüfungssituation hereingerufen, begrüßt, und gefragt ... Er soll so antworten, wie er es in der echten Prüfungssituation täte. (Andere können Beisitzer, Protokollant oder den Prüfungskommissionsvorsitzenden spielen.)

Wenn man das Gespräch aufnimmt, kann man hinterher gemeinsam überlegen: Waren alle Antworten richtig? Waren die Fragen gut gestellt? Welche Fragen waren schwierig, welche leicht? (Wegen der Sache oder wegen der Art, wie sie gestellt worden sind?) Wird sich der Dozent XY vermutlich so verhalten, wie er hier dargestellt worden ist? ... bis hin zu der Frage, wie man die Leistung einschätzen und welche Note man dafür geben würde.

Soll das Prüfungsgespräch keine reine Abfragung von Punkten werden, sondern ein interessantes Fachgespräch, reichen *Minimal-Antworten* nicht. Man sollte als Kandidat den geforderten Frage-Umfang beachten. Wenn der Prüfer versehentlich mehrere geschlossene Fragen stellen sollte, antworten Sie mit zusätzlichen Mitteilungen oder kommentieren Sie Ihre Antwort. In der Regel wird man mit offenen Fragen rechnen können, die man im gefragten Umfang beantworten sollte. Hier und da ist es grundsätzlich gut, weitergehende Antworten zu geben. Denn mit zusätzlichen Mitteilungen und Meta-Kommentaren dokumentiert man seine Informiertheit, seinen guten Überblick und die Fähigkeit, Fragen in einen Zusammenhang einzuordnen.

Rhetorische Lernerfolgskontrolle

Ich hoffe, Sie haben mit dem Buch einige neue und für Sie persönlich wichtige Erkenntnisse und Erfahrungen gesammelt. Wie im Studium möchte auch ich Ihnen die Gelegenheit geben, Ihren Lernfortschritt zu überprüfen. Das ist natürlich bei dem Thema *Reden* in dem Medium *Buch* schwierig. Denn: Wissen kann man abfragen, aber Erfahrungen nicht. Die Kenntnisse über Rhetorik, die man z.B. in einem Fragebogen abtesten könnte, sind beim Reden nicht das Wichtigste. Viel wichtiger ist, daß sich praktisch beim Reden etwas verändert hat, daß Sie frei und sicher reden können. Das kann man am besten erkennen, wenn man ein schlechtes Redebeispiel überarbeitet.

14.3   Überarbeiten Sie den folgenden Referat-Anfang. Lesen Sie den Text in aller Ruhe durch. Was ist hier ungünstig? Wie könnte man es besser machen? – Erarbeiten Sie sich ein eigenes Stichwortkonzept, nach dem Sie die Inhalte in besserer Form und Reihenfolge möglichst frei vortragen können.
Kontrollieren Sie Ihr Redeverhalten mit einer Bandaufnahme.
Vergleichen Sie bei der Auswertung Ihre letzten mit Ihren allerersten Lernzielen. Welche Punkte haben Sie im Laufe der Übungen abhaken können, weil sie für Sie schon (mehr oder weniger) zur Gewohnheit geworden sind?

Ich habe mich mit dem Thema „Sprichwörter und sprichwörtliche Redensarten in Kinderzeichentricksendungen" beschäftigt.
Die Hauptmerkmale von Sprichwörtern (= Sw) sind: Sie haben eine feste Form, in die die Satzteile nicht ausgetauscht werden können, müssen kurz und bündig sein, damit sie einprägsam und leicht zu behalten sind, und haben eine lehrhafte Tendenz. Sie vermitteln Erkenntnisse und Normen, die für die Lebensgestaltung in der Gesellschaft von

Bedeutung sind. Deshalb sind sie z.T. imperativisch formuliert. Sprichwörtliche Redensarten (= SwR) sind kurze Ausrufe oder Formulierungen, bei denen das Subjekt, das beliebig austauschbar ist, noch eingesetzt werden muß.

Untersucht wurde die Frequenz von Sw und SwR in Kinderzeichentricksendungen. Es wurden fünf Sendungen der Reihe „Es war einmal ... das Leben", die von 17.30 bis 18.00 Uhr von West 3 ausgestrahlt worden sind, und fünf Sendungen der Serie „Familie Feuerstein", die montags bis freitags von 17.55 bis 18.25 Uhr auf Pro 7 ausgestrahlt worden sind, untersucht. Es lagen also fünf Stunden Filmmaterial vor.

Die Zielgruppe von „Es war einmal ... das Leben" sind Vor- und Grundschulkinder. Die Reihe beabsichtigt, Kindern die Funktion menschlicher Organe zu erklären. Jede Sendung behandelt ein abgeschlossenes Thema. Die Erklärungen vermittelt ein allwissender Erzähler, unterstützt von Blutkörperchen, Nervenzellen, Sauerstoffbläschen, die als sprechende Zeichentrickfiguren den Kindern die Körperfunktionen erklären.

Die Reihe „Familie Feuerstein" hat Fünf- bis Zehnjährige als Zielgruppe. Sie dient der Unterhaltung. Es wird das Alltagsleben der Steinzeitmenschen (Fred und Wilma Feuerstein sowie Barny und Betty Geröllheimer) dargestellt. Dabei werden Klischees wie das der braven Ehe- und Hausfrau und das des Mannes als Herr im Haus vermittelt, allerdings nicht ohne eine gewisse ironische Distanz, denn die Männer benehmen sich äußerst kindisch und sind sehr naiv, während die Frauen als die Vernünftigeren erscheinen. Ein besonderer Witz liegt darin, daß die modernen Haushaltsgeräte unserer Zeit in die Steinzeit transferiert werden, ihre Funktionen werden dort aber jeweils von sprechenden Tieren übernommen.

Das Ergebnis der Untersuchung lautet: In „Es war einmal ... das Leben" kamen insgesamt 11 Sw und 41 SwR vor, bei „Familie Feuerstein" waren es fünf Sw und ebenfalls 41 SwR. Damit wird die Hypothese, daß in einer lehrreichen Sendung signifikant mehr Sw und SwR vorkommen als in einer Unterhaltungssendung, falsifiziert. Aber die Zahlen lassen Schlüsse auf eine andere Tendenz zu: Die Sw treten heute in ihrer Frequenz deutlich hinter die SwR zurück. Eine mögliche Erklärung könnte darin bestehen, daß sich Sw im Vergleich zu unserer aktuellen Sprache abgegriffen haben und in ihren inhaltlichen Bezügen veraltet sind. Die offenere Form der SwR, die sowohl witziger ist als auch immer wieder neue personale Bezüge zuläßt, spricht Kinder mehr an, sie übernehmen solche Redensarten in ihren eigenen Wortschatz.

Aber nun zu den gefundenen Sw und SwR im einzelnen ...

15. Reden zu bestimmten Gelegenheiten

Nicht nur im Privatleben, sondern auch im Studien- und vor allem später im Berufsalltag gibt es viele Gelegenheiten, bei denen eine offizielle Begrüßung, ein Grußwort, eine Ansprache zur Eröffnung, Ehrung oder zu einem anderen Anlaß gehalten wird. Bei all diesen Feierreden steht der Anlaß oder die Beziehung zu dem zu Ehrenden im Mittelpunkt.

15.1   Welche Feierreden haben Sie selbst schon erlebt? Welchen haben Sie gern zugehört, bei welchen haben Sie sich gelangweilt? Begründen Sie Ihre Wirkungseindrücke.

Feierreden sollten stimmungsvoll (herzlich, lustig, ernst, feierlich ... je nach Anlaß!) sein. Drei bis fünf Minuten reichen für weniger offizielle Anlässe. Bei größeren, offiziellen Anlässen wie z.B. einer Tagungseröffnung sollte man nie länger als zehn bis maximal 15 Minuten reden. Wenn mehrere Grußworte hintereinander gehalten werden, ist es sogar empfehlenswert, sich kürzer zu fassen.
Bei jeder Feierrede ist die Begrüßung wichtig, man muß den Anlaß oder Grund der Feier nennen, etwas über die Geschichte sagen (Hintergründe, Blick in die Vergangenheit) und eine Zukunftsperspektive entwickeln.

Begrüßung

Den Hauptgast begrüßt man zuerst, besonders wenn es nach dem sogenannten *Protokoll* zugeht. In zwangloseren Situationen kann man ihn auch zuletzt begrüßen, etwa nach dem Motto *last but not least*. Wenn die Hauptaufgabe der Rede im Rahmen der Veranstaltung die Begrüßung vieler Gäste ist, kann man sagen: *Zur heutigen Feierstunde* (den Anlaß genau nennen!) *begrüße ich ganz besonders herzlich ...* Wenn man selbst als Gastgeber, Veranstalter die Ansprache hält, wird man seine Gäste direkt anreden: *Sehr verehrter Herr Rektor, sehr geehrter Dekan ...* Bei offiziellen Anlässen mit geladenen Gästen werden die Ehrengäste immer besonders begrüßt. Man ehrt damit den Gast, und man teilt den anderen Gästen mit, wer anwesend ist.

Protokollarisch von Staats wegen gilt folgende **Reihenfolge:** Bundespräsident, Präsident des Bundestages, Bundeskanzler, Präsident des Bundesrates, Präsident des Bundesverfassungsgerichtes, Doyen (Ehrenvorsitzender) des diplomatischen Corps, traditionell der Apostolische Nuntius (*Exzellenz, sehr geehrter Herr Nuntius ...*), Botschafter oder deren Stellvertreter, ehemalige Bundespräsidenten, Vorsitzender der Deutschen Bischofskonferenz, Vorsitzender des Rates der Evangelischen Kirche, Vorsitzender des Zentralrates der Juden in Deutschland ... Diese Liste ließe sich fortsetzen. Grundsätzlich gilt immer:

❏ Gewählte Repräsentanten (Bürgermeister, Rektor ...) vor Verwaltungsbeamten (Stadtdirektor, Kanzler ...);
❏ Bund vor Land/Frei- oder Stadtstaat vor Kreis vor Stadt;
❏ Präsidenten oberster Gremien vor den Abgeordneten der Parlamente;
❏ Hohe Generäle nach Fraktionsvorsitzenden, aber vor Abgeordneten;
❏ Kirchliche Würdenträger vor weltlichen, also Pastor/Pfarrer vor Präsident der Handelskammer, Vorsitzenden einer Gewerkschaft oder einem Kreis-Innungsmeister;
❏ Damen vor Herren, aber wenn es sich um Ehefrauen der Repräsentanten handelt, werden erst die Amts- und Würdenträger, dann ihre Frauen begrüßt.

Ferner gehören **Titel in die förmliche Anrede.** Denn in Deutschland sind der Doktortitel und der Professorentitel sowie Adelstitel Teil des Namens. Professoren haben normalerweise einen Doktortitel erworben, aber man redet sie nur mit dem Professorentitel an, in der Anschrift ist das anders. Also bei der Begrüßung: *Sehr verehrte Frau Doktor Singer ... ich begrüße ganz besonders herzlich Frau Professor van Bebber, Herrn Professor Proglantzki aus Warschau und Herrn Doktor Spellmer vom Institut für ...*
Achten Sie bei Anreden immer darauf, daß der Name stimmt. Bei ausländi-

schen Gästen muß man sich evtl. erkundigen und die Aussprache etwas üben. Am Anfang oder zum guten Schluß der Begrüßung darf man auf keinen Fall die Mehrheit der Anwesenden vergessen, sie sollte man besonders herzlich begrüßen: *Meine sehr verehrten Damen, sehr geehrte Herren, liebe Gäste, liebe Freunde ... liebe Kolleginnen und Kollegen, verehrter Jubilar ... liebe Mitstreiterinnen und Mitstreiter ...*

Zum Anlaß

Obwohl der Situationsbezug in der Regel allen bekannt ist, wird er noch einmal ausdrücklich für alle formuliert: Was feiern wir hier und heute? Formelle Handlungen müssen ausdrücklich formuliert werden: ... *verleihe ich Ihnen den Preis des ... eröffne ich die Tagung ...*

Mit einem Blick auf die Hintergründe oder in die Vergangenheit wird das Ereignis besonders gewürdigt: Warum oder wie ist es zu dem Anlaß gekommen? Wichtige Stationen und Hintergründe werden allen Anwesenden bekannt gemacht bzw. in Erinnerung gerufen. Man wählt beispielhaft drei bis fünf typische Phasen oder Merkmale heraus, die man etwas anekdotisch erzählt. Dabei darf man auch wörtliche Reden verwenden. Das klingt immer lebendiger als Beschreibungen. Man kann auch literarische Zitate einbauen, sogar Mischungen zwischen Rede und Lesung sind möglich. Liest man Abschnitte aus einem Werk vor, muß der Bezug auf den Anlaß stimmen und für alle deutlich nachvollziehbar ausgesprochen werden.

Zum Schluß: eine Zukunftsperspektive

Zum Abschluß der Rede geht der Blick in die Zukunft. Wie soll es weitergehen? Wozu soll es führen? Man spricht gute Wünsche o.ä. aus und überreicht damit ggf. das Geschenk, die Urkunde, Auszeichnung ...

15.2 Schreiben Sie sich einige Stichwörter auf für eine kurze Feierrede von ca. drei bis fünf Minuten zu einem konkreten Anlaß wie Feierstunde im Institut, Fachschaftsfest, Überreichung einer Auszeichnung, Eröffnung einer Ausstellung oder Tagung, Feier einer bestandenen Abschlußprüfung, Geburtstag, Verabschiedung ...
Stellen Sie sich hin und versuchen Sie, die Rede zu halten.
Hören Sie sich die Rede an, und überprüfen Sie ihre Wirkung.
Wenn Sie sich noch nicht ganz sicher fühlen, sollten Sie für wichtige offizielle Auftritte Ihre Rede einmal zur Probe durchsprechen.

Lösungen

Zu den Aufgaben und Übungen gibt es nicht immer eine Lösung im Sinne von *richtig oder falsch*. Die Lösungen vermitteln Antworten, aber auch weiterführende Hinweise oder Zusammenstellungen, die Sie zum Vergleich oder zur Analyse benötigen, bzw. Beispiele zur Anregung.

Zu 1. Den persönlichen Ansatzpunkt finden

1.1 Entscheidend sind hier die Kriterien, nach denen Sie Reden beurteilen. Vermutlich haben Sie vorwiegend allgemeine Wirkungseindrücke wie *verständlich, nicht langweilig, interessant, lebendig* usw. benannt. Solche Wirkungseindrücke kommen in der Regel zuerst zu Bewußtsein. Wenn Sie Reden lernen wollen, reicht das aber nicht. Denn solche allgemeinen Einschätzungen führen noch nicht zu konkreten Handlungen. Wenn Sie sich vornehmen, *interessant zu sein*, wissen Sie nicht genau, was Sie tun müssen. Wenn man Reden lernen möchte, darf man nicht bei Wirkungseindrücken stehenbleiben, sondern man muß sich immer fragen: Durch welche einzelnen Verhaltensweisen entstehen solche Wirkungen? Interessant wirkt jemand z.B., wenn er lebendige Beispiele erzählt, aber vielleicht auch schon, wenn er eine ungewöhnliche Frisur trägt.
Vielleicht haben Sie aber auch schon konkrete Verhaltensweisen benannt wie z.B. *frei sprechen, nicht ablesen, laut reden, gute Pausen, keine störenden Füllwörter, lebendige Sprechweise, freundlicher Blickkontakt, offene Haltung, Gestik, anschauliche Medien, klarer Aufbau, überzeugende Argumente* usw.

1.2 Vielen meiner Seminarteilnehmer und Studierenden fallen zu dieser typisierten Liste auf Anhieb viele lebende Personen ein, deren Redeverhalten sie so besser erkennen und verstehen können. Der direkte Redestil gilt als typisch amerikanisch und auch als typisch deutsch, aber Ausnahmen bestätigen die Regel. Indirekte Formen herrschen dagegen in mediterranen, afrikanischen, südamerikanischen und asiatischen Kulturen vor. Beim Vergleich der Verkaufsgespräche erkennt man deutlich, wie direkt bei uns in Deutschland z.B. der Preis genannt und akzeptiert bzw. abgelehnt wird und wie wenig Bedeutung wir den informellen Kontakten beimessen.
Ganz anders dagegen in einem Basar: Es wird gefeilscht, man unterhält sich, zeigt sich Wertschätzung und gegenseitiges Interesse, trinkt einen Tee gemeinsam, bevor man zur Sache kommt. Anstelle direkter Appelle oder Ratschläge wie *Nehmen Sie das!* hört man Schmeicheleien wie *Das steht Ihnen gut, Sie sehen damit ganz reizend aus ...*, oder bei der Suche nach bestimmten Gegenständen hört man selten ein klares *Nein, das haben wir nicht*, sondern man wird oft, nachdem der Händler schon längere Zeit herumgekramt hat, mit der Willensbekundung vertröstet, daß das Teil *bis morgen oder so* besorgt werden könne.

1.3 1. Je mehr Referate oder andere Reden Sie gehalten haben, um so mehr Routine haben Sie schon. Wenn Sie sich zurückerinnern: Das erste Mal fiel es besonders schwer. Bei dem ersten eigenen Vortrag weiß man noch nicht, wie man sich bewähren wird. Deshalb ist die Nervosität sehr groß. Außerdem blockiert man sich selbst dadurch, daß man alles besonders gut machen möchte. Das erzeugt zusätzlichen Streß, man verhält sich nicht mehr natürlich. Man sollte sich z.B. zugestehen können, daß man sich auch einmal versprechen oder einen

Moment nach einer Formulierung suchen darf. Der Anspruch an die eigene Redeleistung steigt bei den meisten, je länger sie solche Situationen gemieden haben. Deshalb sollte man so früh wie möglich alle Gelegenheiten zum Reden nutzen, um Erfahrungen zu sammeln. Mit Routine wird man ruhiger, aber etwas Lampenfieber ist gut (vgl. S. 106).

2. Durch die Übungen in diesem Buch sollten Sie lernen, Ihre Referate nicht mehr abzulesen. Denn davon haben die Zuhörer meistens nicht viel. Beim Ablesen sprechen nämlich die meisten zu schnell und zu monoton.

3. Nehmen Sie Rückmeldungen von anderen ernst. Sie können Ihnen wertvolle Hinweise für Redetips liefern. Merken Sie sich aber nicht nur die negativen Punkte, sondern auch das Lob. Das baut auf.

4. Jeder hört seine eigene Stimme anders, als sie vom Tonband klingt. Je öfter Sie sich vom Band hören, um so eher können Sie sich mit dem eigenen Stimmklang anfreunden und etwas verändern, z.B. deutlicher sprechen.

5. Nutzen Sie jede Gelegenheit, sich auf Video zu sehen. Sie erhalten dabei wichtige Hinweise darüber, wie Sie sprechen und wie Sie sich bewegen. – Merken Sie sich bitte immer die Punkte, die Ihnen an Ihrer Art zu reden gefallen. Die meisten erleben sich selbst bei einer Video-Aufnahme viel ruhiger, als sie sich in der Aufnahmesituation gefühlt haben. Daß Zuhörer die innere Unruhe des Sprechers nicht so intensiv spüren, macht viele Sprecher auch sicherer: Wenn die anderen die Nervosität nicht sehen, braucht man sie selbst auch nicht so wichtig zu nehmen; man achtet dann viel weniger auf das Kribbeln in der Magengegend, und dadurch läßt es nach.

6. Wenn Sie schnell heiser werden, einen rauhen Stimmklang oder keine belastbare Stimme haben, sollten Sie sich einmal von einem HNO-Arzt untersuchen lassen. Wenn Sie sich einen verkehrten, nicht-ökonomischen Stimmgebrauch angewöhnt haben, kann eine logopädische Behandlung Abhilfe schaffen. – Wenn Sie nicht stottern, sondern sich Ihre Gedanken nur bei Aufregung und vor lauter Impulsivität überstürzen, sollten Sie immer auf eine klare Gliederung achten und sich auf keinen Fall in der Haltung verkrampfen. Hier wie auch bei allen Abweichungen in der Aussprache (Lispeln, Näseln usw.) können Sprechübungsbehandlungen helfen. Geringfügige Abweichungen von der Standardaussprache, wie z.B. ein [s], bei dem die Zungenspitze nur etwas zu nah hinter den Schneidezähnen liegt, hört man oft selbst gar nicht oder erst vom Tonband.

7. Wenn Sie bei einer Schultheateraufführung mitgewirkt haben oder mit einer Uni-Gruppe Laientheater spielen, sind Sie vielleicht schon etwas sensibilisiert für die verschiedenen Aspekte des Sprechens und sind nicht mehr ganz so nervös. Auch wenn Theaterspielen und Reden zwei unterschiedliche Sprechleistungen sind, kann die Routine, sich frei vor Publikum zu bewegen, die Nervosität beim Reden schon etwas verringern.

1.4 Vgl. 1.3, Frage 5 und 1.5!

1.5 Eigene Lernziele bitte immer möglichst konkret und einfach formulieren. Bitte wirklich nur drei, nicht mehr Punkte! Nicht schummeln, indem Sie zwei Punkte in einem formulieren: *Laut und langsam reden* zählt schon als zwei Lernziele.

Zu 2. Grundlagen aus der Kommunikationstheorie

2.1. Die Listen erheben keinen Anspruch auf Vollständigkeit.

1. Allgemeine Begriffe für Reden: Rede, Vortrag, Darstellung, Monolog. – *Monolog* ist ein mißverständlicher Begriff, weil er nahelegt, daß nur eine Person, der Sprecher, beteiligt ist; der Zuhörer gerät aus dem Blick.

Gleiche bzw. sehr ähnliche Bedeu'ung haben:
- Feierrede, Anlaßrede, Gelegenheitsrede, Gesellschaftsrede, Begrüßung, Grußwort, Ansprache;
- Bericht, Informationsrede, Nac'tricht;
- Agitation und Propaganda (durch den Nationalsozialismus und andere totalitäre Systeme negativ besetzt), Werbung, Rel.lame, Überzeugungsrede;
- Kommentar, bewertende Rede, Statement, Meinungsrede.
Einige Reden können verschiedenen Rubriken gleichermaßen zugeordnet werden: Eine Geburtstagsrede ist z.b. bestimmt durch äußere Bedingungen und zugleich nur einem privaten Kreis zugänglich; eine Fernsehansprache dagegen ist auch bestimmt von äußeren Bedingungen des Mediums, aber zugleich an eine große, überregionale Öffentlichkeit gerichtet.
- äußere Bedingungen (Ort / Umgebung / Medien):
    Abiturrede, Ordensverleihung, Büttenrede, Fernsehansprache, Eröffnungsrede, Geburtstagsrede, Predigt, (Antritts-)Vorlesung, Einweihungsrede, Weihnachtsrede etc.
- festgelegte Rollen:
    Solche Reden können immer nur von bestimmten Personen bzw. Vertretern bestimmter Gruppen gehalten werden.
    Ansprache des Bundespräsidenten, Predigt, Antrittsvorlesung, Abiturrede, Plädoyer des Staatsanwaltes oder Verteidigers etc.
- Anzahl der Teilnehmer:
    Feierrede (mehr oder weniger begrenzte Anzahl der geladenen Gäste), Bericht in einer Kleingruppe, im Plenum (je nach Größe der Veranstaltung), Massenrede, Kundgebung, Fernsehansprache etc.
- Grad der Öffentlichkeit (steigend):
    private Feierreden wie Geburtstags-, Hochzeitsreden usw., Referat im Seminar, hochschulöffentlicher Fach- oder Gastvortrag, Massenrede, Fernsehansprache ...
- Sach- und / oder Zielbezug:
    Fachvortrag, Informationsrede, Rechenschaftsbericht, Kassenbericht, Überzeugungsrede, Verkaufspräsentation, Lehrvortrag, Referat, Predigt, Wahlrede etc.
2. Allgemeine Begriffe für Gespräche: Gespräch, Dialog, Besprechung, Meeting.
Gleiche bzw. sehr ähnliche Bedeutung haben:
- Auseinandersetzung, Streit, Kontroverse, Beziehungskiste (abwertend);
- Diskussion, Sachgespräch, Klärungsgespräch;
- Unterhaltung, Konversation, Klatsch und Tratsch (negativ), Kontaktgespräch, Small talk, Plauderei.
Hinweise auf Besonderheiten der Gespräche: Auch hier gibt es wieder Doppelzuordnungen.
- äußere Bedingungen (Ort / Umgebung / Medien):
    Bettgeflüster, Kamingespräch, Round-table-Gespräch, Kaffeeklatsch, Stammtischgespräch, Schulkonferenz, Bundestagsdebatte, Ausschußsitzung etc.
- festgelegte Rollen:
    Expertenbefragung, Dienstbesprechung, Interview, Moderation, Telefongespräch (Anrufer – Angerufener!), Verkaufsgespräch, Beratung, Empfang, Unterrichtsgespräch, Verhör, Gerichtsverhandlung, Debatte (verschiedene Fraktionen!), Prüfung, Bewerbung etc.
- Anzahl der Teilnehmer:
    Selbstgespräch, Zweiergespräch, Kleingruppengespräch, Großgruppengespräch, Massenversammlung etc.
- Grad der Öffentlichkeit:
    Podiumsrunde, Interview, Talkshow etc.

- Formalisierte Formen:
  Konferenz, Verhandlung, Versammlung, Debatte etc.
- Sach- und / oder Zielbezug:
  Problemlösungsgespräch, Kritikgespräch, Auswahlgespräch, Konfliktgespräch, Beurteilung, Kontaktgespräch, Streit, Entscheidungsgespräch, Sprechstunde, Beratung, Examenskolloquium etc.

2.2 Der Zuhörer hat nicht nur Schwierigkeiten, dem Sprecher zu folgen, wenn dieser zu leise oder undeutlich spricht, sondern auch wenn viele Abkürzungen und Fachbegriffe verwendet werden und bestimmte Kenntnisse stillschweigend vorausgesetzt werden. Dies kann man manchmal in Mathematikvorlesungen beobachten, aber auch z.b. in schlechten Arzt-Patienten-Gesprächen oder bei der Verständigung zwischen Computerfachleuten und Laien.

Manchmal will der Zuhörer den Sprecher aber auch gar nicht richtig verstehen. Bei einem Streit, aber auch in kontroversen sachlichen Auseinandersetzungen z.b. ist man so stark emotional beteiligt, daß jedes Reizwort des anderen bei einem selbst gleich wieder neue Gedanken auslöst. Man wartet dann eigentlich nur darauf, daß der andere endlich aufhört zu reden, damit man selbst wieder etwas sagen kann, manchmal wird der andere auch direkt unterbrochen. Man hört nur das heraus, was in das eigene Konzept paßt. Durch solches selektives Hören und subjektives Herausfiltern wird der Sprecher fast ausgeblendet; es ist beinahe gleichgültig, was er sagt, jede Äußerung kann man als Aufhänger für den nächsten eigenen Beitrag benutzen, wenn man dem Sprecher quasi das Wort im Mund „herumdreht". Man kann das nicht nur in persönlichen Auseinandersetzungen beobachten, sondern z.B. auch in manchen politischen Diskussionen oder in Streitsendungen des Fernsehens.

Die meisten Menschen fühlen sich wohl, wenn die Beziehung zum Gesprächspartner gut ist und man interessante gemeinsame Inhalte hat. Ein schlechter Small talk dagegen, bei dem man nur um des Redens willen redet, also Floskeln, hohle Phrasen usw. austauscht, ist für viele unangenehm, denn ein *Bla-Bla* ist langweilig und schafft keinen guten Kontakt. Unwohl fühlt man sich auch oft in Gesprächen mit Personen, zu denen man eine gestörte Beziehung hat. Denn jedes Sachgespräch gleitet schnell ab ins Emotionale: Unter dem Vorwand einer sachlichen Auseinandersetzung wird oft nur ein persönlicher Streit ausgefochten. Wer jemanden nicht leiden mag, widerspricht ihm meistens eher und heftiger, so daß bei einer massiv gestörten Beziehung oft gar kein gemeinsames Sachgespräch mehr möglich ist. – Zu einer leichten Kommunikationsstörung kann es aber auch schon kommen, wenn Sie ein anderes Gespräch beabsichtigen als Ihr Gegenüber, z.B.: Sie wollen ernsthaft über eine Sache diskutieren, aber Ihr Partner möchte nur eine lockere Unterhaltung und albert herum. Soll es zu keiner allgemeinen Verschlechterung der Beziehung kommen, kann man sich über den gemeinsamen Rahmen direkt verständigen und ihn gemeinsam ausdrücklich festlegen, z.B. so: *Du nimmst das jetzt auf die leichte, lustige Art, mir ist es aber ernst. Ich möchte gerne wissen, wie du das siehst. Können wir darüber sachlich diskutieren?*
Eine solche Metakommunikation, also eine Verständigung über die Art des Miteinanderredens, ist notwendig, um einen gemeinsamen Rahmen zu vereinbaren. – Zumeist stimmen aber Sprecher und Zuhörer mehr oder weniger darin überein, in welchem Rahmen sich ihr Gespräch bewegt.

Unwohl fühlen sich viele auch in Gesprächen, die schwierig sind, weil die gemeinsamen Zeichen zur Verständigung fehlen oder stark eingeschränkt sind wie z.B. bei der Verständigung mit Behinderten, Menschen, die schlecht sehen oder hören können, oder bei der Verständigung am Telefon. Weil man sich beim Telefonieren nicht sieht, achtet man stärker auf die Art und Weise, wie etwas gesprochen wird, und fragt oder sagt bestimmte Dinge ausdrücklicher, als man es in einer Situation von Angesicht zu Angesicht täte. Immer wenn einzelne Kommunikationsbereiche (Körpersprache, Sprechausdruck, Wortsprache) fehlen, müssen die anderen um so deutlicher sein und Ersatzfunktionen übernehmen.

2.3 Dieses technische Verständnis von Kommunikation ist noch weit verbreitet, aber es wird der Wirklichkeit des Miteinandersprechens nicht gerecht, auch nicht, wenn zusätzlich berücksichtigt wird, daß Sprecher und Zuhörer über eine mindestens teilweise gleiche Sprachcodemenge verfügen müssen. Denn das Verstehen ist eine eigene Tätigkeit. Wenn der Zuhörer sich nicht beteiligt, entsteht keine Verständigung, der Sprecher kann sein Ziel nicht ohne den Zuhörer erreichen.

Zu 3. Sprechdenken üben

3.1 Die folgenden Fragen erschließen z.B. ein Thema wie *Bauarten von Verdichtern: Wie viele Hauptgruppen von Verdichtern gibt es? Welche sind das? Wodurch unterscheiden sich Verdrängerverdichter von dynamischen (Turbo-) Verdichtern? Welche Bauarten von Verdränger- bzw. Turboverdichtern gibt es? Welches sind die typischen Einsatzbereiche der verschiedenen Verdichtertypen? Wodurch unterscheiden sich Kolben- von Rotationsverdichtern? Wodurch Radial- von Axialverdichtern? Welches sind die Hauptbauteile jedes dieser Verdichtertypen?*

3.2 Nach dem ersten lauten Lesen werden die Angaben (1. - 14.) systematisch ausgewertet. Dabei sollte jeder möglichst alles laut denken, aber bitte nicht alle gleichzeitig! Ansatzpunkt zur Lösung: 9., 13. und 2. Am besten machen Sie sich pro Auto ein Kästchen und und tragen jeweils alle Angaben (Farbe, Beruf und Alter des Fahrers, Stadtteil) dort ein. Am Schluß bleiben zwei Lücken, das ist die gesuchte Lösung: Der Förster (52 J.) mit dem schwarzen Ford kommt aus Kettwig, und der Landwirt mit dem roten VW aus Werden ist 35 Jahre alt.

3.3 Beim Sortieren wird man verschiedene Karten auch öfter umhängen, bis man die richtige Struktur gefunden hat. Wenn man die Karten zum Schluß auf ein großes Plakat aufklebt, kann man diese Visualisierung über längere Zeit in einem Arbeitsraum aufhängen: Alle haben dann die Zusammenhänge bei den Besprechungen vor Augen. Wenn man sie nicht hängen lassen kann, muß man sie abschreiben, verkleinert fotokopieren oder abfotografieren, damit jeder das Ergebnis bekommt.

3.4 Ein Stichwortkonzept dazu könnte so aussehen:
Stichwort: *Moderne Kunst (= Abk. MK, aber immer ganz aussprechen!)*
? ? ? Farbkleckse ? ? ?
Kunst ? ? ?

„mein Kind auch!"

--- nur Kommerz
= Einstellung, weit verbreitet,
selbst hier im Studium

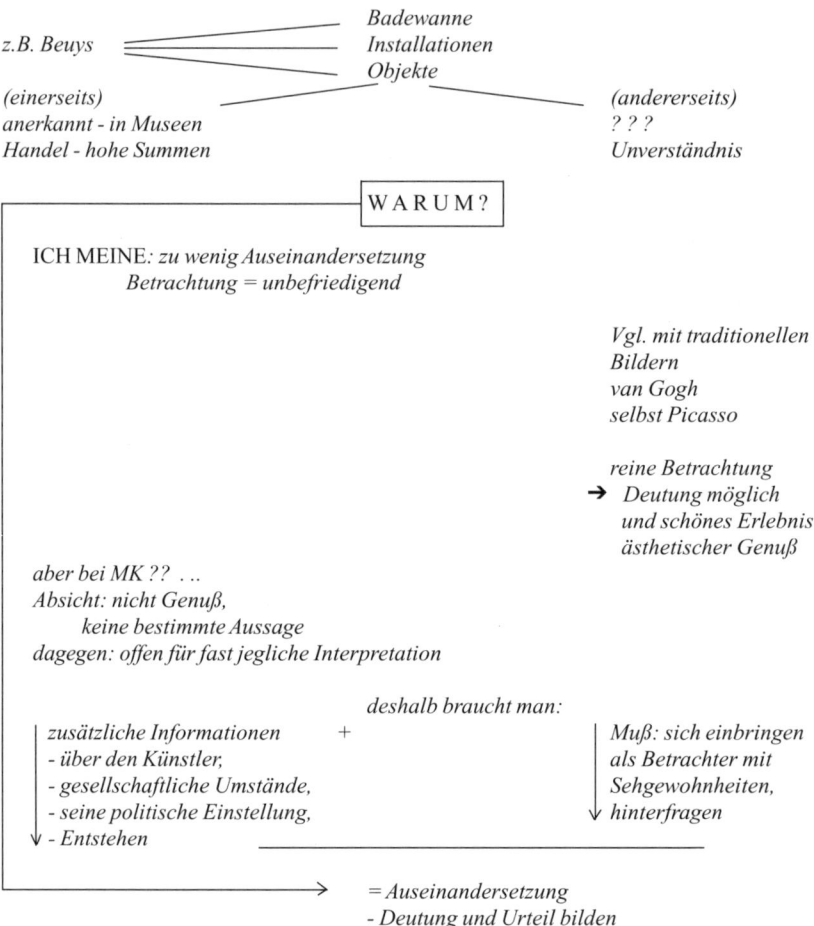

z.B. Beuys   *Badewanne*
            Installationen
            Objekte

(einerseits)   *(andererseits)*
anerkannt - in Museen   *? ? ?*
Handel - hohe Summen   *Unverständnis*

WARUM?

ICH MEINE*: zu wenig Auseinandersetzung*
         Betrachtung = unbefriedigend

Vgl. mit traditionellen
Bildern
van Gogh
selbst Picasso

reine Betrachtung
→ *Deutung möglich*
   und schönes Erlebnis
   ästhetischer Genuß

aber bei MK ?? …
Absicht: nicht Genuß,
     keine bestimmte Aussage
dagegen: offen für fast jegliche Interpretation

deshalb braucht man:

zusätzliche Informationen   +   *Muß: sich einbringen*
- über den Künstler,   *als Betrachter mit*
- gesellschaftliche Umstände,   *Sehgewohnheiten,*
- seine politische Einstellung,   ↓ *hinterfragen*
↓ *- Entstehen*

→ *= Auseinandersetzung*
   - Deutung und Urteil bilden

Also: Warum Unverständnis???
MK = Abkehr von traditionellen Ausdrucksformen
= Ursache in MK selbst

                     will irritieren
aber*: mit intensiver Auseinandersetzung*
→ *besseres Verständnis für* NEUE *Kunstformen !!!*

Als Leitfaden für das Sprechdenken kann ein begriffliches Stichwortkonzept wie dieses benutzt werden. Dabei kann man auch andere Zeichen wie ?, !, =, +, -, .. oder Pfeile, Formen, Farben, Unterstreichungen usw. benutzen. Wichtig ist nur, daß der Redner selbst weiß, was sie für ihn bedeuten.

3.5 Wenn Sie von den einzelnen Linien auf dem Papier ausgehen, ist es sehr kompliziert. Sie können es zwar mit Lineal, Zentimeterangaben, Winkelmesser usw. schaffen, daß Ihr Hörer am anderen Ende der Telefonleitung die gleiche Zeichnung anfertigt, aber es ist sehr umständlich und anstrengend und erfordert ganz exakte Angaben.

Etwas leichter wird es schon, wenn Sie bei der Erläuterung der Zeichnungen von dem optischen Eindruck ausgehen: *An allen Ecken ist ein kleines Dreieck, so als wäre ein Eselsohr abgeknickt.* Am einfachsten ist aber, sich zu überlegen: Was muß man in welcher Reihenfolge tun, um zu dem Ergebnis zu kommen?

Bei der Zeichnung handelt es sich um die Knicke, die auf einem Bogen Papier entstehen, wenn man daraus einen Papierhut faltet, wie man ihn beim Anstreichen aus einem Zeitungsbogen herstellt. Probieren Sie es mit einem Blatt Papier aus:

Legen Sie es quer vor sich hin und falten es einmal von links nach rechts, so daß es nur noch das halbe Format hat, aber nun doppelt liegt. (Durch die Halbierung des Formats liegt der doppelte Bogen nun im Hochformat vor Ihnen!) Drehen Sie das Blatt, damit es wieder quer vor Ihnen liegt, und zwar mit dem Knick nach oben. Legen Sie nun die linke obere Ecke auf die rechte obere Ecke und bestimmen so genau den Mittelpunkt der oberen Seite. Lassen Sie die Ecke wieder los. Der markierte Mittelpunkt der oberen Seite wird nun zur oberen Spitze eines Dreiecks. Dafür nehmen Sie die linke obere Ecke und falten sie so, daß die linke Hälfte der oberen Kante nun senkrecht unter dem Mittelpunkt ist.

Das Gleiche tun Sie bitte entsprechend mit der rechten oberen Ecke: runterfalten, daß die rechte Hälfte der oberen Kante nun senkrecht unter dem Mittelpunkt liegt. Die beiden Hälften der oberen Kante, die Sie gerade heruntergefaltet haben, sollen nun ganz dicht nebeneinander senkrecht unter dem Mittelpunkt liegen. Damit ist bereits die Dreiecksform des Hutes entstanden. Das Papier liegt doppelt, wo die Ecken heruntergefaltet sind, sogar vierfach. Unter den heruntergeklappten Ecken ist noch ein Querstreifen, der nur doppelt liegt. Davon nehmen Sie bitte das obere Blatt und ziehen es, soweit es geht, hoch und klappen es über das Dreieck. Wenden Sie bitte das Blatt und kippen den unteren Querstreifen auf der anderen Seite des Dreieckhutes auch als Krempe hoch. Nun können Sie den Hut schon aufziehen. Die zwei kleinen Ecken, die von der heraufgeklappten Krempe auf jeder Seite (links und rechts) überstehen, werden einfach - egal nach welcher Seite - heruntergefaltet, so daß nur ein großes Dreieck vor Ihnen liegt. Wenn man jetzt das Papier wieder auseinanderfaltet, sieht man die Knicke wie auf der obigen Zeichnung.

Sieht man nur die Zeichnung als Ergebnis, kann man es schlecht nachvollziehen; weiß man aber den Weg, ist es viel leichter. Deshalb beim Sprechdenken immer Schritt für Schritt Gedankengänge entwickeln und damit das Verständnis der Zuhörer fördern.

3.6 Wenn Sie z.B. die Knicke aufzeichnen, die beim Falten eines einfachen Papierflugzeuges entstehen, sieht das fast so aus wie eine Straßenkreuzung. Achten Sie immer darauf, alles Schritt für Schritt zu erklären, einige Wiederholungen einzubauen und sich möglichst genau auszudrücken. Nur dann wissen die Zuhörer, welche Striche sie zeichnen sollen. Wenn Sie die Zuhörer beobachten und auf ihre Zeichnungen schauen, sehen Sie, wie verständlich Sie sprechen. Abweichungen in den Zeichnungen der Zuhörer zeigen Ihnen die Stellen, an denen Sie sich mißverständlich ausgedrückt haben oder zu schnell vorgegangen sind.

3.7 Beispiel: *Wie fährt man Auto? Schlüssel ins Schloß stecken, nach rechts die Zündung einschalten ... starten ... Gas ... Kupplung ... Gang ... Spiegel ... Blinker ...*
Oder: *Wie beginnt Ihr Arbeitstag? Morgens um ... Uhr stehe ich auf ... Frühstück ... Fahrt ... Arbeitsplatz ... 1. Tätigkeit ...*

Wenn Sie bei diesen Aufgaben erleben, daß Ihnen das flüssige Sprechen leichter fällt, als wenn Sie von einem sprachlich-begrifflichen Konzept ausgehen, dann sollten Sie grundsätzlich stärker bildhafte Vorstellungen bei der Vorbereitung berücksichtigen.

3.8 Vergleichen Sie die Punkte Ihrer konstruktiven Kritik wieder mit Ihren letzten Zielen (3.5) und halten Sie neue Lernziele fest. Beobachten Sie besonders, wie oft Sie *äh* gesagt haben. Mehr als fünf dieser Füll-Laute in der Minute fallen den meisten Zuhörern auf und stören. Ursachen für diese Füllsel können sein: zu wenig Mut zu Sprechdenkpausen, verkrampfte Haltung und dadurch eine gestörte Wortfindung, perfektionistischer Anspruch an die Formulierung und Gewohnheit.

3.9 beinhalten: *vermitteln, sich beschäftigen mit, gewidmet sein, behandeln, verdeutlichen, die Bedeutung darstellen oder herausstellen, einen Überblick geben, der Frage nachgehen, vertiefen, zusammenstellen, Hinweise geben ...*
beweglich: *agil, mobil, labil, nicht stabil, nicht träge, geistig rege, nicht starr, elastisch, schmiegsam, biegsam, fit, fahrbar, flexibel, umstellungsfähig, veränderbar, nicht festgefahren, aktiv, anpassungsfähig, tätig, nicht angebunden, nicht fest eingebunden ...*
Darstellung: *Ausführung, Erörterung, Erläuterung, Erklärung, Vortrag, Rede, Gemälde, Zeichnung, Bild, Abriß, Umriß, Bericht, Abbild, Expertise, Zusammenfassung, Darlegung, Darbietung, Aufführung, Schauspiel, Protokoll, Beitrag, Referat ...*
gut: *positiv, toll, brauchbar, ausgezeichnet, lobenswert, neu, deutlich, klar, angenehm, bequem, gemütlich (Fahrt!), erfolgreich, erfolgversprechend, lohnend (Job!), annehmbar, konstruktiv (Kritik!), durchführbar, nicht schlecht, lecker, schmackhaft, gesund, vollwertig (Essen!), spannend, interessant, aufschlußreich (Buch, Gespräch!), durchdacht, reflektiert (Entscheidung!), prima ...*
meinen: *vermuten, mutmaßen, einbilden, sich eine falsche Vorstellung machen, glauben, wähnen, schließen, der Meinung sein, der Ansicht sein, etwas persönlich für richtig halten, annehmen, (ein-)schätzen, etwas für sehr wahrscheinlich oder möglich halten, tippen, denken, so sehen ...*
Nicht alle Ausdrücke kann man in allen Situationen benutzen. Manche sind allgemeiner verwendbar, andere nur in speziellen Bereichen, manche gehören zur Umgangssprache, manche klingen förmlich, manche sind positiv, andere eher negativ besetzt. Wichtig ist, daß man möglichst viele verschiedene Ausdrücke beherrscht, damit man beim Sprechdenken schnell auf passende zurückgreifen kann. Für solche Übungen helfen Synonymwörterbücher, in denen die sinnverwandten Wörter zusammengefaßt werden.

3.10 Das eigene Wortschatztraining zeigt nicht von heute auf morgen einen Erfolg. Man braucht dazu etwas Geduld und viel Übung. Man setzt beim Schreiben und nicht beim Reden an, weil man beim schriftlichen Formulieren mehr Zeit zum Überlegen hat.

3.11 Kommunikation ist immer ein Wechselspiel von Aktion und Reaktion. Der Volksmund sagt: *Wie man in den Wald hineinruft, so schallt es zurück.* Hier nur ein Beispiel: Wenn Sie in das Zimmer zur Sprechstunde hineinstürzen und noch im Gehen herausplatzen: „Das Buch ist weg! Ich kann das Referat nicht halten", hinterlassen Sie sicherlich einen anderen Eindruck, als wenn Sie sich Zeit nehmen für eine Begrüßung und dann ruhig sagen: „Ich habe ein Problem bei meinem Referat: Die Literatur, die Sie angegeben haben, ist nicht zu beschaffen. In unserer Bibliothek ist das Buch offensichtlich gestohlen worden. Und eine Fernleihbestellung dauert ..."

Zur konstruktiven Art von Kritik finden Sie Hinweise in Kap. 1, S. 17; welche Einstellung sinnvoll ist und wie Gespräche strukturiert werden, erfahren Sie ab Kap. 11. S.110 ff.)

Zu 4. Verständlich reden

4.1 Tucholsky kritisiert als **schlechten Redestil**:
- Floskeln, umständliche Sprache;
- das Ablesen von Reden;
- Sprechen im Schriftstil (zu lange Sätze, zu viele Nebensätze ineinandergeschachtelt);
- zuviel geschichtliche Hintergründe;
- mangelnder Kontakt zum Zuhörer (Wellen ins Publikum);
- Kernaussagen in Nebensätzen;
- reine Showelemente (Wasserglas);
- schlechte, unpassende Witze, deren Pointen nicht sitzen;
- Rede als Monolog;
- zuviel Statistik;
- Weiterreden, nachdem man den Schluß angekündigt hat, bzw. unnötige Wiederholungen;
- Vortrag der Disposition;
- zu lange Reden von 1 1/2 Stunden.

Seine Empfehlungen für gutes Reden:
- klarer Aufbau;
- wenig aufschreiben (zum Sprechdenken, vgl. Kapitel 3!);
- klare Entscheidung für Hauptzielsetzungen in der Rede: Informieren (Tatsachen) oder Überzeugen (Appell an das Gefühl, vgl. Kapitel 2!);
- keine systematische Vollständigkeit (wie im Lexikon), sondern bewußte Auswahl von Inhalten (vgl. auch S. 75);
- kurze Vorträge, max. 40 Minuten;
- persönlicher Ausdruck und Stil.

4.2 Der Sprecher hat beim Sprechdenken nicht soviel Zeit zur Formulierung, und der Hörer muß alles auf Anhieb verstehen können. Denn der Schall der Rede ist vergänglich und die Merkzeit begrenzt. Die Sprechgrammatik sorgt für notwendige Vereinfachungen, Wiederholungen, Situationsbezug und Anschaulichkeit. Häufig kann man folgende Unterschiede beobachten:

Sprechgrammatik	**Schreibgrammatik**
	(Schriftstil, gilt nicht bei schriftlicher Wiedergabe gesprochener Sprache!)
1. Satzbau	
kürzer,	länger,
einfacher:	komplizierter:
mehr Nebenordnung in Hauptsätzen,	mehr Über- und Unterordnung mit Nebensätzen, Einschüben
meist nicht mehr als 1-2 Nebensätze typische Nebensatz-Inhalte treten oft als selbständige Sätze auf, z.B.	mehrere Nebensätze möglich
Begründung *denn*, Folge *deshalb*	

Schachtelsätze unüblich,
da sie auch nur schwer beim
Sprechdenken formuliert werden können

die reale zeitliche Reihenfolge wird
öfter beibehalten:
erst das ..., dann das... .
Satzbrüche, Ellipsen möglich usw.

Schachtelsätze möglich

Zeitabfolge kann in Sprach-
form verändert werden:
bevor oder *nachdem* nicht
üblich, nur in wörtlichen
Reden

2. Verbpositionen
a) Klammern

Nur kurze Folgen von Satzgliedern werden umklammert,
sonst wird die Klammer aufgelöst
und die Verbaussage sinngemäß
wiederholt, z.B. *Er war einkaufen:*
das und das und ... hat er geholt.

es können beliebig lange
Folgen von Satzgliedern
umklammert werden

Er hat das und das und ...
eingekauft.

b) Position im Nebensatz

Endstellung, aber oft auch
Zweitstellung nach Konjunktion

übliche Endstellung

3. Sprachebene

mehr **Umgangssprache**:
- falscher Genitiv mit von (Dativ)
-Verstärkung der Besitzanzeige:
  ihm sein Hemd
-Fragewörter als Relativpronomen:
  wo, was
Verbalstil:
mehr Zeitwörter

er hat mich gefragt, ich habe
... geantwortet

mehr Füllwörter

Hochsprache, **Standardnorm:**
Genitiv

sein Hemd

in denen, das
Nominalstil:
oft umständliche Hauptwort-
konstruktionen
Als Antwort auf die Frage
kann ich die folgende Mittei-
lung geben:...

4. Ausführlichkeit

Verkürzungen auf Wortebene:
Auslassungen wie: *was, mal, dran,*
drin, drauf, rauf,
aufs, kann's, mach's usw.
inhaltliche Wiederholungen, sowohl
als Redundanz durch Formulierungen
als auch durch ausdrückliche Zusammenfassungen

Wörter ohne Verkürzungen:
  etwas, einmal, daran,
  darin, darauf, herauf,
  auf das, kann es, mach es
kurz, präzise, wenig Wiederholungen

5. Situationsbezug

stark, deshalb viele Zeigewörter wie
da, dort, hier und
Umstandswörter der Zeit wie
jetzt, nun, gleich,

übersituativ verständlich, deshalb oft umständlich ausformu-
liert, mehr Satzglieder

mehr Demonstrativa *dieser, der, die*	Personalpronomen *er, sie*

6. Anschaulichkeit

schildern	berichten
wörtliche Rede	indirekte Rede oder Bericht

7. Zeitformen

mehr gegenwartsbezogen, viel	genauer Vergangenheit und
Perfekt	Zukunft unterscheiden:
Präsens	Imperfekt
	Futur
Möglichkeitsform mit *würde*:	konjunktivisch konjugiert:
würde führen	*führte*

8. Begriffsbildung

anschaulich-konkret aus Bildern,	theoretisch-abstrakt
Beispielen entwickeln,	ableiten und definieren
induktiv	deduktiv

4.3 Hier einige Beispiele aus der Werbung:

a) *Heute ein König, König Pilsener; Apollinaris, the Queen of table water;*

b) *Zarter Schmelz (für Schokolade), der auf der Zunge vergeht;*

c) *Slimfast – und Sie verlieren die Pfunde.*

d) *Kein Alkohol am Steuer, damit nicht das ganze Jahr Aschermittwoch ist. Wir geben Ihrer Zukunft ein Zuhause ...*

e) *Das weißeste Weiß, das es je gab.*

f) *Sagen Sie nicht nein zu ...*

g) *... wenn ich dann Toffifee ins Spiel bringe ... Der Tag geht, Johnny Walker kommt.*

h) *... kommt daher, wo die Kühe noch glücklich sind.*

i) *Auf diese Steine können Sie bauen.*

j) Heute in der Werbung eher durch Bildmittel umgesetzt, wenn einer z.B. als *Napoleon* durch den Garten stolziert oder einer wie *Charlie Chaplin* geht ...

k) *Erst klick, dann starten. Black & Decker Black & Decker ...* [klingt schnell hintereinander gesprochen fast wie eine Schlagbohrmaschine!]

l) *Milch macht müde Männer munter. Der Tiger im Tank.* Oder ein einfacher Reim: *Aus deutschen Landen frisch auf den Tisch.*

m) *Sparen gibt Ihnen Sicherheit. Sparen gibt Ihnen die Freiheit, sich ...*

n) *Nur Pattex klebt wie Pattex.*

o) *Lotto, alles (ist) möglich.*

p) *Sie studieren bequem zu Hause, neben Ihrem Beruf, ohne Verdienstausfall. Gönnen Sie sich: Sommer, Sonne, Strand – für die schönsten Wochen des Jahres.*

r) *Ein schöner Tag, die Welt steht still, ein schöner Tag, komm, Welt, laß dich umarmen, welch ein Tag!*

s) *ARD (das) will ich sehen. Bei ARD und ZDF sitzen Sie in der ersten Reihe.*

t) *Nuts hat's!*

u) *Nicht fragen, kaufen. – Kein Geld, keine Knete, Advocard und der Anwalt hilft sofort.*

v) *Wer auszieht, will mit Sicherheit einziehen. Wir helfen Ihnen beim Flüggewerden. Raus aus dem Nest, rein in den eigenen Haushalt. ...*

w) *Kopfschmerzen, Gliederschmerzen, müde Beine ... X hilft.*

x) *Er läuft und läuft ...*

y) *Eine schrecklich nette Familie.*

z) Der X hat Seitenaufprallschutz und Airbag und Beifahrer-Airbag und ... und alles zum Preis von ...

4.4 Der 5. Satz; nach der Klammerregel, vgl. 4.2, speziell Punkt 2. a)!

4.5 *aber, nun, auch, aber, wirklich, noch;* ferner könnte man *unnötiges* sowie *ersatzlos* streichen.

4.6 Anzahl der Wörter pro Satz: 7; 12; 7; 6; 19; 23; 3 + 13; 5; 8; 3 + 23; 26. Es handelt sich um einen Nominalstil, es herrschen umständliche Hauptwort-Konstruktionen vor. Einfacher könnte man z.b. so formulieren: *Viele Sprachstilistiker beschäftigen sich mit der Frage: Wie lang darf ein verständlicher Satz sein? Es ist problematisch, das genau festzulegen. Denn wie verständlich ein Satz ist, hängt nicht nur von der Anzahl der Wörter ab. Andere wichtige Faktoren sind:*
- Wie alt sind die Zuhörer? Kinder und ältere Menschen können sich nicht so lange konzentrieren. Sie können sich das Gehörte nicht so lange gegenwärtig halten .
- Wie gebildet und geübt sind die Zuhörer?
- Wie wird der Satz gesprochen und optisch durch Körpersprache und Medien unterstützt?
- In welchem Sprachstil und mit welcher Wortwahl wird formuliert?
Einfache Sätze mit aktiven Verben und Adjektiven sind leichter verständlich als Sätze mit vielen Hauptwörtern.
Als Richtwert für die Verständlichkeit gelten max. 14 oder 15 Wörter pro Satz.
Bei dieser Formulierung werden komplizierte Hauptwort-Konstruktionen vermieden. – Übrigens: Lange zusammengesetzte Hauptwörter werden leichter lesbar, wenn man sie mit Bindestrich schreibt. Daran sollten Sie denken, wenn Sie sich Stichwort-Zettel schreiben!

4.7 Die Sachbezüge solcher Aufgaben hier zu erläutern, würde zu weit führen. Nur ein Beispiel: Wenn Sie beim Archimedischen Gesetz sagen: *Ein Körper erhält beim Eintauchen in eine Flüssigkeit einen Auftrieb, der dem Gewicht der verdrängten Flüssigkeitsmenge entspricht,* dann reproduzieren Sie nur eine Lehrbuch-Erklärung. Das hat mit verständlichem Reden noch nicht viel zu tun. Sie sollten besser von einem anschaulichen Beispiel ausgehen: *Stellen Sie sich vor, Sie nehmen ein Vollbad. Sie lassen Wasser ein und steigen in die Wanne* ... – Werten Sie Ihre Erklärungen nach den Verständlichkeitskriterien auf S. 54 f. aus.

Zu 5. Besser argumentieren

5.1 Ja, denn es gibt Fälle, in denen nur Gefühle ausgedrückt werden, es gibt solche, in denen rein logisch-sachlich begründet wird, und es gibt Fälle, in denen emotionale und argumentative Teile zusammenwirken (das ist der Regelfall!).

5.2 Zum Vergleich ein ausgedachtes Beispiel: *Eine Klausur ist kein geeignetes Mittel der Lernerfolgskontrolle im Bereich der Rhetorik, man kann mit Klausuren nicht die erfolgreiche Teilnahme an einer Rhetorikveranstaltung erfassen* (These). *Denn in einer Rhetorikveranstaltung sollen Redefähigkeiten erworben werden. Zum Reden gehört Wissen und Können. In einer Klausur wird aber nur Wissen schriftlich abgefragt, praktisches Redenkönnen kann nicht schriftlich abgetestet werden. Also ist die Klausur in der Rhetorik kein geeignetes Mittel der Lernerfolgskontrolle* (logische Schlußfolgerung).
In einer Untersuchung wurde festgestellt, daß 86% der Teilnehmer an Rhetorikveranstaltungen bei Abschlußklausuren gut und besser abschnitten, aber die Redefähigkeiten von nur

64% wurden von den Seminarleitern als befriedigend und besser eingeschätzt (faktische Stützung). *Auch diese große Diskrepanz zwischen Klausurergebnis und praktischer Redewirkung zeigt, daß Klausuren in der Rhetorik nicht zur Lernerfolgskontrolle geeignet sind. Zudem weiß jeder, daß in Klausuren meistens (mehr oder weniger offensichtlich) gepfuscht wird. Wer hat sich nicht einmal als Schüler vor Klassenarbeiten Spickzettelchen geschrieben? Jeder hat wahrscheinlich auch schon die Erfahrung gemacht, daß er das, was er für eine Klassenarbeit oder Klausur gelernt hat, danach schnell wieder vergessen hat: Man lernt dabei eben nur für die Klausur, die Inhalte werden nur im Kurzzeitgedächtnis gespeichert. Langfristige Lernerfolge kann man damit nicht erfassen* (plausible Stützung). *Und nur weil Klausuren in unserer von der Schrift beherrschten Kultur Tradition haben, müssen sie ja nicht sinnvoll sein.*

Schon Erich Drach, der Begründer der modernen Sprechwissenschaft, hat sich in den 20er Jahren vehement gegen die Ausfragerei der Schüler durch die Lehrer ausgesprochen, was aber bitte ist eine Klausur anderes als eben genau ein solches Verhör? Es ist nichts anderes. Sinnvoll im Sinne Drachs wäre es vielmehr, wenn die Studierenden oder Teilnehmer zum Abschluß einer Veranstaltung die Gelegenheit erhielten, dem Leiter ihre echten Fragen zu stellen. Also Fragestunde statt Klausur - das macht Sinn (moralische Stützung).

Schließlich zeigen auch Beispiele immer wieder, daß es keinen ursächlichen Zusammenhang zwischen Wissen über Rhetorik und dem rhetorischen Können gibt: Es gibt erfolgreiche Redner in Wirtschaft und Politik, die nie ein Seminar besucht haben und nicht in der Lage wären, eine Klausur zu bestehen, in der nach rhetorischen Fachbegriffen gefragt wird. Meinen Sie etwa, XX oder YZ wüßten, wie Kleist den Begriff des Sprechdenkens beschrieben hat oder was eine Triade ist? Nein, lesen Sie die Memoiren von XX, dort steht es auf Seite 146: „Ich bin wohl so etwas wie ein Rede-Talent, obwohl ich nie viel gelesen habe, geschweige denn jemals ein Weiterbildungsseminar besucht hätte ... " (Fallbeispiel mit schriftlichem Beleg) *... Deshalb kann unsere Forderung nur lauten: Keine Klausur im Rhetorikseminar!*

5.3 Fragen, um Killerphrasen entgegenzuwirken:
e) *Weshalb meinen Sie, es sei nicht unsere Sache?*
f) *Wer könnte sich aufregen, und wäre das so schlimm?*
g) *Welches Konzept meinen Sie? Warum paßt der Vorschlag Ihres Erachtens nicht hinein?*
h) *Welche Schwierigkeiten sehen Sie?*
i) *Wem könnte es welchen Ärger bringen?*
j) *Welche Arbeit meinen Sie? Warum halten Sie die für wichtiger?*
k) *Warum halten Sie das für Theorie? Warum werten Sie Theorien ab?*
l) *Was müßte sich Ihrer Meinung nach ändern, damit der Vorschlag realisiert werden kann?*

5.4 Abwehr: Grundsätzlich die Strategie erkennen und benennen (z. B. als Ich-Botschaft, vgl. S. 117)
a) Gefallen sind mit Gefallen zu erwidern, aber nicht mit Tricks. Gefallen oder Konzession ohne Gegenleistung annehmen, seine Freude über den Gefallen äußern; überhöhte Forderungen als solche zurückweisen.
b) Manipulationsversuch nicht übel nehmen (nicht beleidigt oder verärgert reagieren), sondern nach echten Vorteilen fragen. Dadurch, daß man verzeiht, kann man z. B. nach fairem Angebot fragen (Gegenseitigkeitsprinzip). Bei der *Fuß-in-die-Tür-Technik* muß man eine deutliche Grenze setzen: Bis hier hin und nicht weiter. Bei der *Ich-kann-nicht-anders-Technik* muß man nach dem echten Interesse fragen. Wenn einem *erst etwas gegeben wird, was dann wieder stark eingeschränkt wird,* muß man ggf. darauf hinweisen, daß das

Angebot auf den ersten Blick verlockend klang, daß aber damit zu viele Bedingungen verbunden sind, die einem nicht zusagen.

c) Entgegnen, daß es immer ein erstes Mal gibt; ohne Veränderung kein Fortschritt, und Ausnahmen sind immer möglich.

d) Sich nicht darauf verlassen, sondern selbst überprüfen, für wie richtig oder wichtig man es selbst hält; ggf. vernünftige Argumente dagegenhalten, zitierte Autoritäten zwar nicht angreifen oder abwerten, aber bemerken, daß sie nicht überzeugen.

e) Selbst genau den Wert für sich prüfen, denn eine große Nachfrage von anderen Seiten (falls dies wirklich der Fall ist; es könnte auch nur fälschlich behauptet werden!) muß nicht unbedingt auch den Wert für einen selbst steigern. Widersprechen und Mut zur vermeintlichen Außenseiterrolle, die aber vielleicht auch eine Spezialistenrolle ist.

f) Sich über Freundlichkeiten zwar freuen, aber sich dadurch nicht von der Sache ablenken lassen. Nachfragen, eigene Interessen nicht aus den Augen verlieren.

5.5 Zur Auswertung der Debatte: Vorsicht, Zuhörer sind selten unparteiisch, denn sie neigen persönlich auch zu der einen oder anderen Position, das kann ihre Einschätzung beeinflussen. Kurze Statements bestehen oft aus fünf Schritten. Solche bewährten Argumentationsmuster sind (vgl. z.B. Drach 1932, Geißner 1969, Berthold 1993):

Dialektisches Modell: These, Antithese, Synthese

① ② einerseits ③ andererseits ④ folglich ⑤ also

Eine Kette: Eins aus dem anderen
① wenn ② dann ③ dabei ④ damit ⑤ also

Nicht A, nicht B, sondern C
① ③ dagegen ② weil ④ weil ⑤ also

Kleinster gemeinsamer Nenner
① Erstens ② Zweitens ③ Drittens ④ Viertens ... ⑤ deshalb

Bisher wurde übersehen

① ↓
② damit
     ③ aber
     ④ deshalb
     ⑤ also

Gründe/Gegengründe abwägen

Ausklammern

① wenn
② dann
     ③ wenn auch
     ④ denn
⑤ trotzdem

Einschränken

     ①
②
weil
③ ——————— ④
damit   obwohl
     ⑤
     dennoch

Was halten Sie persönlich für sich fest? Wo liegen Ihre persönlichen Stärken und Schwächen beim Argumentieren? Setzen Sie sich selbst wieder ein bis maximal drei Ziele, z.B.: *Mehr plausible Beispiele als Stützen!* Oder: *Klar und prägnant die These formulieren!* Oder: *Nicht zuviel voraussetzen, mehr Fakten zur Stützung!* Oder: *Nicht übertreiben! Andere nicht persönlich angreifen!*

Zu 6. Referate für Zuhörer aufbauen

6.1 Hier zwei Beispiele für Zielsätze:
- *Ich möchte aufzeigen, daß und wie das Konzept der Freiarbeit nach Maria Montessori im Mathematikunterricht der Sekundarstufe I umgesetzt werden kann.*
- *Ich möchte die wesentlichen Unterschiede zwischen japanischer und deutscher Unternehmensführung herausarbeiten, und zwar am Beispiel der Konzerne X und Y.*

6.2 Es gibt immer mehrere Möglichkeiten, man muß sich für eine entscheiden. Bitte nicht zwei oder drei Abholer aneinanderreihen, das wirkt langatmig.

6.3 Um eine komplexe Gliederung mit Ober- und Unterpunkten transparent zu machen, muß man mehrere der aufgezählten Möglichkeiten verwenden, z.B.: Vorausschau, rhetorische Fragen, Zwischenüberschriften und Zusammenfassung.

6.4 Wenn Sie feststellen, daß Sie z.B. immer mehr zur sachlichen Zusammenfassung neigen, sollten Sie vielleicht die stärker emotionalen Schlußpunkte wie Erzählen oder direkte Ansprache der Zuhörer bei Handlungsaufforderungen auch einmal ausprobieren.

6.5 Das Nachvollziehen verschiedener Gliederungen vermittelt neue Anregungen für eigene Vorträge.

Zu 7. Medien gezielt einsetzen

In diesem Kapitel gibt es keine besonderen Aufgaben. Mit den Anregungen können Sie Ihre eigenen Erfahrungen sammeln.

Zu 8. Den Sprechausdruck verbessern

8.1 *Haltdeine 'Tasche.* Oder: *Halt / deineTasche.*
Heute so / morgen so (immer gleich!); oder: *Heuteso / morgen 'so* (Abwechslung).
DerklugeMann 'denktansichselbst 'zuletzt. Oder: *DerklugeMann 'denktan(')sich / selbstzuletzt.*
Das Buch gehört mir. (Welches?)
Das Buch gehört mir. (Was gehört dir?)
Das Buch gehört mir. (Hast du es dir geliehen?)
Das Buch gehört mir. (Wem gehört es?)

8.2 1. Am stärksten bewußt sind zumeist: Lautstärke, Sprechtempo oder Lebendigkeit (in der Melodieführung). Sie werden oft schon bei der Einstiegsübung benannt.
2. Man kann das Zusammenwirken der sprecherischen Mittel in einer Tabelle zusammenfassen. Bei den Wirkungen müssen nicht immer alle Merkmale gleichermaßen stark ausgeprägt sein. + bedeutet gut, - schlecht, - - heißt zu wenig (also zu leise, zu langsam, zu kurze oder zu wenige Pausen etc.), ++ zuviel (hyperkorrekte Aussprache, überlaut, zu schnell, zu viele oder zu lange Pausen etc.); ++ / - - bedeutet, daß beide extreme Ausprägungen möglich sind; wenn kein Zeichen eingetragen ist, heißt das, daß dieses Merkmal nicht ausschlaggebend ist. Die Eintragungen basieren auf Erfahrungswerten. Es werden folgende Wirkungen erfaßt: selbstbewußt (= 1), gehemmt (= 2), überzeugend (= 3), unglaubwürdig (= 4), kompetent (= 5), unsicher (= 6), desorientiert (= 7), hektisch (= 8) und fahrig (= 9).

	1	2	3	4	5	6	7	8	9
deutliche						+ +/			
Aussprache	+	-	+	-	+	--	-		-
angemessene				+ +/		+ +/			+ +/
Lautstärke	+	-	+	--	+	--	-		--
klare				+ +/		+ +/			
Betonung	+	-	+	--	+	--	-		
mittleres		+ +/							
Tempo		--			+			+ +	+ +
hinreichend		+ +/		+ +/					
Pausen		--	+	--	+			-	--
lebendige			+ +/						
Melodieführ.		-		--			-	+ +	-
häufig									
Tiefschluß	+	-	+	-	+	-	-	-	-
normaler									
Stimmklang		-	+	-	+	-		-	

8.3 Wird das *bitte* z.B. betont, klingt es flehentlich. Das ist in der Situation unwahrscheinlich. Hebt man aber bei *Namen* die Stimme an, was häufig vorkommt, klingt es ungeduldig.

Damit wird dann angedeutet, daß man den Namen schon längst hätte sagen können. Wenn Sie daraufhin den Eindruck haben, daß die Hilfskraft sich (Ihrer Meinung nach völlig grundlos!) über Sie ärgert, werden Sie sich wahrscheinlich über die Hilfskraft ärgern. Vielleicht nennen Sie Ihren Namen dann etwas lauter und mit tieferer Stimmabsenkung als gewöhnlich – und das klingt schnell patzig, worauf die Hilfskraft Ihnen vielleicht einen langen Vortrag über Ihre eigentlichen Beschäftigungen hält und Ihnen den Schein nur noch widerwillig heraussucht. Solchen unnötigen Ärger kann man vermeiden, wenn man mehr auf den Sprechausdruck achtet.

8.4 Eine solche Transkription übt die Wahrnehmung. Sie achten danach sensibler auf den Sprechausdruck. Hier ein kurzer Auszug als Beispiel, es geht um Baumwollputz:
... das ist ↑ wie eine ' Masse ' zerfetzter ' Stoffe oder ' Watte, ↓ der wird dann einfach mit Wasser vermischt,→ und dann ↑ fühlt sich das an wie klebrige Wattestoffe. ↓ Das kommt dann in einen ' Spritz'kanister,→ also in einen Spritztrichter, der auf eine Spritzpistole aufgesetzt wird. ↓ Dann sprüht man ihn einfach an die Wand. ↑ Das ist natürlich alles noch ziemlich pappig. ↓ Das muß ' ordentlich durchtrocknen, ↓ und wenn der aber getrocknet ist, ↑ dann ist der wirklich ganz hart, → ' ich zeig euch das mal. → Ihr könnt euch das hier angucken. ↓ 4 Sek. Pause. (lacht) Das ist ' äh ↑ hat eine sehr hohe Wärmedämmung, →' also besonders gut in Altbauten ...

8.5 Um eine gute Sprechfassung zu finden, muß man oft mehrere Sprechweisen ausprobieren. Nur wenige sind in der Lage, einen Text direkt vom Blatt gut zu gestalten. Beim Textvortrag gibt es nicht nur eine richtige Sprechfassung, sondern immer mehrere angemessene Formen. Man spricht auch von einer *Richtigkeitsbreite*. Allerdings sollte man nicht aus einem Text etwas ganz anderes machen, die Sprechfassung sollte immer im Rahmen der Möglichkeiten liegen, die der Text zuläßt. Die Angemessenheit muß man im Einzelfall immer wieder am Textzusammenhang überprüfen.
- Texte, die vor allem aus Floskeln und Verbindungswörtern bestehen, kennt man auch von Loriot (z.B. die *Bundestagsrede* oder die *Nudelkrise*), von Emil Steinberger (*Die Vorstandssitzung*) und anderen Kabarettisten wie Hanns Dieter Hüsch, Dieter Hildebrandt usw.
- Die meisten, die heute die *Literaturkritik* lesen, verbinden damit die Vorstellung von Loriot selbst oder von Marcel Reich-Ranicki, einem durch die Medien bekannten Kritiker. Wer an Loriot denkt, wird den Text ruhiger, weniger melodiös, aber nicht weniger eindrucksvoll sprechen. Das kennzeichnet einen **intensiven Sprechstil**. Wer dagegen an Reich-Ranicki denkt, wird lauter, mit sehr deutlichen Betonungen, großen Tonhöhenunterschieden im Melodieverlauf und vielleicht auch etwas schneller sprechen. Das wirkt expressiver (**extensiver Sprechstil**).

Zu 9. Körpersprache einsetzen

9.1 Das Gespräch wird Ihnen komisch vorkommen. Es ist eine künstliche Situation, aber Sie werden dabei merken, wie wichtig Ihnen sonst der Austausch optischer Informationen ist, der in diesem Experiment unterbunden wird. Sie müssen sich stärker konzentrieren, vielleicht erleben Sie Störungen beim Hörverstehen, oder das Gespräch gerät insgesamt schneller ins Stocken. Man ist etwas desorientiert, weiß nicht, ob die anderen zuhören, wann man selbst etwas sagen kann, oder ob ein anderer gerade etwas sagen will usw.

9.2 Wenn Sie sich im Schulterbereich nicht verkrampfen, fühlen Sie sich wohl. Sie werden ruhig. Oft entsteht bei dieser Übung automatisch eine leichte Pendelbewegung. Wenn man im Mittelpunkt des Körpers ruht, pendelt man in leichten, kreisenden Bewegungen um das eigene Zentrum. Das kann man manchmal bei Personen beobachten, die längere Zeit entspannt oder sogar andächtig stehen, z.B. in der Kirche.

9.3 Auch wenn die Bedeutung sich immer erst genau im Situationszusammenhang ergibt, hier einige Beispiele:

Wenn plötzlich der Redner oder Hörer:	Dann kann dies bedeuten:
den Kopf ruckartig zurückwirft	Trotz, Ablehnung,Ungläubigkeit
den Kopf einzieht (Schultern hochgezogen)	Angst, Nervosität, Verkrampfung
die Stirn runzelt	Entrüstung, Kritik
die Augenbrauen hebt	Ungläubigkeit oder Arroganz
durch Sie hindurchschaut	geistesabwesend, Desinteresse
Sie mit geradem Blick anschaut	Interesse, Offenheit
keinen Blickkontakt mehr hält	Unsicherheit, Arroganz oder Konzentration
häufig die Lider bewegt	Nervosität
die Brille hochschiebt	Versuch: Zeit zu gewinnen
die Brille (hastig) abnimmt	Nervosität, Angriff, kein Einverständnis
sich kurz an die Nase greift	bin ertappt, Verlegenheit
sich die Nase reibt	Nachdenklichkeit
den Mund öffnet	Erstaunen, will unterbrechen
die Lippen zusammenpreßt	verhaltener Zorn, Starrsinn, Nachdenken
sich auf die Lippen beißt	nachdenklich, will Zeit gewinnen, Unsicherheit
die Oberlippe hochzieht	Verachtung, Ablehnung
die Unterlippe hochzieht	Zweifel, Abwägen
das Kinn streichelt	nachdenklich, selbstgefällig
mit dem Oberkörper weit nach vorn kommt	Interesse, will unterbrechen
den Oberkörper weit zurücklehnt	Desinteresse, Ablehnung
die Arme verschränkt	Ablehnung, verschlossen, will Schutz suchen, hat Angst; aber auch: Frieren
weite Armbewegung macht	Sicherheit
enge Armbewegung macht	Unsicherheit
die Hand vor den Mund nimmt	
a) während des Sprechens	Unsicherheit
b) nach dem Sprechen	Gesagtes zurücknehmen, nachdenken
mit dem Bleistift spielt	Langeweile, Angst, Angriff, nervös, verkrampft
die Hand zur Faust verkrampft	Angriff, Wut, Anklage
mit den Fingern trommelt	nervös, zur Sache kommen

Tisch/Armlehne oder seinen eigenen Arm streichelt	sich nicht angenommen fühlen, Einsamkeit
die Hände in die Hüften stemmt	Imponiergehabe oder Entrüstung
die Hände am Stuhl festklammert	starke Unsicherheit
sich auf die Hände setzt	sucht Halt, will sich nicht einbringen
die Hände überkreuzt legt	Ohnmacht, sind die Hände gebunden
die Hand in die Hosentasche steckt	Entspannung oder Arroganz
die Hand auf die Brust legt	Beteuerungsgeste
die Hände vor der Brust kreuzt	Ergebenheit, Demut
die Hand auf den Rücken legt	Befangenheit oder Arroganz
die Hände im Nacken verschränkt	Wohlbehagen, entspannt
den Zeigefinger hebt	Belehrung, Tadel
mit den Fingern schnipst	
a) einmal	plötzlicher Einfall, Lösung gefunden
b) mehrmals	Lösung suchen
mit dem Zeigefinger auf den Tisch pocht	Nachdruck, auf etwas bestehen, sehr überzeugt
ein Spitzdach mit den Händen formt	Arroganz oder wehre mich gegen Einwände
die Fingerkuppen aneinanderpreßt	Präzision, Anstrengung
sich die Hände reibt	Selbstgefälligkeit
die Finger zum Mund nimmt	
a) für kurze Zeit	verlegen, unsicher
b) längere Zeit	nachdenklich, konzentriert
die Hand bei der Begrüßung von oben gibt	dominant, negativ
das Jackett öffnet	Entspannung, Sicherheit
das Jackett schließt	Anspannung, Förmlich-Werden
die Beine übereinanderschlägt	
a) zum Gesprächspartner	Aufbau eines Sympathiefeldes
b) vom Gesprächspartner abgewandt	Ablehnung, Unwillen
mit den Füßen im Stehen wippt	Arroganz, Sicherheit
die Füße verschränkt	Unsicherheit
die Füße um die Stuhlbeine legt	Halt suchen, unsicher
die Füße nach hinten nimmt	Ablehnung, auf dem Sprung sein
wenn beim Gestikulieren die Handflächen	
a) nach oben zeigen	Offenheit, Angebot
b) nach unten zeigen	Ablehnung, Abwiegeln, Beschwichtigen, nicht akzeptieren

9.4 Es gibt nur wenige Zeichen, die überall auf der Welt gleichermaßen verstanden werden. Die Bewegungen der Mundwinkel bedeuten in allen Kulturen das gleiche: Sie werden hochgezogen bei Freude / Lachen, hängen bei Trauer herunter und sind bei Anstrengung aufeinander gepreßt. Auch die Weitung oder Verengung der Pupillen bei Sympathie oder Antipathie und die Darbietung der Handinnenflächen als Zeichen der Offenheit werden überall gleich verstanden.

Zu 10. Lampenfieber überwinden

10.1 Beim Einatmen kommt bei einer beruhigenden Zwerchfell-Atmung der Bauch raus, denn der Zwerchfell-Muskel, der quer im Leib liegt, plattet sich ab, dehnt damit die Lungen aus und drückt gleichzeitig auf die Eingeweide. Beim Ausatmen geht der Bauch wieder rein. Der richtige Atemrhythmus ist: ein, aus, Pause. Bei der Streß-Atmung werden die Lungenspitzen von den Muskeln des Schultergürtels ausgedehnt. Dabei geht beim Einatmen der Bauch rein, beim Ausatmen raus. Dabei stellt sich auch ein falscher Atemrhythmus ein: Einatmen, Luft anhalten (Pause), ausatmen, sofort wieder einatmen ...

10.2 Wenn beim Sprechen die Kerze ausgeht, sprechen Sie zu verhaucht.

10.3 Andere Anregungen für Entspannungsübungen findet man z.B. bei Vopel 1992.

10.4 Beim Stehen auf einen guten, festen Stand achten, Gewicht gleichmäßig auf beide Beine verteilen, leichte Grätschstellung. Bei allen Atemübungen sollte die Schultergürtelpartie ruhig bleiben. Bewegt sich dort oben etwas, atmen Sie nicht richtig. Wer beim Zählen etwas kurzatmig wird, spannt noch nicht richtig ab. Dann empfehlen sich gymnastische Vorübungen, um die Beweglichkeit der Bauchdecke zu steigern.

Zu 11. Kooperation – Die richtige Einstellung zum Reden

11.1 Durch diese Fragen kann man Blitzlichter auf seine persönlichen prägenden Erfahrungen erhalten. Das geht leichter, wenn man sich mit jemandem darüber unterhält, zu dem man Vertrauen hat. Derjenige sollte nicht bewerten oder viel von sich erzählen, sondern vor allem Fragen stellen, damit das Sprechdenken angeregt wird.

11.2 Vielleicht gibt es gar nicht mehr so viele Situationen, in denen Sie sich verunsichern? Das wäre schön. Manche beziehen ihre Sicherheit vor allem aus einzelnen Bereichen: Sie fühlen sich sicher mit bestimmten Ideen, Menschen oder Dingen oder an bestimmten Plätzen oder in Organisationen. Solche Bezüge geben der Persönlichkeit einen Halt. Manchmal kann man auch kleine Dinge mitnehmen, die einem Sicherheit geben, z.B. ein bestimmtes Schmuckstück mit Erinnerungswert, einen persönlichen Füller, ein Foto im Portemonnaie oder ein Buch usw. Das tun viele. Man sollte aber seine Sicherheit nicht aus der Unterlegenheit der Gesprächspartner beziehen.
Wenn Sie allmählich sicherer werden wollen, beginnen Sie Ihre Übungen mit den Situationen, die Ihnen relativ leicht fallen. Setzen Sie sich einzelne Ziele, die Sie besonders beachten wollen. Die vorgestellten Ansätze von Cohn, Fisher und Ury sowie Gordon geben Ihnen dazu genügend Anregungen. Wenn Sie solche Situationen in Gedanken durchgehen oder im Rollenspiel ausprobieren, fühlen Sie sich nachher schon etwas sicherer.

11.3 Wer Fehler und Ablehnung als persönliches Versagen bewertet, kann schlecht lernen. Er blockiert sich selbst. Wird Ihr Vorschlag, Ihre Idee oder Ausarbeitung abgelehnt, betrachten Sie es als eine neue wichtige Erfahrung. Nicht von Schuld sprechen oder sich schämen, sondern beschreiben, welche neuen, wichtigen Erfahrungen Sie daraus gewinnen. Fragen Sie: Was gefällt, was nicht? Was sollte verändert werden? Wie? Warum?
Nicht schlecht ist eine doppelte Verneinung. Wenn Sie selbst positive Bewertungen negativ

formulieren, könnte das ein Hinweis darauf sein, daß Sie vielleicht zu wenig die positiven Aspekte wahrnehmen. Jedes Ding hat aber zwei Seiten, es gibt immer Vor- und Nachteile.

Zu 12. Die Aussprache nach dem Referat

12.1 Wer zu wenig Bescheid weiß oder keine klare Position beziehen will, tut sich schwer mit Minimal-Antworten. Wer dagegen etwas wortkarg ist, hat eher Probleme mit ausführlichen Antworten und zusätzlichen Mitteilungen. Wem es schwerfällt, Meta-Kommentare abzugeben, sollte besonders intensiv den Kontrollierten Dialog (vgl. S. 130) üben.

12.2 In der Passage, in der es darum geht, wie sinnvoll ein Buch über das Reden ist (im Vgl. zum Lernen in einem Seminar, S. 8!), wird dieser Einwand vorweggenommen.

Zu 13. Besser diskutieren

13.1 Die Fragensteller üben das Fragen (vgl. die Liste, S. 127 f.), der Befragte trainiert sein Sprechdenken.

13.2 Wer diese Übung zum ersten Mal ausprobiert, wird sich dabei vielleicht komisch vorkommen. Denn beim **Kontrollierten Dialog** entsteht ein zeitverzögertes Gespräch, in dem der Ablauf jeweils durch die zusammenfassenden Wiederholungen unterbrochen wird. Das erleben manche als störend, weil sie es gewöhnt sind, schnell zu reagieren. Man zeigt sich damit aber gegenseitig das, was man verstanden hat. Dieses verstehende Wiederholen und Zusammenfassen soll zu Übungszwecken während des gesamten Gesprächs durchgeführt werden. Daß man im Alltag nicht immer so kontrolliert diskutieren kann, versteht sich von selbst. Es ist eine Übung. Man sollte aber in der Lage sein, jederzeit einen Gesprächsablauf so kontrollieren zu können.

Gutes Verstehen hängt ab von:
- genauem Ausdruck und gemeinsamen Verständigungsmitteln;
- davon, daß die Partner über das Gleiche sprechen und nicht Verschiedenes meinen;
- davon, daß beide bereit sind, den anderen als Person zu akzeptieren und seine Meinung ernst zu nehmen;
- davon, daß jeder versucht, nicht zuviel in einem Beitrag zu sagen, da der andere sonst nur verwirrt wird.

Man kann häufig folgende Fehler beobachten, die die Verständigung beeinträchtigen.

Fehler des Hörers:

1. Während der andere noch spricht, probt der Hörer bereits seinen eigenen nächsten Gesprächsbeitrag. Dadurch wendet er seine Aufmerksamkeit nicht dem Partner zu, er hört ihm nicht richtig zu und kann nicht auf ihn eingehen.

2. Der Hörer erfaßt nicht den ganzen Sinn der Aussage, sondern hört nur auf Einzelheiten und bezieht sich in seiner Entgegnung nur auf sie.

3. Er versteht mehr, als der Partner sagte, weil er dessen Gedanken weiterdenkt.

4. Er versucht, ihm weniger Vertrautes in seine Denkschemata einzuordnen. Dies kann zu Verfälschungen führen.

Fehler des Sprechers, die das Verstehen erschweren:

1. Der Sprecher organisiert seine Gedanken nicht, bevor er spricht. Er redet ohne Ziel und Gliederung.

2. Er bringt zu viele Aussagen und Ideen in eine Äußerung, die er oft untereinander nicht verbindet.

3. Aus Unsicherheit redet er immer weiter, ohne die Auffassungskapazität seines Partners zu berücksichtigen.

4. Er übersieht bestimmte Punkte in der Ausführung seines Partners und antwortet ihm deshalb nicht aktuell auf seinen letzten Beitrag. Dadurch kommt das Gespräch nicht voran.

13.3 Mit dem Lesezeichen haben Sie das Ablaufschema bei Besprechungen immer vor Augen und können sich gut daran orientieren. Wenn Sie sich Ihre persönlichen Lernziele dazu schreiben, unterstützt das Ihre Erinnerung und hilft bei der Umsetzung.

13.4 Das Gesetz über die Mitwirkung im Schulwesen (Düsseldorf, 13.12.1977) sieht z.b. vor, daß die Schulkonferenz über die Bildungs- und Erziehungsarbeit berät und in einzelnen Punkten entscheidet, z.b. über Grundsätze zur zeitlichen Koordinierung von Hausaufgaben und Leistungsüberprüfungen, über die Mitwirkung beim Schulträger oder über Schulveranstaltungen (jeweils mit 2/3 Mehrheit), über die Einrichtung von Arbeitsgemeinschaften oder über die Einführung von Lernmitteln (einfache Mehrheit) usw.. Bei Schulen mit 500 bis zu 1000 Schülern hat sie 24 Mitglieder. Ihr gehören gewählte Vertreter der Lehrer, Erziehungsberechtigten und Schüler (ab Klasse 7) an.
Der Schulleiter bzw. sein Stellvertreter ist Vorsitzender der Schulkonferenz. Er hat die Verhandlungsführung, kann Anträge stellen **und Sachbeiträge leisten** (das ist ein Unterschied zur allgemeinen Vorstellung, daß der Leiter möglichst neutral sein sollte!). Er hat kein Stimmrecht, aber bei Stimmengleichheit gibt seine Stimme den Ausschlag. Für verschiedene Beschlüsse sind unterschiedliche Mehrheiten erforderlich. Zur Beratung können weitere Beteiligte (Verbindungslehrer usw.) hinzukommen. Etc.

13.5 Beim **Streitsüchtigen** muß der Gesprächsleiter sachlich und ruhig bleiben, er darf sich nicht auf einen persönlichen Streit mit ihm einlassen. Seine Punkte kann man als Frage an die Gruppe geben und ihn durch die Gruppe widerlegen lassen.
Auf den **Positiven** kann sich der Leiter verlassen. Er ist die Stütze des Diskussion. Ihn kann man beteiligen, z.B. bei der Zusammenfassung von Ergebnissen oder bei anderen Aufgaben.
Die Wortmeldungen des **Alleswissers** kann man nicht übersehen, aber es ist z.T. möglich, sie durch Anerkennung seiner Erfahrungen zurückzustellen: *Wir wissen, daß Sie sich in diesem Gebiet gut auskennen, daß Sie ihre Magisterarbeit darüber schreiben, aber ich würde gerne die Fragen oder Bedenken der anderen, vielleicht sogar speziell der Anfangssemester hören.* Zu seinen Behauptungen sollte man auch immer die Gruppe um Stellungnahme bitten: *Wie schätzen Sie diese Position ein? Teilen Sie die Meinung von XY?*
Redselige, die häufig dazwischen reden und sich nicht an die Reihenfolge der Wortmeldungen halten, muß der Leiter immer wieder taktvoll unterbrechen: *Entschuldigen Sie, aber Sie sind nicht an der Reihe. Ihr Kommilitone da hinten hatte sich schon länger gemeldet. Soll ich Sie auf die Rednerliste setzen?* Eventuell muß man eine allgemeine Redezeitbegrenzung einführen, um allzu redselige Teilnehmer einzubremsen.
Schüchterne kann man durch Lob und Anerkennung ihrer Leistungen verstärken. Das hebt das Selbstbewußtsein. Mit leichten Fragen aus ihrem Erfahrungsbereich kann man sie direkt ansprechen und in die Diskussion einbeziehen.
Beim **Ablehnenden** kann man versuchen, seinen Ehrgeiz zu wecken. Sieht er eine für ihn sinnvolle Aufgabe, so engagiert er sich. Man sollte seine Kenntnisse/Erfahrungen anerkennen und für die Diskussion nutzbar machen.
Dickfellige sind uninteressiert. Wenn man sie nach ihrer Arbeit fragt und Beispiele aus ihrem Interessenbereich anspricht, kann man sie einbeziehen.

Erhabene und *hohe Tiere* bestimmen in einer Diskussion nicht mehr und nicht weniger mit als alle anderen Teilnehmer. Wenn ihre Vorschläge nicht brauchbar sind, müssen sie kritisiert werden. Kritik sollte aber immer – nicht nur bei *hohen Tieren* – konstruktiv sein. Verstehende Zusammenfassungen vor der Kritik verbessern das Gesprächsklima.

Der **Ausfrager** kommt sich wie ein schlauer Fuchs vor, der den Diskussionsleiter aufs Glatteis führt. Seine Fragen muß man als Leiter nicht selbst beantworten, sondern man gibt sie am besten zur Stellungnahme an die Gruppe weiter.

14. Prüfungsgespräche optimal vorbereiten

14.1 Das Mißverständnis entsteht, weil beim schriftlichen Kommentar die Angabe zum Situationsrahmen fehlt: Das wohlwollende, wenn auch neckische Akzeptieren der Arbeit wird nicht formuliert. In der Situation von Angesicht zu Angesicht hätte man am Lächeln und dem freundlichen Ton gemerkt, daß der Vorwurf scherzhaft gemeint war.

14.2 Im Rollenspiel kann man Probehandeln. Das hilft, sich innerlich gut auf eine Situation einzustellen. Wichtig ist aber, daß man sich nicht zu einseitig festlegt, sondern immer mehrere Handlungsalternativen überlegt und ausprobiert. Außerdem kann das Spielen auch Spaß bereiten, und eine zu ernste Lernatmosphäre auflockern.

14.3 Schlecht ist: fehlende Ansprache der Zuhörer (keine direkten Anreden *Sie/Ihr*, kein inhaltlicher Abholer zum Einstieg, nicht vom Bekannten zum Neuen); keine Orientierung für die Zuhörer über das Vorgehen; keine rhetorischen Fragen zum Mitdenken und als Zwischenüberschriften; deduktiv-ergebnisorientierter Aufbau statt problemorientiert (von der Fragestellung zur Untersuchung und zum Ergebnis); keine Beispiele, die notwendige Definitionen anschaulich machen; zuwenig Wiederholungen; Sprachstil: man kann nicht verständlich mit Abkürzungen reden; z.T. lange Sätze, ungünstige Einschachtelungen durch Verbklammern.

Wenn Ihr eigener Sprechversuch so ähnlich wie die folgende Überarbeitung klingt, haben Sie dieses Redetraining mit Erfolg studiert:

Aller Anfang ist schwer. Oder: *Wer A sagt, muß auch B sagen.* Und: *Übung macht den Meister.* Das sind **Sprichwörter**, die Sie sicherlich alle kennen. Darum soll es heute gehen. Ich habe mich mit dem **Thema Sprichwörter und sprichwörtliche Redensarten in Kinderzeichentricksendungen** beschäftigt. Zeichentrickfilme für Kinder gibt es viele. Die meisten kennen Sie bestimmt. Als Beispiele lagen meiner Untersuchung zwei Serien zugrunde:
1. *Es war einmal ... das Leben* und
2. *Familie Feuerstein.*

An *Familie Feuerstein,* Fred und Wilma, und ihre Freunde, Barny und Betty Geröllheimer, können Sie sich wahrscheinlich alle noch erinnern. Sie leben in der Steinzeit, haben aber die typischen Alltagsprobleme einer heutigen (amerikanischen) Familie. Ein besonderer Witz liegt darin, daß die modernen Haushaltsgeräte unserer Zeit in die Steinzeit transferiert werden, ihre Funktionen werden dort aber jeweils von sprechenden Tieren übernommen: Die Nähmaschine ist z.B. ein Vogel, die Dusche ein Elefant.

In gewissen Zeitabständen werden seit Jahrzehnten immer mal wieder Folgen dieser Serie von einen Sender ausgestrahlt, zur Zeit: montags bis freitags von 17.55 bis 18.25 Uhr auf Pro 7. *Familie Feuerstein* läuft heute als eine Unterhaltungssendung für Fünf- bis Zehnjährige. Wenn man sich die Sendungen kritisch anschaut, stellt man fest, daß sie Klischees vermittelt: die brave Ehe- und Hausfrau und der Mann als Herr im Haus, allerdings nicht ohne eine gewisse ironische Distanz; denn die Männer benehmen sich äußerst kindisch und sind sehr naiv, während die Frauen als die Vernünftigeren erscheinen. Die andere Serie, mit der ich mich beschäftigt habe, ist: *Es war einmal ... das Leben.* Sie ist Ihnen wahrscheinlich weniger bekannt als *Familie Feuerstein.* In *Es war einmal ... das Leben* geht es um den menschlichen Körper. Auch diese Serie ist ein Zeichentrickfilm, aber es geht nicht nur um Unterhaltung, sondern vor allem um Belehrung. Zielgruppe sind die Vor- und Grundschulkinder. Es wird beabsichtigt, Kindern die Funktion menschlicher Organe zu erklären. Jede Sendung behandelt ein abgeschlossenes Thema, z.B. *Horch, was kommt von draußen rein – Das Ohr* oder *Ich seh etwas – Das Auge.* Die Erklärungen vermittelt ein allwissender Erzähler, unterstützt von Blutkörperchen, Nervenzellen, Sauerstoffbläschen, die als sprechende Zeichentrickfiguren den Kindern die Körperfunktionen erklären. Ausgestrahlt wurde diese Reihe von 17.30 bis 18.00 Uhr von West 3.

Untersucht habe ich jeweils fünf Sendungen aus jeder Serie, d.h. insgesamt **fünf Stunden** Filmmaterial.

Was war nun meine **genaue Fragestellung**?

Ich wollte wissen, wie viele Sprichwörter und sprichwörtliche Redensarten in diesen Serien verwendet werden. Um diese Fragestellung zu bearbeiten, muß man natürlich zunächst einmal die **Begriffe klären**: Was versteht man unter einem Sprichwort? Was ist in Abgrenzung dazu eine sprichwörtliche Redensart?

Ich habe mein Referat eben mit einigen Sprichwörtern begonnen. Das waren kurze Sätze mit sogenannten Lebensweisheiten, einprägsam und leicht zu behalten. Die **Hauptmerkmale von Sprichwörtern** sind:

1. die feststehende Form, in der Satzteile nicht ausgetauscht werden können;

2. kurze und bündige Formulierung und

3. eine lehrhafte Tendenz: Sie vermitteln immer irgendwelche Erkenntnisse und Normen, die für das Leben in der Gesellschaft wichtig sind. Deshalb sind sie z.T. imperativisch – als Befehl – formuliert, z.B. *Trinke, weil du am Brunnen bist* oder: *Schuster, bleib bei deinen Leisten.*

Sprichwörtliche Redensarten dagegen haben keine so feste Form. Es sind kurze Ausrufe oder bildhafte Formulierungen, bei denen das Subjekt eingesetzt werden muß und beliebig austauschbar ist. Dazu zählen solche Ausrufe wie *Schwamm drüber!* oder *Au Backe* genauso wie *Jemandem geht ein Licht auf* oder *An jemandem ist Hopfen und Malz verloren.* An dieser allgemeinen Formulierung merkt man sofort, daß diese sprichwörtliche Redewendung in einem Sinnzusammenhang immer noch um das Subjekt ergänzt werden muß: *Ihr* geht ein Licht auf, und an *ihm* ist Hopfen und Malz verloren.

Wie oft kommen nun solche Sprichwörter und sprichwörtlichen Redensarten in den beiden Zeichentrickserien vor? Gibt es dabei Unterschiede?

Meine **Annahme** war, daß in einer belehrenden Sendung wie *Es war einmal ... das Leben* deutlich mehr Sprichwörter und sprichwörtliche Redensarten vorkommen als in einer Unterhaltungssendung wie *Familie Feuerstein.*

Aber die fünf Stunden Fernsehgucken und meine Strichlisten haben mich eines Besseren belehrt:

Das Ergebnis: In *Es war einmal ... das Leben* kamen insgesamt 11 Sprichwörter und 41 sprichwörtliche Redewendungen vor, bei *Familie Feuerstein* waren es zwar „nur" fünf Sprichwörter, aber ebenfalls 41 sprichwörtliche Redewendungen. Das ist kein signifikanter Unterschied. Also bestätigt sich meine Hypothese nicht. Aber die Zahlen legen andere Schlüsse nahe, die man weiter untersuchen könnte: ...

(Nach einer Untersuchung von Indra Rosemann, SS 1994, Universität-GH Essen)

Zu 15. Reden zu bestimmten Gelegenheiten

15.1 Gern hört man sich eine Feierrede an, wenn z.b.
- natürlich und lebendig gesprochen wird;
- die Formulierungen nicht abgelesen oder floskelhaft, sondern frei erzählt klingen;
- die Inhalte zum Anlaß passen;
- man sowohl etwas Neues, Interessantes erfährt als auch an schöne Erlebnisse oder überwundene Schwierigkeiten erinnert wird;
- die Rede insgesamt nicht zu lange dauert. Dabei ist nicht nur die objektive Redezeit wichtig, sondern der subjektive Eindruck: Eine lebendige und abwechslungsreiche Rede wirkt kürzer als eine gleichförmige, sie ist kurzweilig.
  Langeweile entsteht z.b. durch Nominalstil, monotone Sprechweise oder einen systematischen Zugriff mit dem Anspruch auf Vollständigkeit.

15.2 Hier ein Beispiel:

Sehr geehrter Herr Dekan, sehr geehrte Damen und Herren,
liebe Kommilitoninnen und Kommilitonen,
im Namen der Fachschaft darf ich Sie heute hier recht herzlich begrüßen. Ich freue mich, daß Sie so zahlreich unserer Einladung gefolgt sind und mit uns gemeinsam den 100. Literarischen Abend feiern möchten.

Wie Sie alle wissen, veranstaltet die Fachschaft Germanistik pro Semester zwei bis drei solcher Literarischen Abende, und ich darf wohl sagen, daß sie im Laufe der Jahre zu einer festen Einrichtung geworden sind. Als Forum für eine andere Form der Auseinandersetzung mit Literatur stellen sie eine sinnvolle Ergänzung zum Studium dar und bereichern unser Hochschulleben. Allein in den letzten drei Jahren, seitdem ich an dieser Universität studiere, hat es ein breit gefächertes Angebot Literarischer Abende gegeben: Ich erinnere mich an Lesungen von experimentellen Sprechtexten bis hin zu klassischen Werken von Goethe und Schiller, und selbst unseren Lektürekanon hat eine Gruppe von Studierenden zum Anlaß genommen, daraus ein Programm zusammenzustellen. Daneben hat es auch Werkstattgespräche mit Autoren und Diskussionen mit Schauspielschülern und Literaturkritikern gegeben. Die Themen zeigen, wie vielfältig und lebendig Auseinandersetzung mit Literatur sein kann.

Wenn wir heute den 100. Literarischen Abend feiern, sollten wir auch einmal zurückblicken, wie alles angefangen hat. Das wissen wahrscheinlich die wenigsten von Ihnen, ich wußte es auch nicht, aber ich habe in den alten Unterlagen nachgeforscht: Der erste Literarische Abend fand am 22. April 1975 statt, und zwar im Rahmen einer spontanen studentischen Initiative in der Einführungswoche. Die damaligen Fachschaftsvertreter Ria Wolf und Niko Herrmann haben bei einem geselligen Ausklang der Einführungsveranstaltung Texte an die Studienanfänger verteilt und diese zu einer spontanen Lesung in lockerer Atmosphäre animiert. Das muß so großen Anklang gefunden haben, daß alle begeistert von dem Literarischen Abend gesprochen haben und zum Semesterende eine weitere literarische Abendveranstaltung organisiert haben. „Damit war die Idee geboren", sagte mir Prof. Schmitt, der sich noch gut an die Anfänge erinnern konnte. Da die Literarischen Abende von Anfang an von der Fakultät und den Lehrenden unterstützt worden sind, haben es auch alle nachfolgenden Fachschaftsvertreter seitdem als ihre Aufgabe betrachtet, diese Abende fortzusetzen, so daß wir heute auf 99 solcher Veranstaltungen zurückblicken können.

Unser 100. Literarischer Abend ist Erich Fried und seinem Werk gewidmet. Dazu darf ich Dr. Volker Kaukoreit recht herzlich begrüßen. Dr. Kaukoreit bearbeitet den Fried-Nachlaß in

der Österreichischen Nationalbibliothek und ist ein intimer Kenner des Lebens und Werkes von Erich Fried. Er wird uns eine Auswahl von Texten des Autors vortragen und kommentieren. Anschließend stellt er sich gern unseren Fragen, aber dazu wird er selbst gleich noch etwas sagen.
Ich wünsche uns allen zwei Stunden lebendige literarische Auseinandersetzung bei der Begegnung mit Erich Fried. Bitte, Dr. Kaukoreit.

Literaturverzeichnis

Ader, D.; Bünting, K.-D.: Sprachwege 6. Hannover 1987
Adorno, Th. W.: Kritik. Frankfurt/M. 1971
Antons, K.: Praxis der Gruppendynamik. Göttingen, 3. Aufl. 1975
Bartsch, E.: Die Strukturpläne von Überzeugungsrede und Meinungsrede im Vergleich. In: Sprechen, Zeitschrift für Sprechwissenschaft. 8.Jg., H. 2, 1990, S. 15 - 21
Bartsch, E.; Lüschow, F.; Jaskolski, E.; Pabst, M.: Rhetorik im Umgang mit Medien. Typoskript. Duisburg 1982
Bender; Gottwald: Lassen Sie sich nicht manipulieren. In: Gottwald, W.; Haft, F.: Verhandeln und Vergleichen als juristische Fertigkeiten. Tübingen 1987
Berthold, S.: Reden lernen. Übungen für die Sekundarstufe I und II. Frankfurt/M. 1993
Boettcher, W.; Herrlitz, W.; Nündel, E.; Switalla, B.: Sprache. Das Buch, das alles über Sprache sagt. Braunschweig 1983
Braun, H.: Reden und argumentieren. Bonn (DBB-Akademie Schriften) 1984
Bühler, K.: Sprachtheorie. Jena 1934
Bünting, K.-D.: Schreiben im Studium. Frankfurt/M. 1995
Buzan, T.: Kopftraining. München 1984
Cohn, R.: Gelebte Geschichte der Psychotherapie. Stuttgart 1991
Drach, E.: Redner und Rede. Berlin 1932
Duden 6: Das Aussprachewörterbuch. Bearb. v. Mangold, M. Mannheim, 3., völlig neu bearb. Aufl. 1990
Festinger, B.: Die Lehre von der 'kognitiven Dissonanz'. In: Schramm, W. (Hrsg.): Grundfragen der Kommunikationsforschung. München, 4. Aufl. 1971, S. 27 - 38
Fisher, R.; Ury, W.: Das Harvard-Konzept. Sachgerecht verhandeln – erfolgreich verhandeln. Frankfurt/M., 2. Aufl. 1984
Geißner, H.: Der Fünfsatz. Ein Kapitel Redetheorie und Redepädagogik. In: Wirkendes Wort, 18, 1968, S. 258 - 278
Gordon, Th.: Familienkonferenz. Hamburg 1972
Gordon, Th.: Lehrer-Schüler-Konferenz. Hamburg 1977
Gordon, Th.: Managerkonferenz. Hamburg 1979

Großes Wörterbuch der deutschen Aussprache. Bearb. von Stötzer, U. et al. Leipzig 1982
Hundertpfund, S.: Rezepte in Bildern. Tübingen 1991 (Sprachtherapie; 5: Materialien)
Janis, I. L.: Persönlichkeitsstruktur und Beeinflußbarkeit. In: Schramm, W. (Hrsg.): Grundfragen der Kommunikationsforschung. München, 4. Aufl. 1971, S. 71 - 83
Kelber, M.: Gesprächsführung. Opladen, 12., neubearb. Aufl. 1977
Kleist, H. v.: Über die allmähliche Verfertigung der Gedanken beim Reden. An R[ühle] v[on] L[ilienstern]. 1805/06. Aus: Anekdoten. Kleine Schriften. München 1964, S. 53 - 58
Kroeber-Riel, W.; Meyer-Hentschel, G.: Werbung. Steuerung des Konsumentenverhaltens. Würzburg, Wien 1982
Langer; Schulz von Thun; Tausch: Verständlichkeit. München, Basel 1974
Loriots heile Welt. Zürich 1971
Lucas, M.: Reden lernen für Beruf und Freizeit. Köln 1979
Lurija, A.: Sprache und Bewußtsein. Berlin 1982
Maccoby, N.: Die neue 'wissenschaftliche Rhetorik'. In: Schramm, W (Hrsg.): Grundfragen der Kommunikationsforschung. München, 4. Aufl. 1971, S. 55 - 70
Maro, F.: Sicher präsentieren. Düsseldorf 1994
Metaplan-Gesprächstechnik. Kommunikations-Werkzeug für planende und lernende Gruppen. Quickborn, überarb. Neuaufl. 1982
Meyer, H.: UnterrichtsMethoden. I: Theorieband, II: Praxisband. Frankfurt/M., 6. Aufl. 1994
Pabst-Weinschenk, M.: 'Von der Rede zum Gespräch.' Zur Didaktik der rhetorischen Kommunikation ... In: Lüschow, F.; Pabst-Weinschenk, M. (Hrsg.): Mündliche Kommunikation als kooperativer Prozeß. Festschrift für Elmar Bartsch. Frankfurt/M., Bern, New York, Paris 1991, S. 42 - 54
Ruede-Wissmann, W.: Auf alle Fälle recht behalten. Dialektische Rabulistik. München 1989
Schneider, W.: Deutsch für Profis. Hamburg 1984
Schopenhauer, A.: Eristik. Aus dem handschriftlichen Nachlaß. Abgedruckt in: Frank-Böhringer, B.: Rhetorische Kommunikation. Quickborn 1963
Siebs, Th.: Deutsche Aussprache. Reine und gemäßigte Hochlautung und Aussprachewörterbuch. Berlin, 19. Aufl. 1969
Stary, J.; Kretschmer, H.: Umgang mit wissenschaftlicher Literatur. Frankfurt/M. 1994
Tannen, D.: Das hab' ich nicht gesagt. Kommunikationsprobleme im Alltag. Hamburg 1992
Tucholsky, K.: Ratschläge für einen schlechten Redner. Ratschläge für einen guten Redner. Aus: Gesammelte Werke, Bd. III (1929 - 1932). Reinbek 1960, S. 600 - 602
Ulsamer, B.: Exzellente Kommunikation mit NLP. Bremen, 3. Aufl. 1994
Vester, F.: Denken, Lernen, Vergessen. Stuttgart 1975
Vopel, K. W.: Die 10-Minuten-Pause: Mini-Trancen gegen Streß. Salzhausen 1992
Watzlawick, P.: Anleitung zum Unglücklichsein. München 1983
Watzlawick, P. et al.: Menschliche Kommunikation. Bern, 3. Aufl. 1972
Wygotski, L. S.: Denken und Sprechen. (1934) Frankfurt/M. 1977

Zum weiteren Studium:
Blumenthal, A.: Bibliographie zur Praktischen Rhetorik. In: Bausch, K.H.; Grosse, S.: Praktische Rhetorik. Beiträge zu ihrer Funktion in der Aus- und Fortbildung. Mannheim 1985
Bremerich-Vos, A.: Populäre rhetorische Ratgeber. Historisch-systematische Untersuchungen. Tübingen 1991

Sachregister

Cornelsen

Lehren und Lernen
mit Kopf, Herz und Hand

Johannes Greving / Liane Paradies
Unterrichts-Einstiege
Ein Studien- und Praxisbuch
1996. 248 Seiten mit vielen
Abbildungen u. Didaktischer Landkarte
ISBN 3-589-20981-X

Arnim und Ruth Kaiser
Studienbuch Pädagogik
Grund- und Prüfungswissen
8. Auflage 1996. 376 Seiten mit
40 Struktur- u. Schaubildern,
Tableaus u. Tabellen
ISBN 3-589-21098-2

Ulrike Handke
Der Mutmacher
Ratgeber für den pädagogischen
Berufseinstieg
1997. 96 Seiten mit Illustrationen
von Klaus Puth
ISBN 3-589-21126-1

Jürgen Diederich / Heinz-Elmar Tenorth
Theorie der Schule
Ein Studienbuch zu Geschichte,
Funktionen und Gestaltung
1997. 256 Seiten
ISBN 3-589-21076-1

Hilbert Meyer
**Leitfaden zur Unterrichts-
vorbereitung**
12. Auflage 1993.
416 methodisch aufgelockerte Seiten
ISBN 3-589-20969-0

Hilbert Meyer
UnterrichtsMethoden
I: Theorieband
6. Auflage 1994. 272 Seiten mit
2 Didaktischen Landkarten u.
vielen Abbildungen
ISBN 3-589-20850-3

UnterrichtsMethoden
II: Praxisband
6. Auflage 1994.
464 Seiten mit 2 Didaktischen
Landkarten u. vielen Abbildungen
ISBN 3-589-20851-1

Werner Jank / Hilbert Meyer
Didaktische Modelle
3. Auflage 1994. 464 Seiten mit
2 Didaktischen Landkarten u.
vielen Abbildungen
ISBN 3-589-21012-5

**Cornelsen Verlag
Scriptor**

Fragen Sie bitte
in Ihrer Buchhandlung!

Erfolgreich Wissen rüberbringen

Cornelsen

Karl-Dieter Bünting /
Axel Bitterlich / Ulrike Pospiech
Schreiben im Studium
Ein Trainingsprogramm
1996. 288 Seiten mit Abbildungen,
Paperback
ISBN 3-589-20997-6

*Vom ersten Protokoll im Proseminar bis
zur Abschlussarbeit – die optimale Hilfe
für studentisches Schreiben.*

Marita Pabst-Weinschenk
Reden im Studium
Ein Trainingsprogramm
1995. 176 Seiten mit Abbildungen,
Paperback
ISBN 3-589-21068-0

*Rezepte gegen Lampenfieber – mehr
Sicherheit in Vorträgen, Diskussionen
und in der mündlichen Prüfung.*

Joachim Stary
Visualisieren
Ein Studien- und Arbeitsbuch
1997. 184 Seiten mit Abbildungen,
Paperback
ISBN 3-589-21077-X

*Wirksame Hilfe zum Veranschaulichen
und Präsentieren von Texten.*

Joachim Stary / Horst Kretschmer
**Umgang mit
wissenschaftlicher Literatur**
Eine Arbeitshilfe für das sozial-
und geisteswissenschaftliche Studium
1994. 168 Seiten mit Abbildungen,
Paperback
ISBN 3-589-21048-6

*Elementare Arbeitshilfe zum Lesen,
Verstehen und Bearbeiten von Texten
im Studium.*

**Cornelsen Verlag
Scriptor**

Fragen Sie bitte
in Ihrer Buchhandlung!